U0902478

中央档案馆藏
美军观察组档案汇编

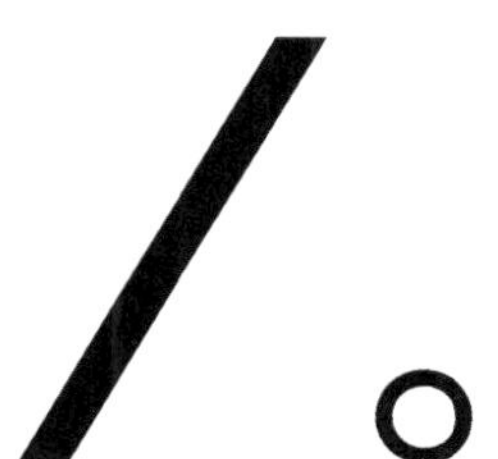

[影印版]

中央档案馆 编

上海遠東出版社

图书在版编目(CIP)数据

中央档案馆藏美军观察组档案汇编 . 2 / 中央档案馆编 . —影印本 .
—上海：上海远东出版社，2018
ISBN 978-7-5476-1349-8

Ⅰ . ①中… Ⅱ . ①中… Ⅲ . ①陕北革命根据地—史料—1944-1947
Ⅳ . ① K269.406

中国版本图书馆 CIP 数据核字（2018）第 032021 号

责任编辑 杨林成
封面设计 李 廉

本书系国家出版基金（2018）资助项目
本书列入中共中央宣传部、国家新闻出版广电总局“纪念抗战胜利 100 个重点出版项目”

中央档案馆藏美军观察组档案汇编（影印版、排印版）
中央档案馆 编

出 版 上海远東出版社
（200235 中国上海市钦州南路 81 号）
发 行 上海人民出版社发行中心
印 刷 上海文艺大一印刷有限公司
开 本 787 × 1092 1/16
印 张 44. 5
插 页 8
字 数 640, 000
版 次 2018 年 4 月第 1 版
印 次 2018 年 4 月第 1 次印刷
ISBN 978-7-5476-1349-8/K · 171
定 价 380. 00 元（上下册）

目　录

出版说明

2015年是伟大的中国人民抗日战争和世界反法西斯战争胜利70周年纪念，上海远东出版社有幸获得中央档案馆的信任和支持，承担中共中央宣传部和国家新闻出版广电总局纪念抗战胜利100个重点出版项目——《中央档案馆藏美军观察组档案汇编》的出版任务，将珍藏在中央档案馆的79件中共接待美军观察组的相关珍贵档案和21帧珍贵历史照片公诸于世，并进行识读整理排印，以方便各界读者和专家研究使用。

1941年12月7日日军偷袭美国珍珠港，太平洋战争爆发。作为世界反法西斯联盟的重要成员，美国开始谋求和中国共产党及其抗日武装合作打击日军。美国的这一战略构想，一直遭到蒋介石和国民政府的阻挠，经过长时间的反复沟通，1944年7月起，先后有100多位美军军事专家肩负军事观察使命，进入延安和各抗日根据地，实地观察中国共产党及其抗日武装的抗日情况。其中包含多位美军重要人物，如戴维斯、赫尔利、魏德迈、马歇尔等等，直到1947年2月完成使命离开延安。他们带着美国政府交给他们的使命，在延安和各抗日根据地，和中共的高级领导人毛泽东、朱德、周恩来、叶剑英、彭德怀、陈毅等均曾有交谈和通讯往来，并深入根据地，和八路军部队同吃同住同行动同战斗，全面、细致观察我军的军事装备、发动根据地民众、针对日军进行的宣传心理斗争等真实情况，其中还有多起八路军官兵护送美军观察员穿越沦陷区返回延安，与日军激烈战斗等事例。表明了中美合作抗日的历史事实，是美国近距离、长时间、嵌入式、全方位观察我党、我军英勇抗日的真实记录，也是驳斥国民党和当下一些学者依据国民党和日方史料污蔑八路军游而不击的有力论据和坚实史料，具有无可辩驳的权威性。1944年12月21日晋察冀根据地在美军观察组离开晋察冀后写给中央的报告中，记录了美军观察组的观察结论：八路军发动敌后民众和八路军一起以极差军事装备奋勇抗日，付出巨大牺牲；中国共产党及其八路军受到民众的真心拥护和全力支持，军民一心是中国抗战最大的希望，也必将成为战胜日军最强大的力量；如果国民党军队也能像共产党八路军一样，发动民众共同抗日，国民党军据守的省份不会那么快沦陷，沦陷的区域也不可能那么大；今后如果国共两党两军对垒，肯定是共产党及其武装取得胜利，虽然共产党军队的武器装备远远落后于国民党军队。

美军也得出了相同的结论。比如一份编号为226nm54001的英文报告说：“我们有希望能够从边区政府在情报方面取得强有力的支持，首先因为延安的军队与游击队占据着重要的战略位置；第二，因为他们一再证实了抗日的决心以及与我们合作的意愿；第三，他们有一个经验丰富并且卓有成效的组织机构。”

“在七年多一点的时间里，边区政府以及八路军不仅保持了稳固的敌后抗日游击区，并且对日军的运输线以及日军部队进行了虽然规模较小但是持之以恒并卓有成效的军事攻击。在最近的六十天里，我们了解到共产党军队对3000多日本兵发动了11次战役，收复了70个日军据点，同时对日军的通讯与交通要道进行了大量的攻击。这些共产党军队是依靠从日本人手里夺过来的武器武装自己的，这更进一步证明了这些队伍坚决抗日的决心与士气，正如所有的观察者都一直肯定过的那样。最近一段时间，他们在华北地区救援了一批被日军击落的美军飞行员。在他们与迪克西使团的交往过程中， 延安比我们以前接触的任何中国军队都和我们更为配合，他们也更不在乎得到任何物质的报酬，对他们来说，唯一的报酬就是早日打败日本侵略者。”

“我们从延安得到的大量的日本文件，都没有超过二个月时间的，而我们从中美合作所得到的这类文件，至少也都是六个月之前的。这只能有两种解释：或者是共产党搜集情报的手段更加高明；或者是共产党和我们的合作意愿更为真诚。”

他们将自己的观察所得写成报告发回美国，依据目前美国国家档案局、美军参谋长联席会议档案馆、战略情报局档案馆、陆军部档案局等解密的美军军事观察档案来看，总量接近4万页。近年来，抗日名将吕正操女儿、加拿大蒙特利尔大学教授、上海交通大学世界反法西斯战争研究中心主任、致远讲席教授吕彤邻获得美国授权，开始整理这批珍藏在美国国家档案馆、美军参谋长联席会议档案馆等处的美军军事观察组延安机密英文档案，正在和上海远东出版社合作进行整理、影印、翻译、出版。

因此，中央档案馆珍藏的中共接待美军观察组中文档案和美国国家档案馆等处收藏的英文档案的首次大规模整理、影印出版，对于进一步深化学界对抗日战争史、中美关系史、根据地发展壮大与建设史的研究，具有非常重要的文献价值、学术价值、历史意义和现实意义。相信本项目尤其是中美美军观察组档案的合璧刊布研究，不仅是对抗日战争暨世界反法西斯战争胜利70周年的献礼，也将无可辩驳地证明中国共产党艰苦卓绝的抗日成果及其在整个中华民族救亡图存事业中中流砥柱的关键作用，必将在史学界、海内外引起广泛关注。

鉴于中央档案馆珍藏的这批美军观察组档案的稀有、珍贵，整个整理、影印出版工作都由中央档案馆专家对档案资料的内容进行认真把关，提供高清扫描的档案原件和珍贵历史照片，还专门进行识读整理录入电脑。上海远东出版社组成精干的编辑力量，社长徐忠良统筹整个项目，副编审杨林成担纲责任编辑，美编、校对、印刷、装订各环节，均按照国家重大项目的高标准、严要求，认真细致，一丝不苟，认真落实。为方便读者使用，特将这批珍贵档案分成二册。第一册为原件影印版：21帧珍贵历史照片和347幅珍贵原始档案手迹，第二册为整理排印版：全部档案文字的排印版。

上海远东出版社

二〇一五年七月

整理说明

一、本书所收 79 件档案及其附件，均为 1944 年至 1946 年中国共产党接待美军观察组来延安及抗日根据地的原始档案，藏于中央档案馆，现按照原件影印，未加删节。

二、为方便读者阅读使用，对各件影印档案的正文及重要批示，均重新排印文字，并新拟标题。排印文字中，原件的繁体字、异体字皆改为规范简体字，错字用〔 〕符号改正，漏字用< >符号补添，衍字用［ ］符号删除，辨认不清的字用□符号代替，一些标点符号，按照现在的规范用法进行规范。

三、本书所收档案，均按形成时间先后排序。只有年份、月份而没有具体日期的，排在当月末。

四、档案中的韵目代日和地支代月、代时，未一一注释，而在书末附韵目代日和地支代月、代时表，以备读者查考。

中央档案馆

二〇一五年七月

美军观察组照片

1944 年 7 月，美军中缅印战区司令部派美军观察组到延安，了解解放区实况。图为毛泽东（前排右一）、朱德（前排左 4）等与美军观察组部分成员在延安合影。前排左起：二为谢觉哉，三为彭德怀，五为克朗姆莱，六为谢伟思，七为包瑞德，八为凯斯堡，九为费特赛；后排：李富春、彭真、□□□、雷姆尼、斯特尔、卡姆皮恩、多姆克、□□□、考林

1944年7月，周恩来（前排左二）、叶剑英（前排右一）、杨尚昆（后排中）、金城（后排左）与美军驻延安观察组人员合影

1944 年 8 月，朱德会见来延安的美军观察组人员

1944 年 8 月，周恩来（左三）和叶剑英（左二）、杨尚昆（左一）在延安同美军观察组成员谢伟思（左四）交谈

1944 年 8 月，毛泽东等在延安接见美军观察组成员成员谢伟思。左起：周恩来、朱德、谢伟思、毛泽东、叶剑英

1944 年 9 月，毛泽东会见参观八路军留守兵团军事技术表演的美军观察组成员

1944 年 10 月，毛泽东、朱德和美军观察组组长包瑞德在延安

1944 年 10 月，毛泽东等出席美军中缅印战区统帅部授予美军观察组组长包瑞德勋章的仪式。前排左起：包瑞德、朱德、毛泽东、叶剑英、杨尚昆、贺龙

1944 年 10 月，毛泽东在给包瑞德上校授勋大会上同美军观察组成员握手

1944 年 10 月，美国政府授予驻延安美军观察组组长包瑞德勋章。毛泽东、朱德等出席了在延安机场举行的授勋仪式

1944 年秋“四川老乡”在延安的合影——右起：聂荣臻、吴玉章、谢伟思（在四川出生的美军观察组成员）、朱德、费特赛（在四川出生的美军观察组成员）、陈毅、杨尚昆

1944 年 10 月，周恩来和美军观察组组长包瑞德（左）在延安

1944 年冬，叶剑英（右三）、杨尚昆（右二）与美军观察组人员在延安机场飞机旁合影

叶剑英（右二）、杨尚昆（右五）、朱瑞（右三）、黄华（右一）和美军观察组人员西区（右四）在一起

1944 年秋，359 旅王震旅长（右五）欢迎美军观察组人员

1944 年秋，美军观察组在延安参观 359 旅，近立者为王震

美军观察组与我气象人员的合影

1944 年，美军观察组成员参加修筑延安机场

1944 年冬，美军观察组部分成员与晋察冀军区领导人程子华（前左三）、唐延杰（前左四）、耿飚（后左二）合影

1945 年初，美军观察组在晋察冀

1945年，毛泽东在延安接见美军观察组人员。右起：叶剑英、毛泽东、美军代表（二人）、朱德、周恩来

费尔利斯与林伯渠关于美军观察组来延的来往信件

1944年6月23、24日

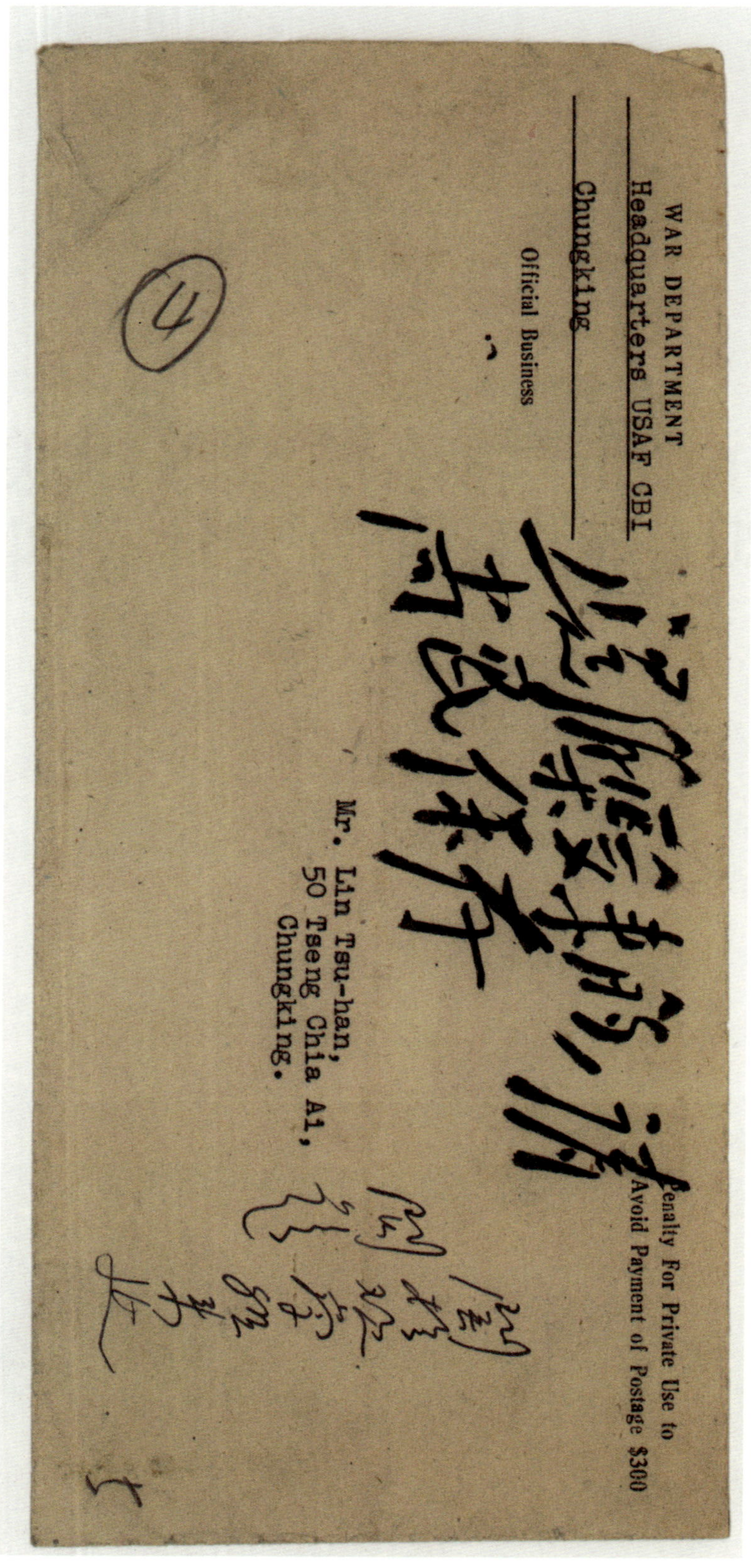
WAR DEPARTMENT
Headquarters USAF CBI
Chungking
Official Business
Penalty For Private Use to Avoid Payment of Postage $300
Mr. Lin Tsu-han,
50 Tseng Chia A1,
Chungking.

—覆—

发文人：林祖涵（未署名）

发文日期：1944.6.24

收文人：驻重庆美国陆军总部费尔利斯准将代理参谋长

信中大致内容：

六月廿三日来信收悉。第十八集团军和我本人欢迎由你们国家军事委员会总部差遣美国官员来延观察和收集有关我方作战和日军位置的军事情报。向你保证第十八集团军全体给你们需要的合作，并允许你们工作上和行动上的自由，及通信联络的自由。总之，我们愿第十八集团军协助你们任何工作的计划，以便迅速击败我们共同的敌人，日寇。

2

June 24, 1944

Brigadier General B. G. Ferris,
Deputy Chief of Staff,
United States Army Forces in China, Burma and India,
Chungking.

Dear General Ferris,

I have received your letter of June 23rd and reply with pleasure.

In the name of the commanding authorities of the 18th Group Army of the Peoples Revolutionary Army I welcome American officers sent by your Headquarters under the sponsorship of the National Military Council to investigate and collect military intelligence regarding the Japanese in any areas in which the 18th Group Army is operating. I furthermore assure you that they will receive the full cooperation of the 18th Group Army and while in the areas of its operations will be granted full freedom of movement, of work, and of direct radio communications.

In conclusion I may state that the 18th Group Army will be happy to cooperate in any activity designed to speed the defeat of our common enemy, Japan.

Very truly,

—来函—

作者：驻重庆美国陆军总部 B.G.费里斯

陆军准将、代理参谋长

发函日期：1944.6.29.

收文人：林祖涵

内容摘要：费里斯致林祖涵的信。

美国陆军总部获得国民政府准许（组成美国观察组）派遣美国官员去中国北部延安及十八集团军作战地带（及日伪地区）进行调查访问。美国总部要求给他们自由旅行、观察，允许他们直接与其总部用无线电通信联络，在调查方面给予协助。

关于此事，希即答复。

SECRET

HEADQUARTERS
U. S. ARMY FORCES
CHINA, BURMA AND INDIA

June 23, 1944.

Mr. Lin Tsu-han,
50 Tseng Chia Ai,
Chungking.

Dear Mr. Lin:

The United States Army has received the general approval of the National Government to send American officers to all parts of North China to investigate whether the collection of intelligence regarding the Japanese in that area can be improved.

Since the areas to be visited will include Yenan and the zones of operations of the 18th Group Army, this Headquarters will appreciate your assurance, in the name of the commanding authorities of the 18th Group Army, of its cooperation and assistance in this proposed visit.

When visiting in the areas of operations of the 18th Group Army, these officers will of course consult with and respect the wishes of the local military commanders. We hope, however, that the commanding authorities of the 18th Group Army will facilitate the work of these officers by granting them freedom of travel to areas necessary to their most effective functioning, freedom of investigation and collection of intelligence material regarding the Japanese, and freedom of direct communication with U. S. Army authorities by radio.

It is understood that the party of officers sent will be referred to as an observation section, and that it will be under the sponsorship of the National Military Council.

Because of the importance of this matter, your early and favorable reply will be greatly appreciated.

Very truly yours,

B. G. FERRIS,
Brigadier General, G.S.C.,
Deputy Chief of Staff.

4

八路军重庆办事处转6月23日费尔利斯关于派遣军官前往华北各地考察致毛泽东的函

1944年6月26日

中A午20號（急　8173　4/13

1944年6月26　重慶來　（政台）

美方來函

毛主席　（越譯）

美國駐中印緬陸軍總部副參謀長費里拿六月二十三日函稱：美國陸軍已得到國民政府允許，派遣軍官前往華北各地考察，在該區域內搜集關於日人情報的工作是否可能實現，因該區域包括延安及十八集团軍行動的地方，我們希望你以十八集团軍指揮當局的名義給予我們合作和幫助，在十八集团軍行動的地方，我們的軍官自由與當地軍事指揮者商量，並尊重其願望。但我們希望十八集团軍當局能允許我們軍官去工作所需要的地方的自由調查及搜

（一）

朱、周、劉、彭、任、葉、賀、陳、聶、林、徐、彭、葉、楊、高、劉、張……閱

集關於日人情報的自由，和用無綫電台與美國陸軍直接联絡的自由。我們派去的人，是作一個考察團性質，是在中國軍委會指導底下的。因事關重要，請早予賜覆，為盼。

六月二十六日

七月$\frac{11.14}{14}$台收　　七月$\frac{11.00}{15}$机收

七月$\frac{19.00}{15}$譯出　　七月$\frac{20.00}{15}$孫劍抄

〈二〉

林伯渠关于欢迎美军事人员赴延致中央电

1944年6月26日

协周刘康周剑朱叶

中A已156号B急

8.72　3/13

1944年六月26　重庆来　（政台）

欢迎美军事人员赴延（延息）

我于二十四日复函云：我们代表十八集团军指挥部，欢迎贵总部在军委会指导下所派遣之美国军官到十八集团军行动地区来调查及搜集关于日人情报，我保证他们将得到十八集团军的合作並会给予行动工作及用无线电台直接联络的自由，最后我可以说十八集团军将很高兴和一切为加速打败我们共同敌人日本的活动合作等语，估计上述考查团下月赴延考查。（以上八字错码——中机注）

伯渠　六月二十六日

六月廿六台收　六月廿六机收

六月廿六译出　六月廿六孙剑抄

毛泽东关于请代欢迎美军事人员来延给林伯渠、董必武的电报

1944年6月28日

重庆八路军办事处林伯渠同志：

（亥密）林彪：美军事人员来延请你代表我及朱周表示欢迎，飞机场即日开始修补，修好日期请先告。毛泽东巳俭

（四四年六月）

附:

林伯渠、董必武关于美军事人员准备十日后赴延给毛泽东的电报

1944年6月

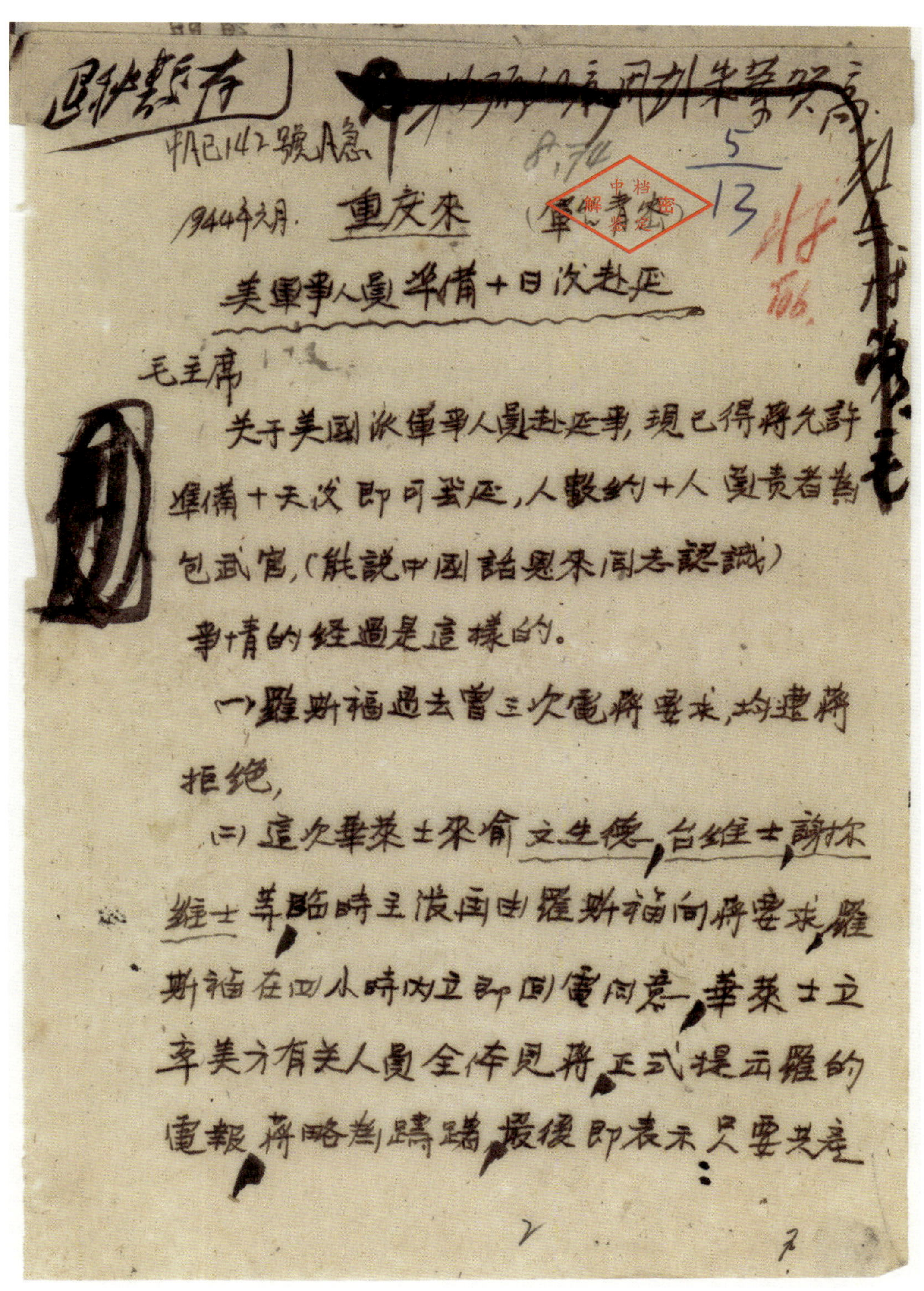
退秘書處存

中A已142號A急

1944年七月　重庆來　（軍密）

美軍事人員準備十日後赴延

毛主席

关于美國派軍事人員赴延事，現已得蒋允許準備十天後即可到延，人數約十人，負責者為包武官，（能說中國話恩来同志認識）

事情的經過是這樣的。

（一）羅斯福過去曾三次電蒋要求，均遭蒋拒絕，

（二）這次華萊士來渝，文生德、台維士、謝偉維士等臨時主張由羅斯福向蒋要求，羅斯福在四小時內立即回電同意，華萊士立率美方有关人員全体見蒋，正式提出羅的電報，蒋略為躊躇，最後即表示只要共產

党方面允許，你們可以派人前去，仍須軍事委員会给名義，可直接同何應欽商量。

(三) 貴方應如何具体配合行動，直接到延安商量。~~(後續未來，特此先抄呈閱一覽)~~

3

（8）

上接中月14说。

（四）谢葆次日见何，何问有何需要帮助的？谢葆说：只请允许走到的，人力帮助全不需要，何也完全同意。

（五）他们走时比来飞机很大，因为人多，也装载些送我们的东西，请立即派人检查机场有无毛病；

（六）这件事情的办成，是华葆士一个具体成就，也对我方今天是很有利益。但我们还要注意到美国之积极要求派人常驻延安与华北，不仅为了今天飞机轰炸日本的需要，仍然还另有的目的：

（甲）详细了解我与苏联的关系，现在是否受苏联支持；

（乙）详细了解我们的建设方向，战后是否

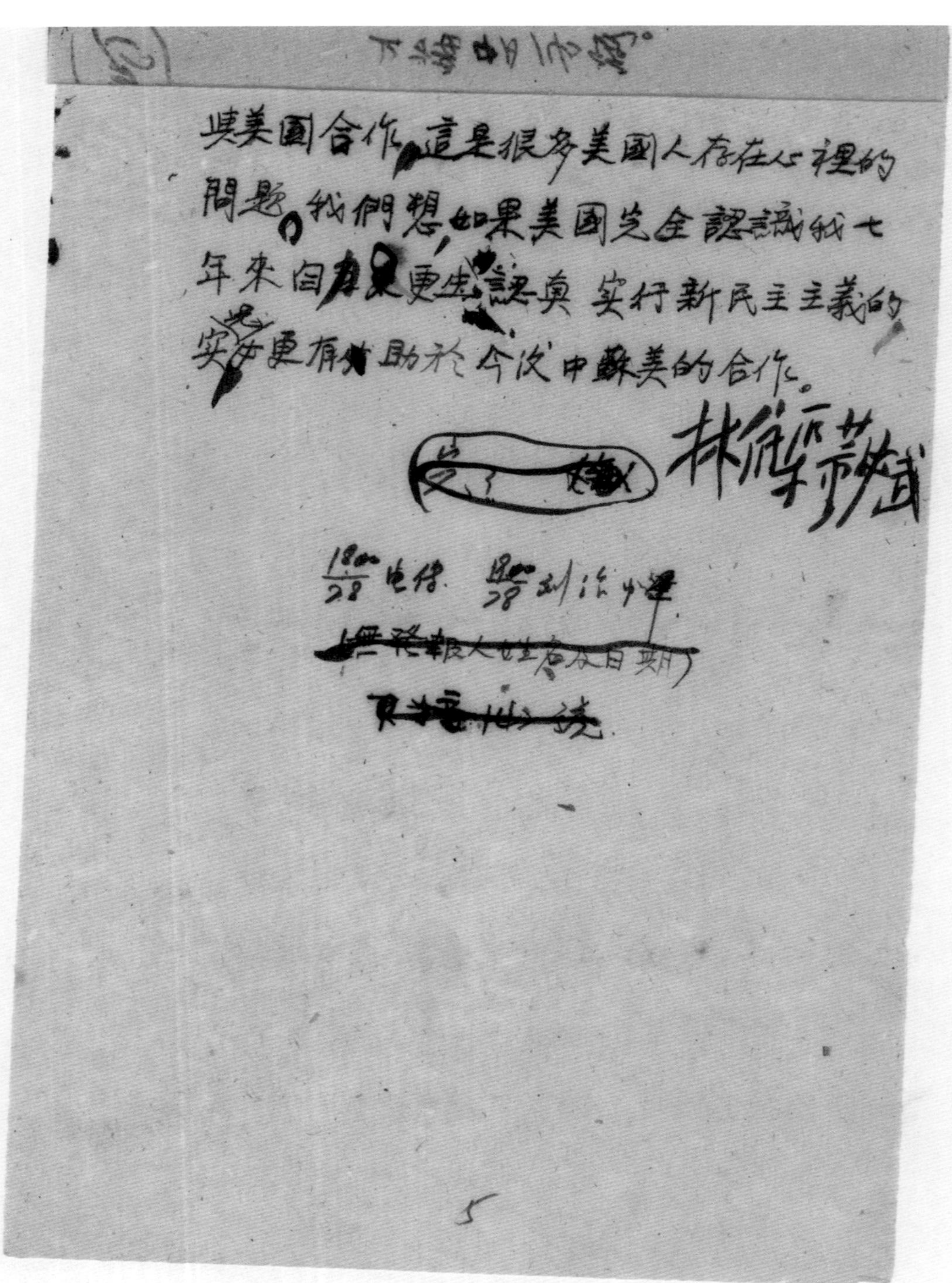

與美國合作，這是很多美國人存在心裡的問題。我們想如果美國完全認識我七年來自是更為認真實行新民主主義的，更有助於今次中蘇美的合作。

林伯渠 董必武

5

毛泽东询问美问山东空军降落场和海军停泊港的目的给董必武的电报

1944年6月29日

4:81 $\frac{10}{15}$

1944年6月29日 發重慶

請美派人經延轉前方考察降落場和停泊港

董：

關於山東的空軍降落場和海軍停泊港，係美軍事代表團還是美使館問？其目的在於臨時降落和停泊還是在於作反攻基地用？請詳告，以便答覆。最好請其派軍事代表和專家來延轉前方考察。

毛巳艷（六月廿九日）

（周亨）

毛泽东关于延安机场情况给林伯渠、董必武的电报

1944年7月4日

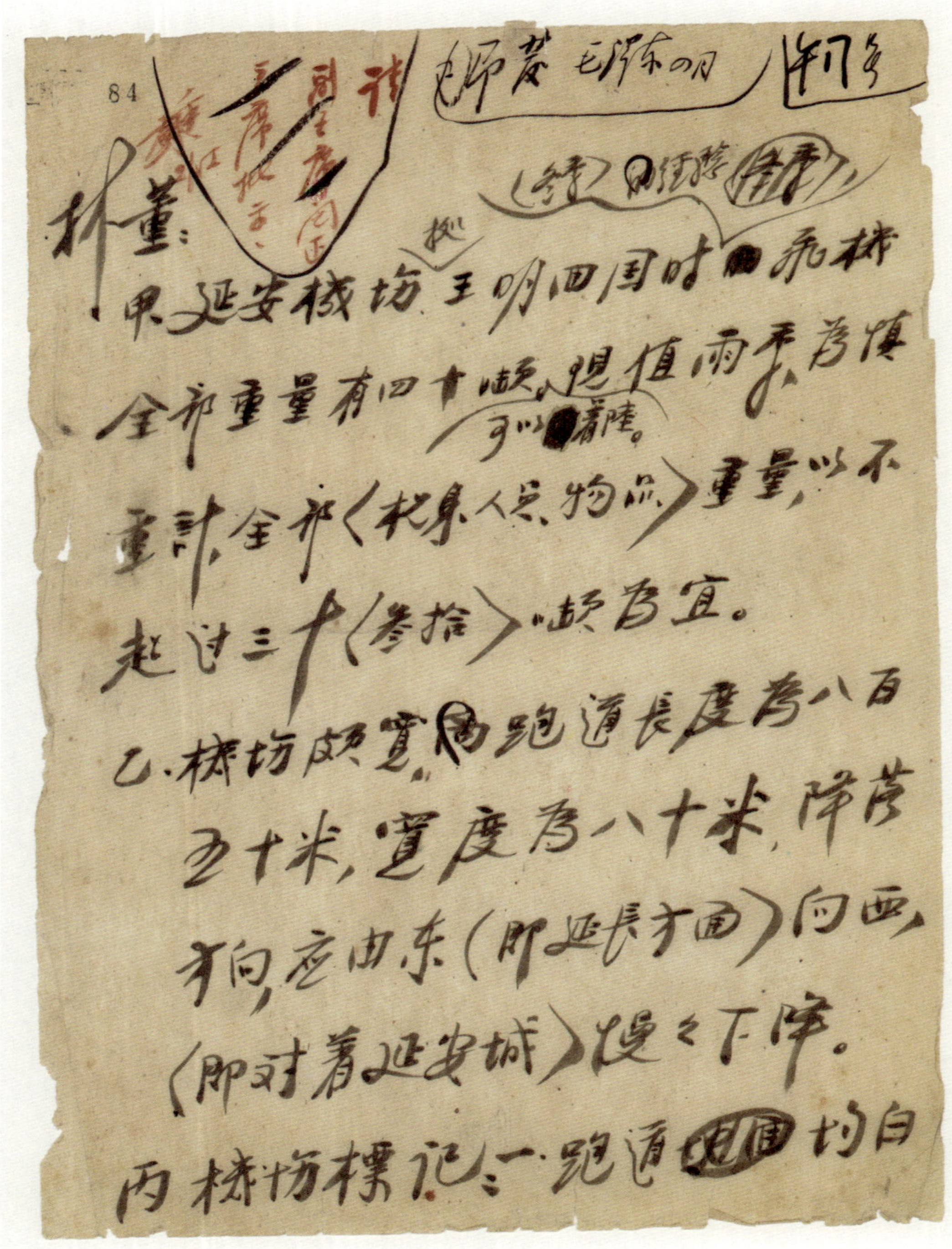
84

林董：

甲、延安機场，王明回国时飞機全部重量有四十噸，但值雨季，可以着陸。重計全部（机身、人员、物品）重量，以不超过三十（叁拾）噸為宜。

乙、機场長寬：跑道長度為八百五十米，寬度為八十米，降落方向應由东（即延長方面）向西（即对着延安城）徐徐下降。

丙、機场標記：一、跑道四周均白

〈自然土色〉　　則　　滿了

色地面，跑道以外[illegible]長[illegible]綠草，天

空一看便能辨别。三、機坊為長方形，

四角[illegible]曲尺形的白色界線；三、沿跑道

用石灰鋪成

兩側有白布做的界限，以示飛機

着地不能偏出界限以外。[illegible]四、機

坊的中央有白色圓形標記，為機

坊中心點。五、第一次着地的地點　在[illegible]

跑道的東端〉有一個白布鋪成的**T**

〈即象用[illegible]廿字〉

〈數〉字，飛機即在**T**字右邊着地。

五、有危[illegible]險的地點有紅布的旗子。

均

2

丁、向、村長、林、楊一般情况及停战时应注意之件，出黄飛，要他们详谈一次。毛泽东 [illegible]

3

周恩来关于询问美军代表团何日飞延给林伯渠、董必武的电报

1944年7月8日

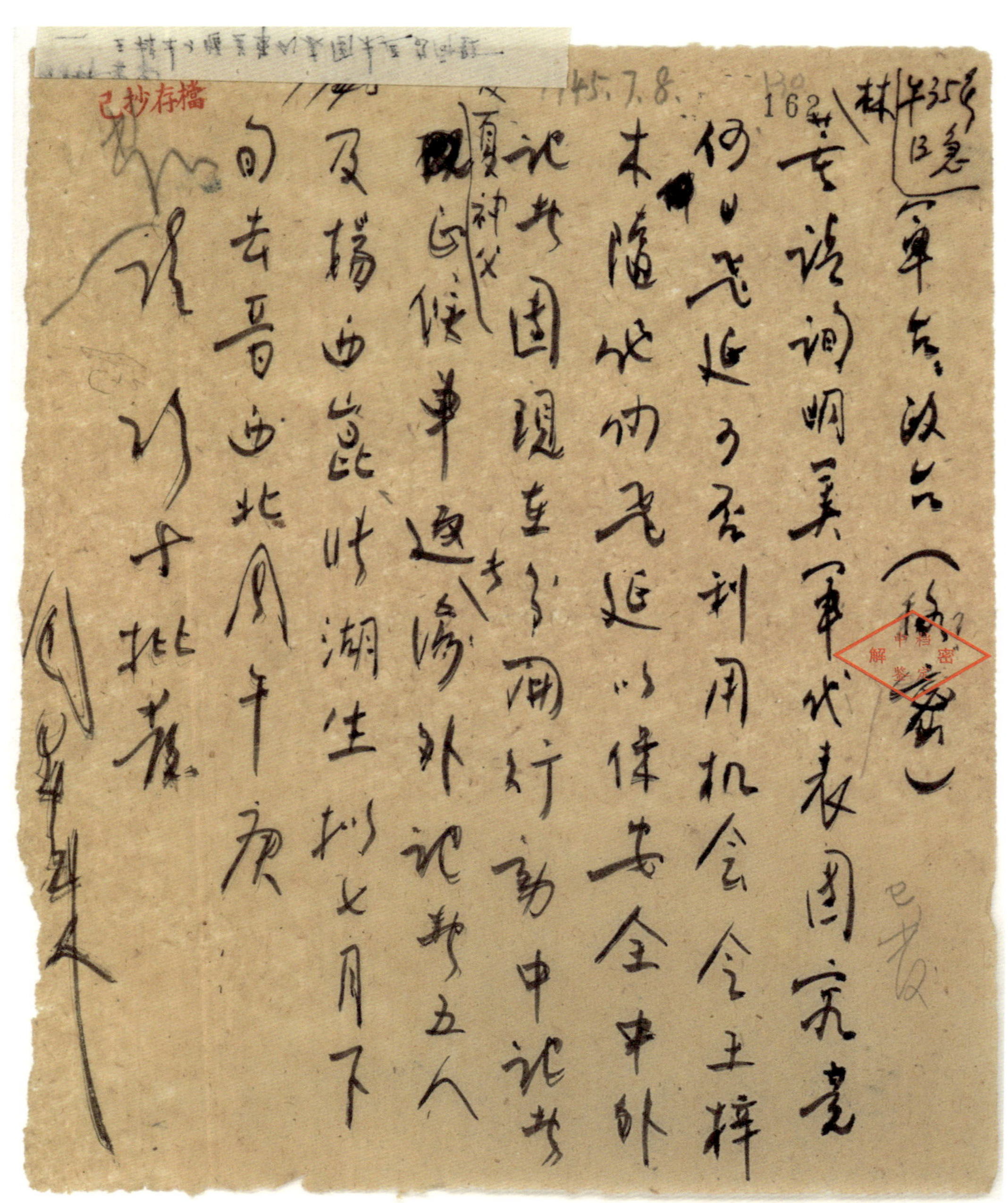

林 午35号 12急

162

1945.7.8

军委致六（极密）

英语询问美军代表团究竟何日飞延？可乘利用机会令王梓木随此次飞延，以保安全。中外记者团现在多开行动中，记者团除单边涉外记者五人（及夏神父）及杨西崑时湖生拟七月下旬去晋西北，风午庆，请即予批准。

[illegible]

林伯渠、董必武关于美军观察组飞延致毛泽东电

1944年7月8日

叶、周同志，抄任弼时、刘少奇

中共中央情报部统

1944.7.8

重庆来 8·75（早台） 6/13

与美约飞机降落标号不明

毛主席：美军考察团包括共十八人

一、延机场情形，已告美方。白用布铺的英文字及下降方向不明，请再告。（中机已重告一次）

二、他们共十八人，分两次飞延，预计廿号飞。起领队的包武官已到此，与林见面，他们说不拟多带东西，但不要特别招待，与我们同样食饭，只有地方住就行。山东事待他们到后再谈。

三、另息，军委拟组一考察团同来，他们拒绝派人招待也不要，故搁置起来。~~因此美方~~

四、美方已答军委派学生赴美考察，驻美

周

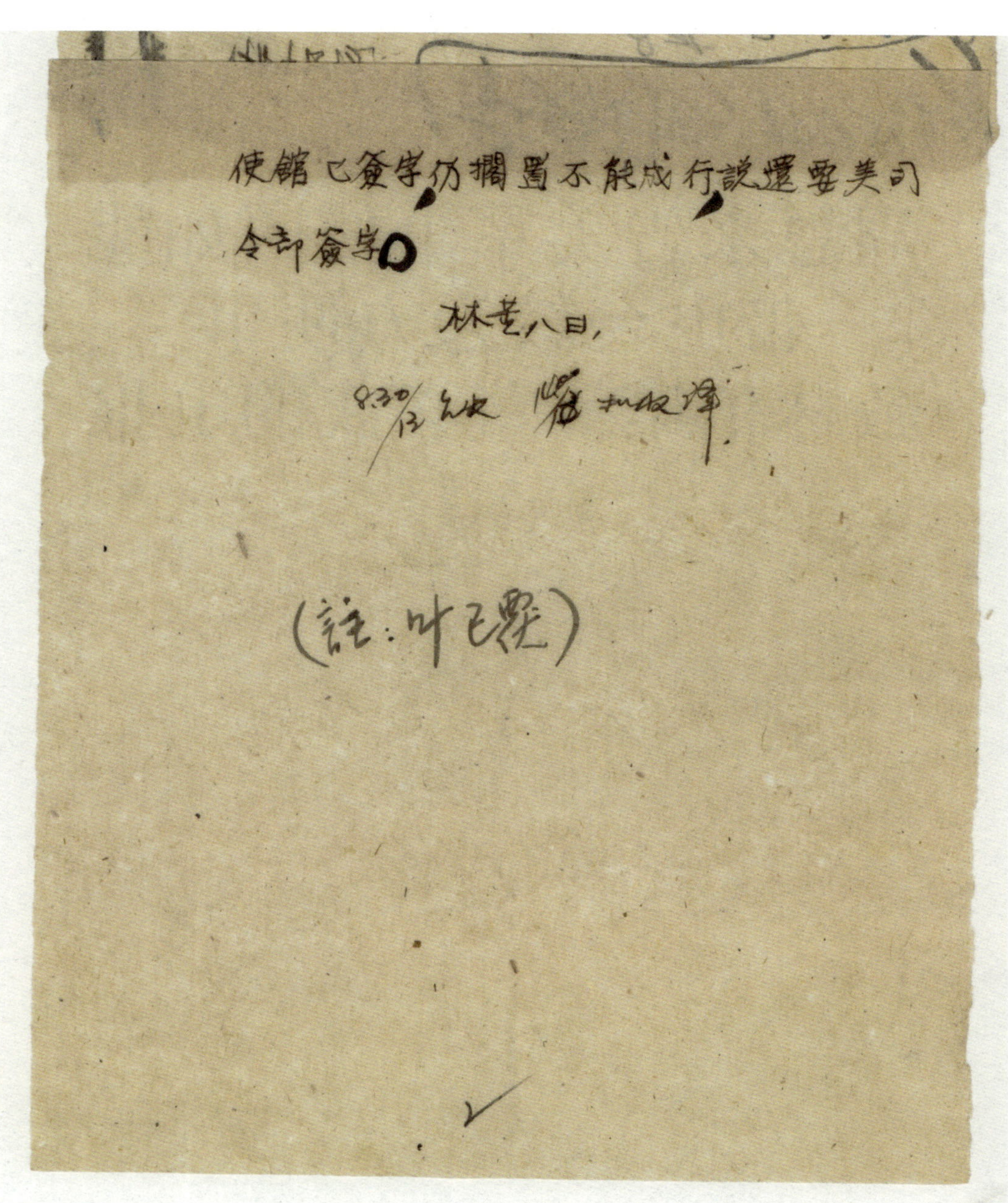

使館已簽字，仍擱置不能成行，說還要美司令部簽字。

林芷，八日，

8.30/12 ……

（註：叶飞澄）

周恩来告美军事使团如能带电台较为方便事致林伯渠、董必武的电报

1944 年 7 月 14 日

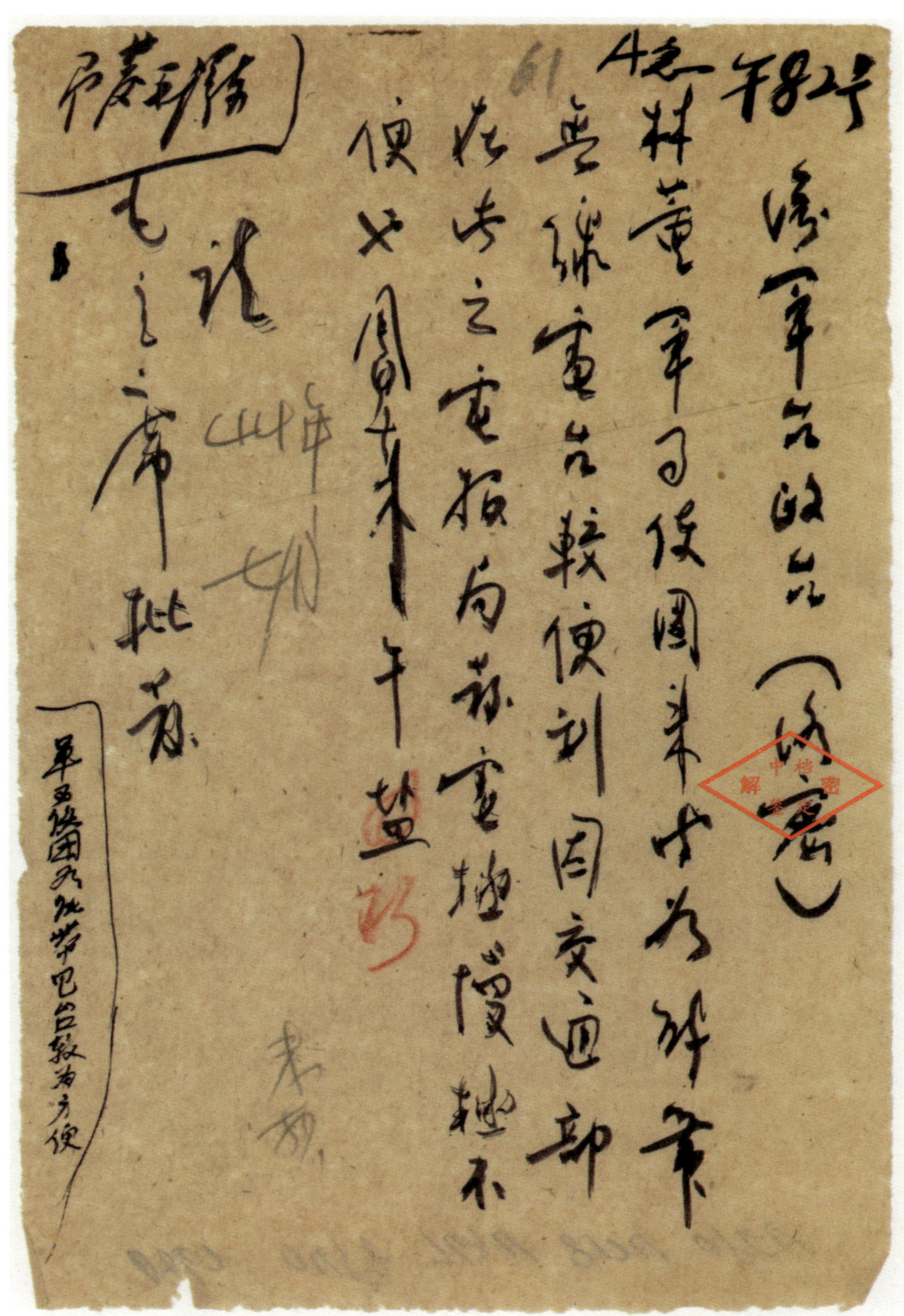

4急 午8时

给军台的台（绝密）

林黄：军司令部因来电为联系无线电台较便利交通部在安之电报向苏区转报极慢极不便。

毛周 未午

毛主席批示

董必武关于美机来延日期及人名致毛泽东、周恩来电

1944 年 7 月 15 日

中A午28號A急 速抄任劉康朱葉周 彭 7/13

8.30

1944年七月15 重慶來 （軍台）

美機來延日期及人名

毛周：（乙台密碼）

〈甲〉美考察团頭一批九人定二十日飛延安，業已經過政府通知我們，由包武官率領医生X史巴，二十航空隊多俞，美軍司令部竇維斯，十四航空隊史特尔及四名未詳等九名，其余人数約二十五日起飛。

〈乙〉包武官說：

〈一〉我覺此次任務很重大，要做到與中國新力量合作，如做不好此生完了。

〈二〉須事前先徵求蘇联同意的（三）攜帶一美藉日本人來延學習研究日本問題，概況及了解（日朝滿等機密防敌機襲擊地點）。

董七月十五日

七月$\frac{19:00}{18}$台收　　七月$\frac{21:00}{18}$机收

七月$\frac{21:00}{18}$譯出　　七月$\frac{18:00}{19}$孫劇抄

（此电经重收后始译出，共实数[illegible]186字第一次即收錯七八十個小码这证明口民党在故意搗蛋——中机）

（二）

毛泽东关于时局近况的通知

1944年7月15日

发饶漱石、李先念、华野、山东分局、冀鲁豫分局、北方局、冀察热辽局、晋西北。他处不发。毛泽东 七月十九日 177 1.

即急

各同志：兹将时局近况通知你们：（一）蒋之军队由于其士兵是绑绑而购买来的，军官极其腐败，而根本没有受过民族民主教育［提倡反共教育，因而］，大部分军队充满失败情绪，失去战斗意志。蒋军在河南、湖南作战中，绝对大多数均不战而溃，或一触即溃，损失在四十万以上。进攻河南敌军不足四个师团，蒋军近四十万，除少数武器较差经过整训的杂牌军比较能作战外，几乎都是闻风而逃。胡宗南有十个师由陕甘开入豫西参战，但是只有一、二个师能打一下，其余都是一触即溃。河南人民在蒋军残酷压迫之下引起他们普遍地向军队打击，群众暴动围缴军队枪械。这些地方的共产党，早已被国民党摧残，但是这些地方的人民在对国民党失望日深之后，希望中共军队到豫抵抗敌军之心甚为迫切。

［告时局近况］

（二）胡宗南已调动十个师入豫参战，对边区威胁减轻，但直接包围边区的军队并未减少，封锁依然存在，一切反共行为依然继續。(三)英美蘇記者到边區已一個多月,他們感到興奮。但是蒋在事前沿途布置反共宣傳,蒋又派一批人同来監視他們,進行破坏中共的工作,但未達到目的,這些人現已離边區,他們出去後可能進行破坏宣傳。但是美英蘇之主要記者尚留边區,他們願意多看一看,並將赴晋西北参觀。他們对英美蘇的新聞報導有利於我們。(四)羅斯福三次電蒋要求派美國軍事代表团来延安,均被蒋拒絶;此次華萊士来華,率美方在渝有關人員全体見蒋,正式提出羅斯福第四次電報,蒋始被迫答应。美軍事人員十八人不日可到延安。(五)國共談判的進展,關於黨的問題,國民黨仍不承認我黨合法地位;雖在形式上說可以照抗戰建國綱領办理,但是实際上關於軍隊問題,僅承認十個師即十万人的名義,其餘三十七万軍隊,二百万民兵,均要解散;關於政權問題只承認陝甘寧边區一處,对華北華中華南各敌後根据地代表八■千六百万人民的民主政權，概不承認；我党被捕人員不肯释放，其他要求條件都不答應。林伯渠同志尚在重慶，但是根本調整國共関係，要待蒋更困难及美方施以更大的压力時才有希望。（六）國民党政治、軍事、經濟、文化機構，腐化達於極点，臨着極大危機；孫科、宋子文、于右任及許多國民党党員均不満蒋及其集团的死硬政策，各中間党派及川滇等省地方实力派更加不满。如果日本继续向内地作深入進攻，重慶可能發生重大事變。（七）我党在华北华中华南三大敌後戰场，近幾個月有新發展，消滅了許多敌伪軍，奪回了许多失地，為克服物質困难，發展了廣大的生產運動，今年天雨及時，糧食可望丰收。在人民面前，我党領導的敌後戰场和國民党領導的■正面戰场之間的區别越来越明顯了，一個在進攻，在發展，在鞏固，

4.

一個在退却，在萎縮，在充滿着危機；在敵人繼續進攻的情況下，這种區别會更加顯露出来。但是我党的困难仍是很多的，决不可粗心大意，失去警惕性。（八）对國民党問題，我们将継續謹慎處理的方針，談判雖无结果，但仍在進行中。毛澤東 七月十五日

暗將向我们施行殘酷進攻，經前困難依然極大。

（四四年七月）

存

周恩来询美军使团来延时间给林伯渠、董必武的电报

1944 年 7 月 17 日

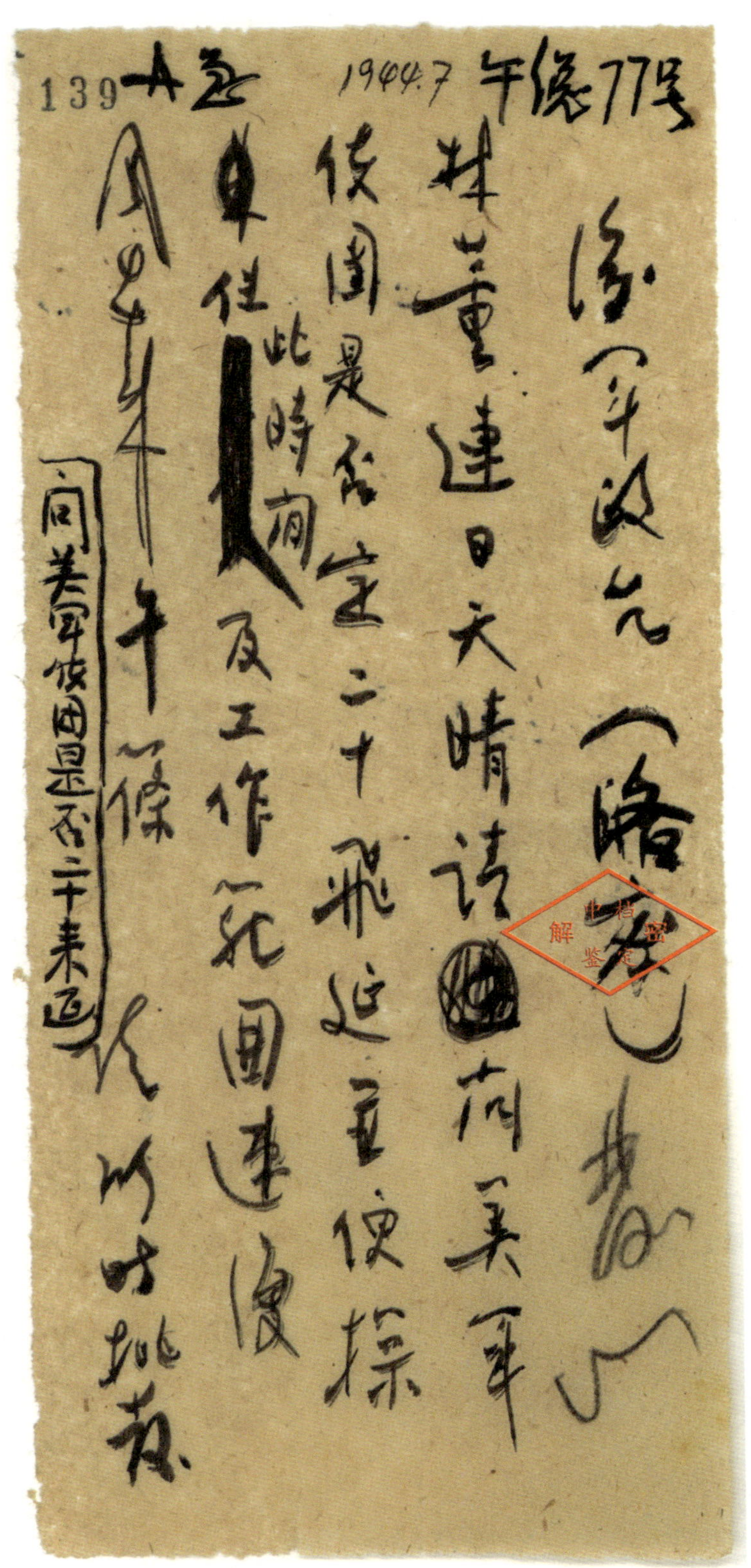

139 大急 1944.7 午後77号

徐（參政元）（路交）轉

林董：連日天晴，請向美軍使團是否定二十飛延，使操東住此時有及工作，死回速復。

同美軍使團是否二十來延

毛 二十午 條

代以時地英

董必武关于美考察团来延目的致毛泽东、周恩来电

1944 年 7 月 18 日

急 中A午31號A急

8.17 8/13

1944年七月18 重慶來 （軍台）

美考察团來延目的~~為建設敵後飛機降落場~~及了解實況

毛周：（乙台密碼）

（一）美國考察团來延，他們意思，主要商量在邊區及敵後根據地建設飛機降落場問題，及了解我們實際情況，另從旁觀察，得知我們與蘇联的實質關係。這次來的人，包括有軍、航空、電訊、医藥等各方面的。

（二）這次時間沒有確定，大約包武官要留四五月，以後希望每月通航一次。

（三）今晚宴包謝等談，定二十日飛延。

（四）他們要求不要當客看待，只希望住在一起，因被毯衣服未便多帶，要幫助一些，

（一）

尚、弼時、少奇、周、凱、朱、彭、伯承、葉、陳、林、明、劉、毛

069

13/8

要求供給他們電台用的汽油，我要他們多帶機油。

（五）他們不喜歡不給他們實際情報，他們說，希望能給以實際情報，故我們須常告以實際情況，並經考慮後，向他們提出確切要求。過去各機關很隨便探息事情，往往紛傳，請注意。但這不是說不要隨便見面談話，只是談不要隨便要求。我已託人作了些採訪，他們對敵情很注意，因為在國黨方面很不了解華北敵情，希望我們幫助了解東北、華北敵人的大工業區、機場佈置。林王帶來的敵我形勢圖已給他們一份。

董七月十八日

七月 2:30/20 台收　　七月 5:00/20 機收

七月 7:00/20 譯出　　七月 9:00/20 孫毅抄

〈二〉

国民政府军委会关于附发美军派赴十八集团军驻区工作人员名单及联合国在华设立临时军用无线电台办法给朱德的电报

1944年7月20日

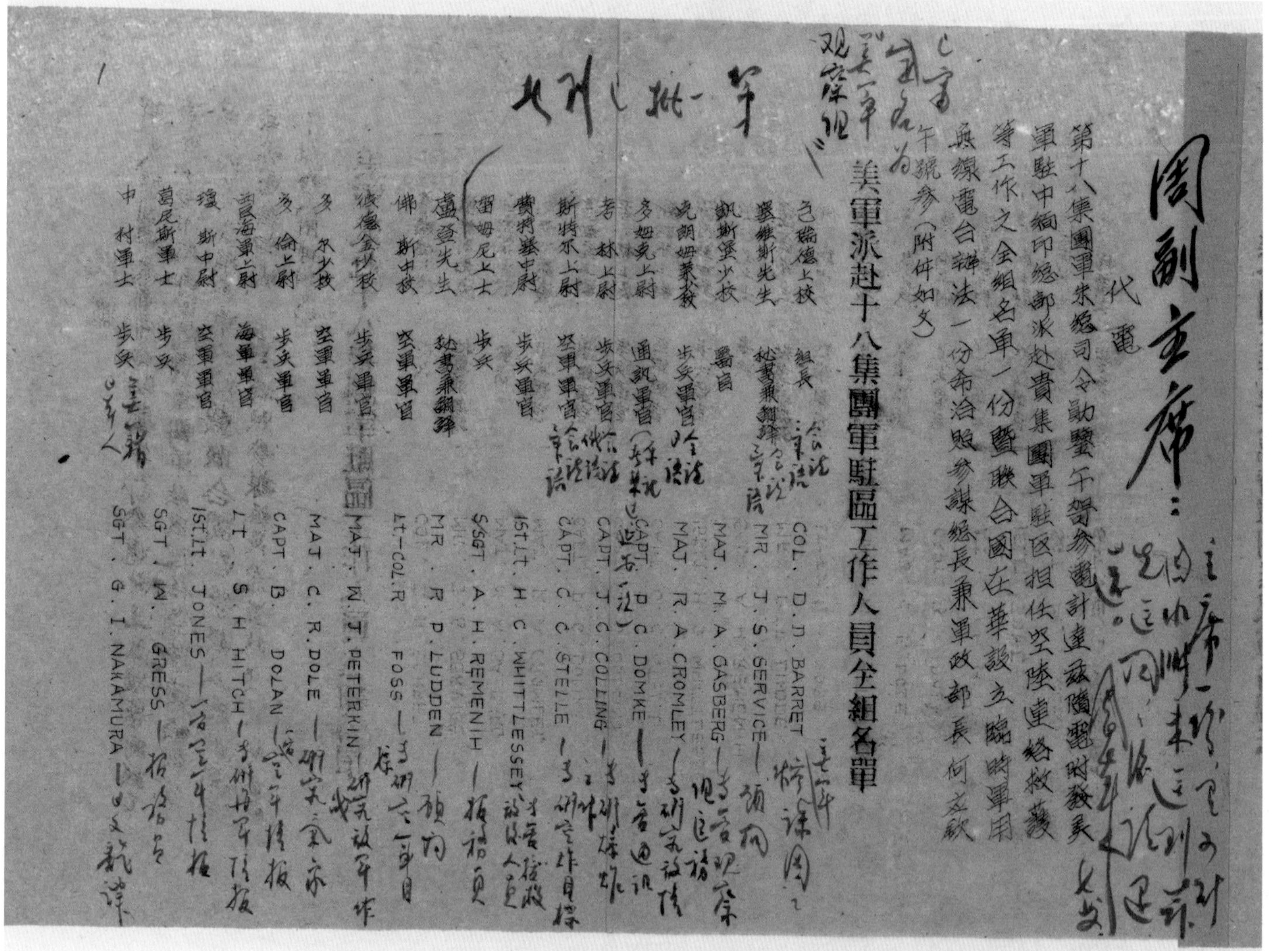

周副主席：

代電

第十八集團軍朱總司令勛鑒：午哿參電計達，茲隨電附發美軍駐中緬印總部派赴貴集團軍駐区担任空陸連絡救護等工作之全組名單一份暨聯合國在華設立臨時軍用無線電台辦法一份，希洽照。參謀總長兼軍政部長何應欽。午號參（附件如文）

美軍派赴十八集團軍駐區工作人員全組名單

姓名	職務	
包瑞德上校	組長	COL. D. D. BARRET
謝維斯先生	秘書兼翻譯	MR. J. S. SERVICE
凱斯堡少校	醫官	MAJ. M. A. GASBERG
克朗姆萊少校	步兵軍官	MAJ. R. A. CROMLEY
多姆克上尉	通訊軍官	CAPT. D. C. DOMKE
考林上尉	步兵軍官	CAPT. J. C. COLLING
斯特爾上尉	空軍軍官	CAPT. C. C. STELLE
惠特塞中尉	步兵軍官	1st.Lt. H. C. WHITTLESSEY
雷姆尼上士	步兵	S/SGT. A. H. REMENIH
盧登先生	秘書兼翻譯	MR. R. P. LUDDEN
佛斯中校	空軍軍官	Lt.-COL. R FOSS
彼德金少校	步兵軍官	MAJ. W. J. PETERKIN
多爾少校	空軍軍官	MAJ. C. R. DOLE
多倫上尉	步兵軍官	CAPT. B. DOLAN
西居海軍上尉	海軍軍官	LT. S. H HITCH
瓊斯中尉	空軍軍官	1st.Lt. JONES
葛尼斯軍士	步兵	SGT. W. GRESS
中村軍士	步兵	SGT. G. I. NAKAMURA

聯合國在華設立臨時軍用無線電台辦法

第一條　聯合國因聯合作戰上之需要，得由各該國駐華最高聯合作戰之軍事負責主官，向國民政府軍事委員會（以下簡稱軍委會）申請在中國境內設置臨時軍用無線電台（以下簡稱臨時電台），依本辦法之所定辦理（申請書式樣附後）。

第二條　臨時電台須經軍委會許可，發給聯合國臨時軍用無線電台執照，始可架設通報。

第三條　臨時電台准許設立之期間，以半年為限，期滿如須延長，由軍委會核准延長之，若戰事停止而許可期間未滿時，仍應撤銷。

第四條　臨時電台不得設於使領館內。

第五條　臨時電台負責人及工作人員職級、姓名，應於申請書內詳細說明，並通知當地電信監察科（股），倘負責人有異動，應隨時分別通知更正。

第六條　臨時電台之台址、呼號、週率、發射電力及通報時間，應得軍委會之許可，並通知當地電信監察科（股），倘有異動時亦同。

第七條　臨時電台之發射週率，應力求穩定，並須避免干擾之發生，軍委會得隨時派員入台檢驗機件。

第八條　軍委會於必要時，對臨時電台使用之機器方法，如認為欠缺時，得派專門人員協助改進。

第九條　臨時電台不得傳遞軍事性質以外之通報。

第十條　臨時電台應遵守中國政府所頒佈之各項電信法令及一切通告。

第十一條　臨時電台應接受軍委會及當地電信監察科（股）之一切有關改進意見。

第十二條　軍委會因聯合作戰之需要，得利用臨時電台轉遞電信，或與中國軍用電台通信，必要時得借用其機件。

第十三條　臨時電台如不遵守本辦法之規定，軍委會得令其撤銷。

第十四條　為保障安全起見，臨時電台所用人員之操守，應由申請設台之聯合國政府負責。

第十五條　臨時電台如因故致令他人受有損害，而致涉訟，或須賠償損害時，應由申請設台之聯合國政府負責賠償。

第十六條　本辦法自奉令頒佈之日起施行。

包瑞德关于美军观察组希获得情报项目给朱德的信

1944年7月22日

朱德将軍，
第十八集团軍総司令，
延安，

延安
七月二十二日，一九四四年

朱将軍阁下：

下列者係观察組留駐第十八集团軍新四軍所在地区時期中，所希望獲得情报之一部份項目。

共產党軍隊之力量，編制，駐地及其裝備。
共產党軍隊之战斗序列。
共產党軍隊之作战情况。
共產党統治地区之介紹（附图）
共產党軍官之全部名單。
使用共產党在敌区及敌伪区情报組织之方法。
轟炸目标之情报。
关於美空軍轟炸效果之情报。
華北氣象之观察與报告。
華北之道路及交通。
華北敌人飛机场及其防空設備。
敌人战斗序列。
敌人空軍战斗序列。
偽軍战斗序列。
敌軍作战情况。

P.2

經济情报。

海軍情报。

我願意與閣下隨時商討对於上列項目之更動，説明及補充。本观察組对於情报之獲得，自当依据閣下之協助與合作。本組來至閣下所統制之地区并開始工作，自不免对於閣下及閣下之軍官有所要求，以致分用其時間，加重其耐性。然而我敢断言，美國政府最高長官对於本組所獲得之一切協助，必將深致謝意。

閣下之至友，

大衛德，D·包瑞德，

上校，参謀团。

包瑞德关于偿付美军观察组在延生活费用给朱德的信

1944 年 7 月 22 日

朱德將軍，
第十八集团軍総司令，
延安

延安
一九四四、七月廿二日

朱將軍閣下：

觀察組自抵延後，承蒙熱烈招待及友愛之待遇，全体至深銘感。為我等之安适，已作一切可能之準備，我等生活頗為愉快。

我請求允許觀察組之組員償付其在延及旅行時之生活費用。組員人數众多，且我們計划作較長之停留。因此，由十八集团軍担負膳宿各費，似不适宜。

組員均自美國陸軍方面獲有津貼，以應離渝期間膳宿之需，我希望閣下允許我等償付对我等之友愛及有效率之帮助。貴方之厚誼，实非金錢所能償还者，然深願我等至少能部份減為供應我等生活而用的耗費。

閣下之至友，
達維德，達·包瑞德，
上校，参謀团。

包瑞德关于美军人员及职务给朱德的信

1944年7月23日

修理机师 Ralph Frigerstad [illegible]
Paul Wolman [illegible]

朱德將軍.　　　　　　　　　　延安

第十八集团軍總司令.　　　　　一九四四年七月廿三日

延安。

朱將軍閣下：

美軍观察組(U.S. Army Observer Section)全体人員名單列下。每人之職務，則於姓名之後附列之。

第一批(一九四四年七月廿二日抵延者)

大衛德D·包瑞德上校，参謀团。(本团領隊)

約翰S·謝偉思先生.(顧问)

梅尔雲A·凱斯堡少校·軍医团.(軍医官)

雷伊·克朗姆萊少校·空軍.(敌人战斗序列)

約翰C·考林上尉，步兵.(爆破工作)

保多C·多姆克上尉，通訊团.(通訊官)

查理斯C·斯特尔上尉·空軍.(目標研究)

亨利C·費特塞中尉，步兵(援助跳落敵後之美方人員)

安東H·雷姆尼上士，通訊兵团.(無綫電報務員)

第二批(及於七月二十六日抵延)

雷伊孟特P·魯登先生(顧问)

瑞吉拉尔特·佛斯中校·空軍(目標研究)

維尔伯尔·彼德金少校·步兵(敌軍作战情况)

查理斯·多耳少校，空軍.(氣象研究)

布魯克·多倫上尉，空軍（空軍情報）

西门H·西區海軍上尉，美國海軍（海軍情報）

L.G.·璵思中尉，空軍（空軍情報）

W.子·嶌尾斯軍士，步兵（無線電報務員）

橋治工，中村軍士，步兵（日本翻譯）

閣下之至友

·大衛德D·包瑞德

上校·参謀团.

朱德关于美军观察组包瑞德上校等人抵延给何应钦的电报

1944年7月24日

5-8　8/07

1944年7月24日　戰報發渝軍政部

色瑞德上校等七月廿二日安全抵延

總長何鈞鑒：

午鄧、午馬兩電及午號代電均敬悉。美軍駐中緬印總部派赴十八集團軍地區之觀察人員第一批九人，已於養午由色瑞德上校率領到延，所乘飛機因機場設備簡陋，於安全降落後遭受損壞，現正設法擴大机場以謀今後安全，謹聞。

職朱德叩　午敬延(七月廿四日)

(周草)

(五)

附 1:

何应钦关于美派遣救护空军人员办法给朱德的电报

1944 年 7 月 20 日

中战午107號 戰報

8,18　9/13

尚林付刘彭周朱彭叶葉陈滕楊聶徐罗王甘馬周林林贺高等

1944年7月20日　重慶來（有线电）（共三頁）

美派遣救護空軍人員來延

限三小時到

第十八集团軍朱總司令：（嘯密）

㈠准美方要求請准派員往中國各地担任救護空軍人員等工作，兹經核定派遣办法各項，函達美方查照在案：

A.中國軍委會應乎美空軍在華作戰之需要，特准美國駐中緬印軍總部派員往中國各地從事救護降落淪陷區之美空軍人員，蒐集敵方情報，並研究氣象，中國軍委會得予以必要之指導與協助。

B.美軍總部派遣此項人員時，應先將派遣計划，包括人員總數，姓名，級职，分組數

（一）

目及位置、出發、概畧日期、通知軍委会，轉令各有关部份知照，並填發軍用証書。

C. 為使該組工作順利進行，並確取地方當局之協助起見，必要時，由軍委会酌派軍官隨往協助。

D. 美方此項人員如有增减及更調時，應隨時通知軍委会備查。

E. 美方此項工作人員，遵守中國現有关法令。

F. 美方工作人員之經費、給养、交通工[illegible]具，由美方自行負責。

G. 美方蒐集之各種情報及氣象報告，應隨時通知中國最高統帥部。

H. 此項工作人員，在必要時，得通知

美方撤銷之。

㈡美方派赴貴區（集团軍駐防）者計一組，共十八人，由北瑞德上校任組長，名單另寄，並經軍委会核准，准其攜帶电台一座，專與美軍總部及美在華轟炸總隊直接通信連絡。

㈢該組將分兩批，各九人，約可於本月养有兩日飛延。

㈣以上各項除分电各战區長官、各集团軍總司令、各省政府主席外，特电請查照，並希將該組工作情形，至少每月电告一次。

總長及軍政部長　何應欽午感光（哿）

（七月廿日）

电台　七月廿日十二時卅分收

中機　廿時收译（陳，志坚）

廿二時王治抄

（三）

附 2:

祝绍周关于美军上校包德瑞飞延安给朱德的电报

1944 年 7 月 22 日

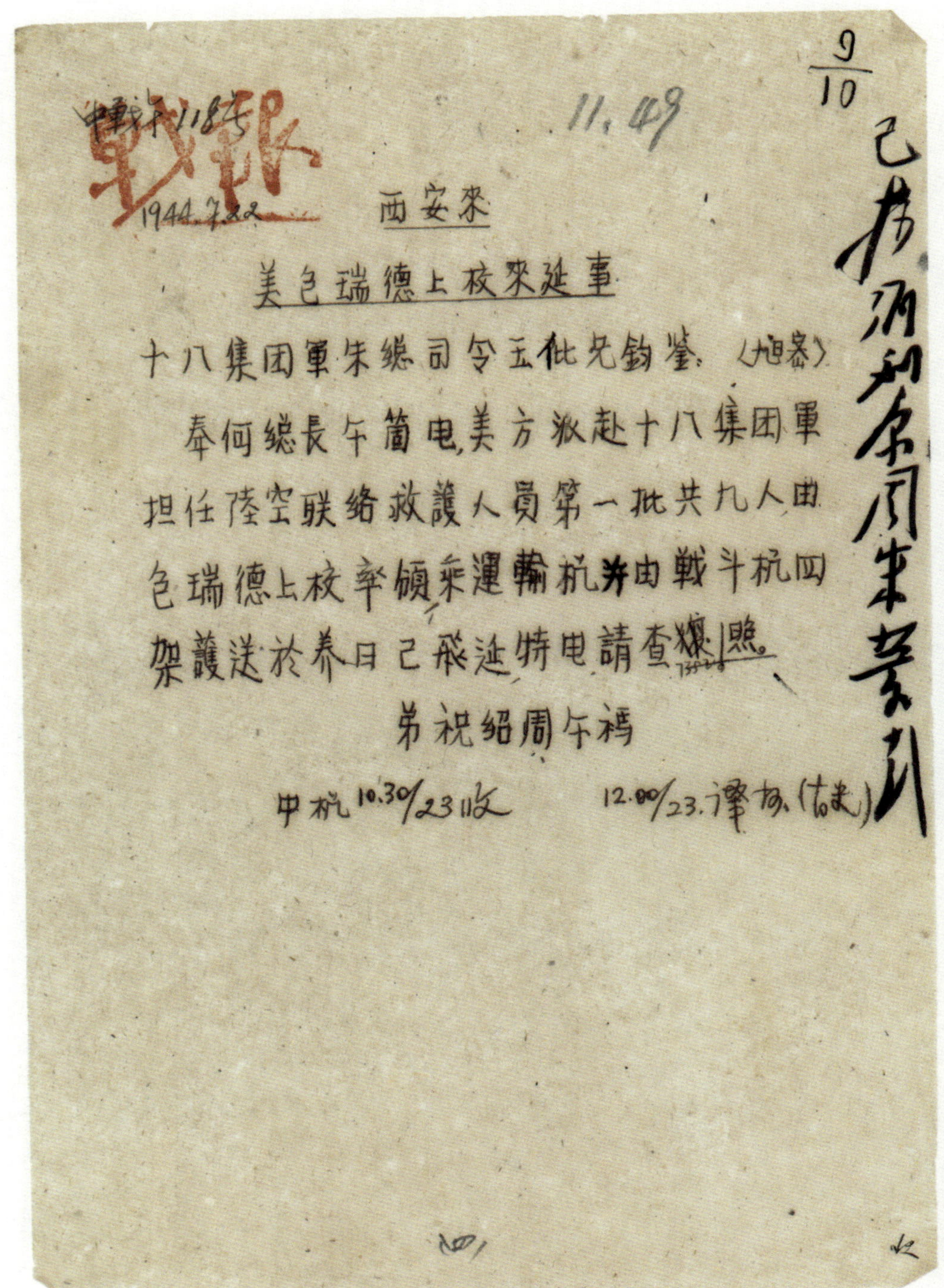

9/10

中转 118号
戰報
1944.7.22

11.49

西安來

美包瑞德上校來延事

十八集团軍朱總司令玉阶兄鈞鑒：（旭密）

奉何總長午箇电，美方派赴十八集团軍担任陸空联絡救護人員第一批共九人由包瑞德上校率領乘運輸机并由戰斗机四架護送於养日己飛延，特电請查照。

弟祝紹周午禡

中机 10.30/23 收　12.00/23.7 譯好（古）

已告酒【？】、朱、周、葉、彭

克朗姆莱少校需要的材料目录

1944 年 7 月

No 38

克朗姆萊少校需要的材料目錄

(一) 战斗序列

目的——日本空軍及陸軍部隊之実力及其部署。

方法——

1、訪问去年所俘之全体日軍俘虜。

2、研究繳获之全部日本文件。

3、訪问研究战斗序列之中国軍官。

(二) 所主要注意之繳获日軍各种文件：

1、特别有价値之書冊，另有詳表，随件附上，請併加注意。

2、各种将校名簿。

3、各种电碼名簿。（日本陸空部隊所用電碼名字簿）

4、繳获之日文日記，筆記，飼册，收據，護照，身份証，連隊勤务名册，組织系統表，地图，命令，医务紀錄及其他。

(三) 所需情报之種類：

关于一切日本陸軍軍官者：

1、姓名，階級，職务。（以日文寫出者）

2、駐地与日期。

3、所属部隊，部隊所用密碼番号（名字与号数），部隊兵种

—— 1 ——

（工兵，步兵，砲兵，其他）。

4、移動。

5、情报来源及日期。

关于一切日本陸軍部隊者（軍，師团，联隊，及独立部隊，如工兵，砲兵，鉄道，通訊，運輸，坦克，医务及其他部隊等）：

1. 用以称呼每一日軍部隊及所属部隊之電碼代字及代碼。

2、部隊駐地及日期。

3、部隊番号（如123步兵联隊）及兵种（步工、其他）。

4、每一軍官之姓名，階級，職务。

5、移动（部隊在移动中之人数及其説明）。

6、情报来源及日期。

地图及图表詳細表明全部日軍部隊（大部隊及小部隊）之位置。

（四）下列各部隊之情报，尤為急需：

第一、第二坦克師团，

第六十二、六十三、六十五師团，

第一、八、九、十五独立混成旅团，

第一、二、三、四、九、十独立步兵旅团，

空軍々团，空軍師团，空軍联隊，机场大隊，其他，独立砲兵联隊，工兵联隊，鉄道联隊，坦克联隊，摩托·運輸联隊，其他。

上述部隊之組成，位置及日期，密碼代字及代碼，軍官姓名，募補区域，均所需要者。

(五) 关於下列代字密碼之情报，需要甚急：

Hikari	Tora
Iwa	Nari
Yama	Asahi
Ishi	Sora
Makoto	Sugi
Akebono	Teru
Kiwame	Tetsu

(六) 关於下列密碼代号之情报，需要甚急：

自1451至1499，	自3050至3099，
自1500至1550，	自3100至3499，
自1551至1599，	自3651至3699，
自1650至1799，	自3951至3999，
自1951至1999，	自4000至4050，
自2000至2050，	自4100至4199，
自2100至2299，	自4300至4800，
自2400至2600，	自4850至5000，
自2700至2799，	自5001至5100。
自2850至2899，	

(完)

美军观察组（18人）名单及其研究事项

1944年7月

No. 31.

周副主席

美軍觀察組（十八人）名單及其研究事項

包瑞德上校	組長	COL. D. D. BARRET	
墨維斯先生	秘書兼翻譯	MR. J. S. SERVICE	顧问
凱斯堡少校	医官	MAJ. M. A. CASBERG	医生
克朗姆萊少校	步兵軍官	MAJ. R. A. CROMLEY	研究敌情会説日文
多姆克上尉	通訊軍官	CAPT. D. C. DOMKE	通訊連絡係記者。
考林上尉	步兵軍官	CAPT. J. C. COLLING	研究爆破工作，会俄中文。
斯特尔上尉	空軍々官	CAPT. C. C. STELLE	研究空炸目标，会説中文。
費特塞中尉	步兵軍官	1St.Lt. H. C. WHITTLESSEY	救护落在敌後人員。
雷姆尼上士	步兵	S/SGT. A. H. REMENIH	报务員、兵线电、通訊兵团。
盧登先生	秘書兼翻譯	MR. R. P. LUDDEN	顧问.
佛斯中校	空軍々官	Lt.-COL. R. FOSS	研究空軍目标.
彼德金少校	步兵軍官	MAJ. W. J. PETERKIN	研究敌軍作战.
多尔少校	空軍々官	MAJ. C. R. DOLE	研究气象.
多倫上尉	步兵軍官	CAPT. B. DOLAN	空軍情报.
西區海軍上尉	海軍々官	Lt. S. H. HITCH	研究海軍情报.
瓊斯中尉	空軍々官	1St.Lt. JONES	空軍情报.
葛尼斯軍士	步兵	SGT. W. GRESS	报务員
中村軍士	步兵	SGT. G. I. NAKAMURA	日文翻譯.

— 1 —

第二信：一部份項目

1、共産軍力量、組成、駐地、及其装备；

2、共產党軍战斗序列；

3、共產党軍作战情况；

4、共產党軍統治地区之介紹（附图）；

5、共產党軍官之全部名单；

6、使用共產党在战区、敌区、情报之使用法；

7、轰炸目标之情报；

8、关於美空軍轰炸效果之情报；

9、華北气象的观察和报导；

10、華北道路和交通；

11、華北敌机场，及敌人防空設备；

12、敌人战斗序列；

13、敌空軍战斗序列；

14、伪軍战斗序列；

15、敌軍作战情况；

16、经济情报；

17、海軍情报。

——2——

研究敌情之克朗姗業請求单、

一、敌人战斗序列：1、目的：日空军陆军力量及其位置。2、方法：会见的是日军俘虏，研究所有缴获日军文件；3、访问中國研究日軍战斗序列之人員。

二、主要注意事项：——关於缴获各种日军文件中之主要注意事项：1、特别是用書籍（另附詳单）；2、日軍官名单；3、日陸空軍之密碼；4、日军日记筆記本；5、付饷簿花名册；6、護照、身份証；7、連隊名册；8、组织系统表；9、地图；10、命令；11、医药記録；12、賬目等等。

三、所需情报种类：①关于一切日军陸軍官：a、姓名（字日文）b、階级；2、駐地日期；3、单位番号（秘密）；4、調動；5、情报来源日期。②、所有日军军队单位：軍、师、旅、团、独立部队（如工、砲、輜重、坦克、騎等）：a 日軍单位及附属单位、密碼名称番号；b、部队单位、位置日期；c、单位（例如123步兵团）及其兵种；d、軍官姓名、階级及其职务；e、調动（証明）f、情報来源及日期。附註：一切日軍单位及詳细位置绘表。

四、目前急需情报：①、第一、二坦克师；②六十二、三、五师团的位置；③、第二、八、九、十五独立混成旅；

④第一、二、三、四、九、十独立步兵旅；⑤空軍兵团、空軍师团、空軍联隊、蔡机場守衛部隊；⑥独立砲兵、工兵、鉄道兵、坦克、摩托等各联隊，需要以上各单位的情報如下項：组织；位置及日期；名称及编号（通信代字代碼）；将校名録；募補区。

五、日軍名称（密碼）

六、現急需下列编号、密碼：4451——4499——1500——1550——1551——1599——1650——1799——1951——1999——2000——2050——2100——2299——2400——2600——2700——2799——2850——2899——3050——3099——3100——3499——3651——3699——3951——3999——4000——4050——4100——4199——4300——4800——4850——5000——5001——5100。

附書籍詳單：

1. 昭和十八、九年日本陸軍將校現役停年名薄共五冊，內一冊為索引，計二千多頁，內有四五万將校姓名、軍號、職位及任命日期。

2. 日軍航空將校停年名薄（昭和十八、九年）註仝上。計六百余頁，內載四千余空軍將校。

3. 日海軍將校停年名薄（昭和十八、九年），計六百余頁，內載四十余海軍將校。

4. 陸軍將校預备役停年名薄（昭和十八、九年），共四十余證上校到少尉，

5. 日陸軍移动通報（昭和十八年九月以后）此係日陸軍每日公報專載各將校之升級調动之命令，每日一張或數張，每二百張訂一冊。

6. 日海軍移动通報（昭和十八、九年后），註仝上。

7. 日空軍將校移动通報（昭和十八年九月以后）仝上。

8. 日陸軍海外部隊番号、代号、代字，凡日本國外所有代字、代碼，例如"鷲"——3910——3929，意即110D及其所屬部隊"，"勝4210——4217及5226——5230，意即69D及其所屬部隊"，"要5310——5319，意即26D及其所屬部隊"，此項代字、代碼其數字如（3913）代表所屬部隊，其代字代表師团或軍团，而數字代表之部隊，即隸屬於此師团或軍团也。此項日本國外陸軍代字代碼，想係載於一个五十余頁之小冊內，凡各部

隊代字、代碼俱列其中，如以"鷲""勝""零"皆在內。

9、日本陸軍內地部隊号，此係日國內陸軍之代字、代碼，舉例如下："北部12——東部119——西部5——中部89——台灣64——朝鮮38——滿州14，有時数个部隊具相同之代字、代碼，此則因其在公一訓練營訓練者，此項日國內陸軍之代字代碼，想係記載一个五十余頁小册內。

美军观察组八月份在延安期间的工作计划预定表

1944 年 7 月

周副主席：

№53　　③不得遗失、阅后收回

美軍觀察組八月份在延安期间的工作計劃預定表

區分	項目	參加人員	開始實施時間	附記
I. 敵後戰場各種介紹（需要時间八天（十六个上午））	八路軍新四軍編制裝備介紹	葉參謀長 3-4/8	八月三日上午開始	美軍觀察組全体參加，先聽報告，再將書面材料，如有疑問，再作一次總的回答。
	敵後抗戰報告	鄧副司令 5.8.9/8	八月五日上午開始	
	戰報告	陳軍長 10/8	八月八日上午開始	
	八路軍新四軍教育訓練介紹	林師長 19/8	八月十八日上午開始	
	各根據地介紹：			
	晉察冀	聶司令 12/8	八月十日上午開始	
	晉冀魯豫	楊秀峰、陳賡 14/8	八月十二日上午開始	
	山東	朱瑞 16/8	八月十四日上午開始	
	晉綏	賀師長 18/8	八月十六日上午開始	
II. 各種專門問題的座談（需要時间十二天（十六个下午，四个整天））	敵偽軍研究	伍修权、克朗姆萊、李初梨、周倚鳴、	已開始	本項需要分組召開座談，交換意見。先由美軍官提出意見或問題，先用書面解答，分成許多專門問題研究組，同時進行工作。
	通信	王諍、克姆達、康瑪克、王子剛、鍾夫翔、張瑞、吳滄光。	已開始	
	交通与目標（空）	常乾坤及各空軍人員及其他。		
	氣象及訓練班（空）	張乃召、吳任光、黎揚、易倫。		
	陸地情報（空）	何延英、魏國英。		
	敵後地上救護（空）	葉參謀長、維特尔塞、陳賡、陳再道、楊田民、何延英及軍區來人。	未開始	
	医務及医药	饒正錫、凱斯堡、王鶴光、孫儀之、苏井觀、王斌、沈其震、孫青山、何穆夫、馬海德、魯之俊、傅連璋	已開始	
	政治工作 民兵、游擊隊	羅瑞卿、陶鑄、劉志堅、陳世才、王鳳斋、劉子久、蔡長庚、肖向榮。		
	海軍情報（海）	朱瑞、張香民、王斌。		
	爆破及訓練班 新武器講解（陸）	張經武、柯林、周同、各旅工兵連排長。	八月一日	
III. 組織各種參觀（需要時间十天）	參觀部隊	王震、苏進。（包括參觀延長油廠）	八月廿一至廿七日（包括來回的時间）	分組進行
	茶坊兵工廠	李强	看道路狀況再定	
	溫家溝兵工廠	李强	八月廿八日	
	陶瓷工廠	李强	八月廿九日上午	
	皮革廠	張令彬	看道路狀況再定	
	展覽會	張令彬、肖向榮	八月廿九日下午	
	医院	傅連璋、苏井觀、王斌、饒正錫	臨時約定	
	軍事學校：A、綏德抗大（抽一大隊）B、清澗六中 C、三五九旅教導隊	徐向前、肖勁光、張經武、王震、苏進。	A、B兩处於赴晉西北途中舉行；C、臨時約定。	

2

包瑞德关于林迈可所提无线电器材清单事给周恩来的信

1944年8月2日

周将军阁下：

林迈可先生所拟之改进共产党地区无线电讯之通讯所需无线电器材清单，我愿说明，此乃纯系应吾人之请而制者。林先生并未向我方提出，要求我方供给任何无线电装备。

此等材料究竟能否供给，我实无所知，此点前已道及。但无线电零件重量颇轻，所占地方极小，我意以为拟定备一所需材料清单有价值，以便一旦时机来临，可以送来此类器材时，即可以最少限度之运输而获得之。

观察组一切组员均悉知贵方人员未尝向我方要求任何物品，此点予我人以印象极佳。

因此余更切希望阁下了解林先生拟制材料清单之原委。

请蒙原谅，谨致谢忱。并致问候之意。

阁下之至友

D. D. 包瑞德

美国陆军上校

一九〇〇年八月二日于延安

毛、朱、叶、刘、任：

因我无线电材料问题，现正已上报，及林迈可来信译稿，特转供你们一阅。

周恩来 八、三

附:

林迈可关于拟给美方的通讯装备需要清单给周恩来的信并清单

1944年8月2日

周恩来先生：

随函附上给美国方的材料单。在第一三项下，留下一处空白，因我不确知他们有多少联结缆及其他电缆，本拟询问王同志我们是否需要一些供试验之用，但他昨天外出未在家。

自始至终都是美国方要求这些材料单的，他们并且提出各种我从未想开列上去的东西。例如他们曾提出用上几架打字机供新华社抄录新闻之用。这些东西我未列入，因为我们想把需要压低到最小限度。

我认为试验工作为最主要的准备步骤。现在有许多新东西出来了，特别是真空管，这些东西我们仅仅从书本上看到的一点，也略而不详。我们之现有装备在许多方面是难令人满意的。我们没有好收报机，无线电除了发报马力很小的外也是没有的。没有新的真空管及各种零件，我们便无法改进。

我们的计划是制出几架标准设计的真正满意的机器，以使情势发展及美方准备供给之时，我们能确切告以所需之物。设如我们不先做试验工作，很可能当美方要供给我们时我们无法告以所需之物，那时或者要他们给足以制造各种不能试操的机子的材料，而实际上我们只能供用一半，或者便须要求

2

他们等候二三月之久，等候我们试验的结果来。顶好时也迟滞了把适宜的新式机子送往前方的时间。

为避免所要的试验装备是这一工作所需者，因为今天我们缺乏用以装置及试验新机子所需之器材甚缺。

我尽量把数量开得低，但未低至最小限度，因为避免违背美军内通常习惯，在制成材料单时总比所需的多开一些，因为上面还会削减一些下去。因此，如果我们除为试制所绝对必须之材料外，丝毫不留余裕，很可能得到的东西太少，不能切当的进行工作。

我拍了一个电报给英国大使，说明我不了解回英国去的事，并请其于下次代机来时带信来或设法用电台弄清此事。

M. 林邁可

五〇〇年八月二日

通讯装备需要总量

八路军当局现时不能任何关于全部需要之清单。仅当包瑞德上校要求我方应提出一需要总量之概略估计时，叶将军始同意允许我根据与他谈话中之数字及计划拟定一概略之估计。

黄河以东区域实际可供用的最大机子，为一十五瓦特发电机发动之发报机，实际为五百瓦尔特，一百M.A.之最高发电量。全军现在之军力基础上，此种机之使用选择扩展至团级司令部，则团级及团以上机关单位所需此种机子总数约为五百架。……确实所需机子之确切详情，须待在延安进行试验后始能提出。

现在使用中共有三百二十三架手摇发电机，但部分为小于十五瓦特式者，自十五瓦特式者亦多亟须修理。故尚应估计需三百二十二架新手摇发电机。

其他种类之全为新机。现用之机子几全部使用苗电池式真空管。……以现有机件若重加改装，或须每机均分别设计。

计划每营设一延安造之手摇发动机电台。共需一千二百部。如有原料供给，可在延安制造此种好於外国制造之发电机，以应迅速改装计划之需。详细需要，亦需缜密试验方材。

当建以下等单位，拟采用轻电池之机子，供侦察连，情报站之用。此种机子约需一千五百至二千台。详数亦需俟以新真空管试验后始可确定。

无线电话（HANDY·TALKY）于作战及情报工作中可能极有用处，然目前极难估计究需若干，

因其比较之贵，毫无经验。

现有时之电池消耗，每月约需二〇〇个一千来日尔特电池，及二四五与七七二个四五伏尔特B电池。该照

后部外电台不需电池，但少数小电池之机子如将增加，故消耗可能增加，但不会与台数比例增加。

现有之电话网，增加五百架电话机，极有用处。如ASSAULT电线可以得到，即能由加长到

五千英里，即需三千至四千架军用电话机。

延安之无线电装置，需二十五架短波收报机，四五部一五〇至六〇〇瓦发报机，及二部一千瓦或至少之

的大电台，亦所需要。……上述装备全副设备连发电机在内。收报者需设于四二个中心，每处需二部千瓦之发电

机，以便连续工作。

上述之外，尚须一〇〇架小电池式之广播收音机，以帮助宣传抵抗日及敌化区宣传工作之用。三〇个

内燃油发电机之广播台及十至十五个手摇发电机之广播机，将极有用处。

（手边无字典，许多字无法查，故只节译其主要部分之大意，仅示要点，其中

可能有错误处，请注意。 黄华）

材料紧急识字，须请王高专识字才可办。

何应钦关于美军观察组第二批人员六日飞延给朱德的电报

1944年8月5日

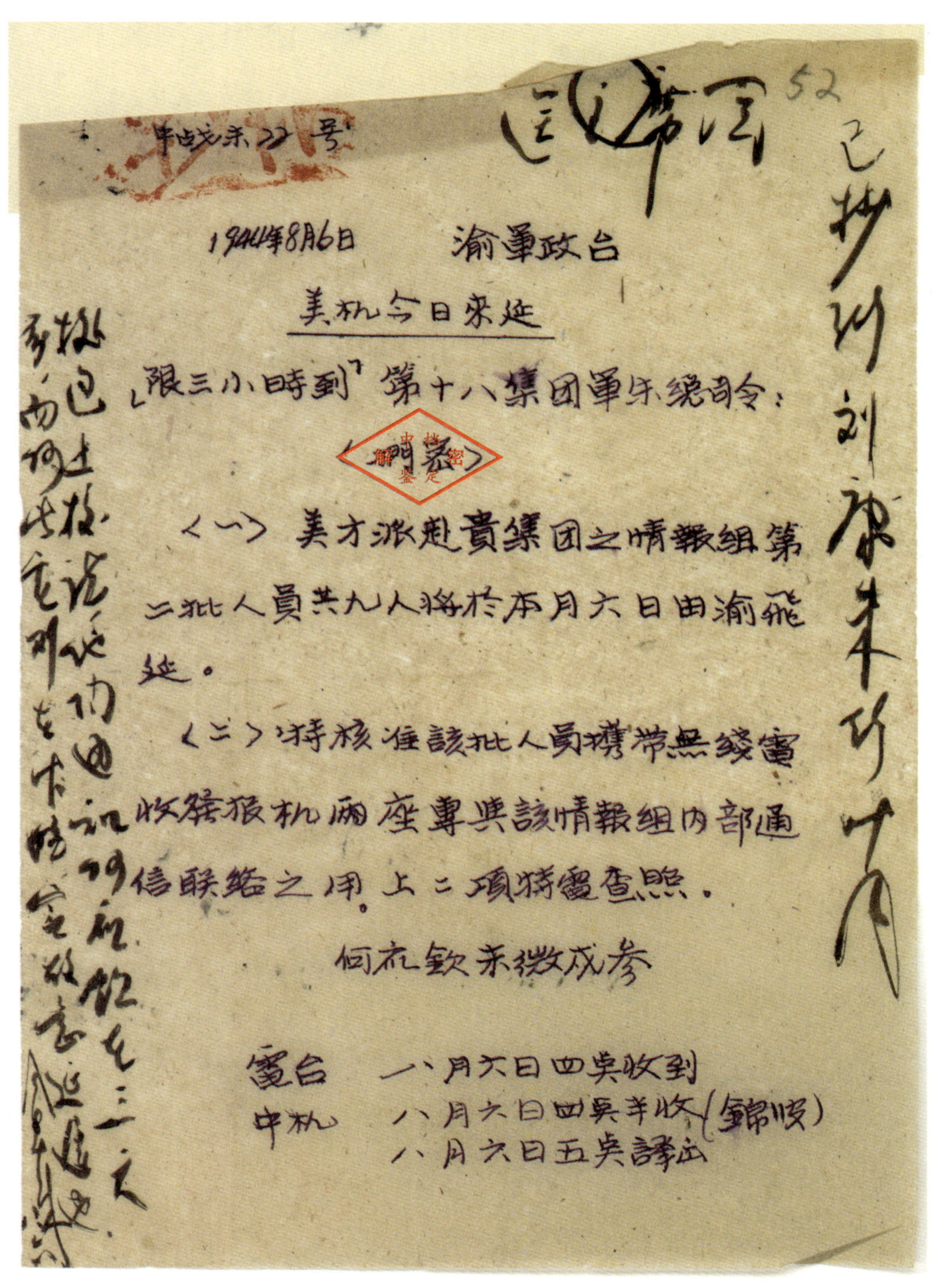

中共电来22号

1944年8月6日　　渝軍政台

美机今日來延

〈限三小時到〉第十八集团軍朱總司令：

〈一〉美方派赴貴集团之情報組第二批人員共九人將於本月六日由渝飛延。

〈二〉特核准該批人員携帶無綫電收發报机兩座專與該情報組內部通信联絡之用。上二項特電查照。

何応欽未微成參

電台　八月六日四点收到
中机　八月六日四点半收（錦昭）
　　　八月六日五点譯出

彭德怀对美军观察组的谈话

1944年8月6、8、9日

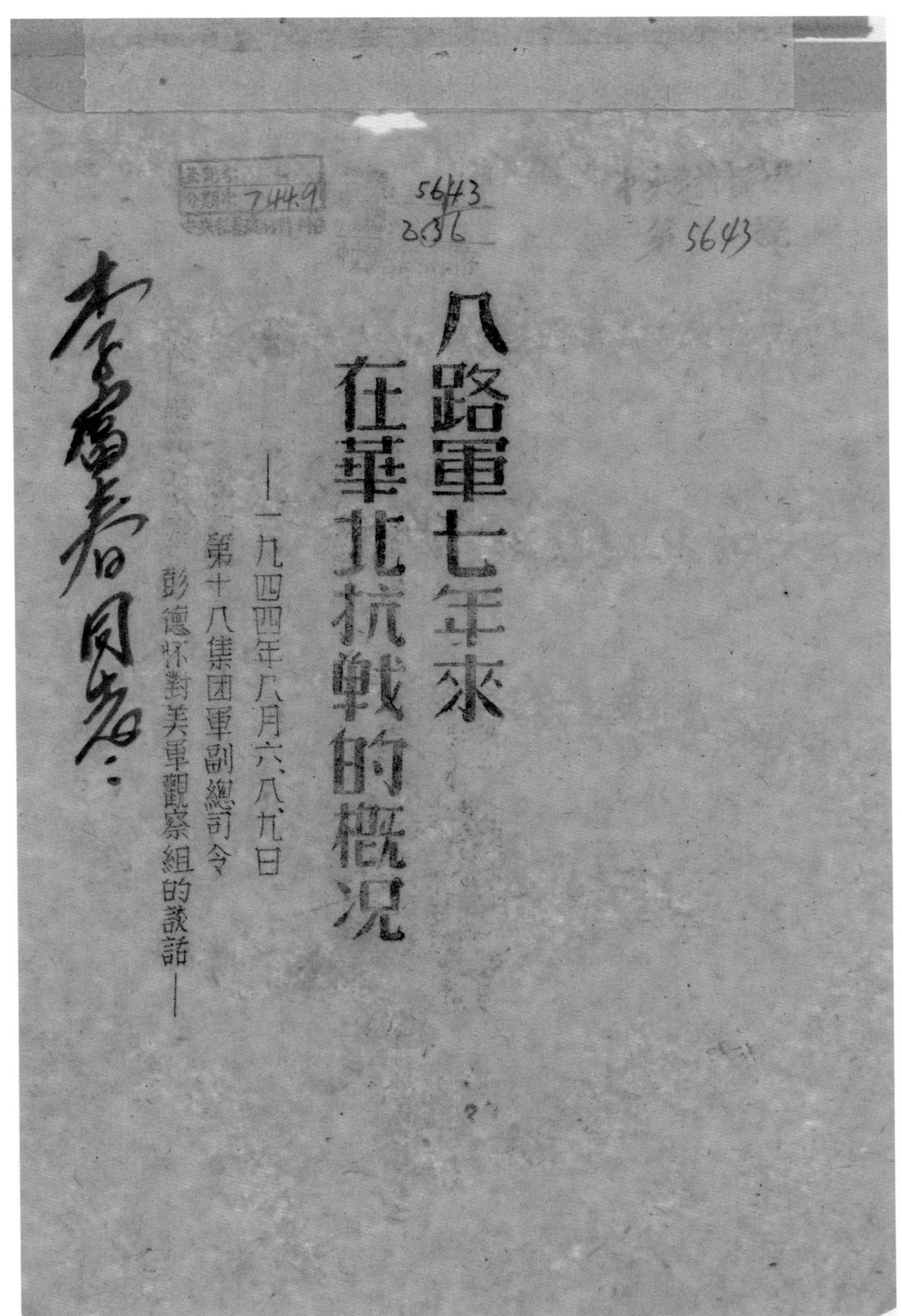

八路軍七年來在華北抗戰的概況

——一九四四年八月六、八、九日第十八集团軍副總司令彭德怀對美軍觀察組的談話——

李富春同志：

八路軍七年来在華北抗战的概况

——一九四四年八月六日——

今天利用这个很难得的時机，和國际反法西斯的朋友们、美國的朋友们談一談我们七年来華北抗战的情形，把華北战场上的敌軍、友軍、和我軍的情况作一簡單的介紹，以便反法西斯的國际战友们有一個概况的瞭解。

七年的華北抗战，可以分為四个時期：(一)平型關战斗至武漢失守；(二)武汉失守至百团大战；(三)百团大战至全國抗战五週年；(四)抗战五周年至今。現在逐一叙述具体情形於下。

第一个時期——平型关战斗（一九三七年九月二十五日）至武汉失守（一九三八年十月二十五日）。

①敌方情形。

日寇進攻我國，最初是採取"速战速决"的战略方針，总想在三個月内滅亡中國。这个方針，用之於既無準备、又無決心的國民党軍隊則可，用之於坚決抗战的八路軍和抗日思想醞釀已久（自九一八以来即開始）的廣大人民則不可，因而他只能獲得初期的某些勝利。敌人進攻作战的重心，首先是在華北，这是根據田中奏摺的老計划，由東北四省而進入華北，企圖佔據黃河以北，掠奪河北的棉花，山西的煤鉄，然后举兵南下，経華中、華南而直抵南洋。在太原尚未淪陷之前，敌人作战的对手，主要的还是國民党的軍隊，当時，敌人的華北派遣軍司令是香月清司，集十二个半师团的兵力，為第五师团、第六师团、第十师团、第十四师团、第十六师团、第二十师团、第一〇八师团、第一〇九师团、第一一四师团，鈴木旅团、酒井旅团、山井旅团等之全部，及第一师团、第二师团、第四师团、第八师团之一半，近三十万人，約佔当時日寇侵華兵力二十又半個团的五分之三的兵力。作所謂『堂々陣容』的正面進攻，由北而南，長驅直入，未及四月，即佔領了平、津、保定、石家庄、太原，控制了北寧路、平綏路、正太路，以及同蒲路、平汉路、津浦路之北段。

太原、臨汾相継失陷后，整个黃河以北的地区淪入敌手，友軍望風而潰，退出了華北战场，此時在華北与敌人作战的，只有共産党人、八路軍、山西新軍决死隊，河北的楊秀峰，山東的范築先，以及由监獄释放出来的愛國志士和青年學生為骨干組织起来的游击隊。這些新興的抗战力量，团结在八路軍的周围，与華北人民深相結合，就像雨后春筍一般，蓬勃的生長起来，到处发动抗日游击战争，和敌人周旋。从此，日寇在華北的作战，就以八路軍為其主要敌手了。这時敌人提出『鞏固已經佔領的战略要点和交通线』『确实掌握華北』的方针，在其佔領的鉄路沿线和城市週围，修築據点碉堡，以資防守。同時又提出『以華制華』，『以战養战』的口号，進行培植偽軍、偽政权和掠夺人力、物力、財力的陰謀毒計。為了鎮压方兴未艾的游击战争，敌以寺内寿一代香月清司為華北派遣軍　司令，除調走两个半师团（第六师团全部及第一师团、第二师团、第四师团之一半）参加徐州会战外，复增派七个师团到華北战场（第二师团、第十一师团各一半、第二十一师团、第二十三师团、第一〇四师团、第一一〇师团、第二、三、四、五混成旅团之全部），並另将鈴木、酒井、山下等三个旅团扩編為三个师团（第二五、二六、二七师团），在華北兵力為十八个半师团，約四十万人，較战争第一年增加了六个师团，仍為当時日寇在華作战兵力三十又半个师团的五分之三。

敌寇初與我八路軍交鋒，尚不知我軍精兵和利害，在战术上採取『突貫攻击』，單刀直入式的向我横冲直撞，以為我軍如其他國軍之易欺，企图把我们击败，但結果反而損伤了他自己，常々遭受我们的殲滅打击。敌人遂不得不改变『突貫攻击』的战法為『分進合击』，在武汉失守之前，敌人以千人以上兵力的我合击者已有十余次，以万人以上围攻我一个地区者已有五次，企图乘我立足未穩、抗日根據地尚未臻於鞏固之際，一舉加以摧毀，以撲滅華北抗日游击战争的火焰；但这些合击都在我集中力量，打击一路之敌的战役指导下，一一被我击破，根據地在反围攻中逐渐鞏固起来，我八路軍也日益更加強大起来。

敌人為了鞏固其佔領要点，便利对我作战，吸吮我物資以達其"以战養战"的目的，乃開始修築鉄路，至一九三八年底，被我加以破坏而敌人重行修复的鉄路，有平（北平）綏（远）线，平（北平）汉（口）线、北（平）寧（遼寧）线、津（天津）浦（口）线、同（大同）蒲（州）线、坨里（良鄉至坨里）支线、西陵（高碑店至易县西陵）支线、六河沟（安陽丰乐鎮至六河沟）支线、济寧（济寧至滋陽）支线、口泉（大同至口泉）支线等十线，約二七九二公里，新築平（北平）古（北口）线一四六公里，合計二九三八公里。在部份地区，且已開始建築碉樓據点，但為数还不多。

在華北的偽軍，在抗战前即有李守信、王英与趙雷等组織的偽蒙軍及冀東保安隊，抗战初，大汉奸齐燮元成立靖安自治軍（后改為治安軍），初仅有四个連，至一九三八年底已扩大為五个团，為華北正規偽軍的主力。此外，敌還大事收編散兵、土匪、会门武装，组織偽皇协軍、剿共軍，以及偽旁路保安隊等。至一九三八年底，華北僞正規軍与僞地方軍合計約有七万人。但系統龐雜，素質低劣，在我游击战争開展之下，多半（估計約四万五千人）為我八路軍所消滅。

② 友軍情形

抗战開始，華北战场上的友軍，有中央軍、西北軍、東北軍、晋綏軍等不下七十五万人，当時士气一般的还好，且也打过幾次仗，比如南口之战，忻口之战，並有若干將領於作战中英勇殉國，如趙登禹、佟麟閣、郝夢令等。但國民党当局对抗战缺乏信心，更无持久打算，所採取的政策是單純的片面的軍事抗战，而不是发动民众進行全面抗战，在战略指导上，又是以単純防御，而不是运动战与陣地战相結合，而不是積極防御作战，更不承認灵活的游击战的战略地位，因而处於被动的形成处处招架，也就是处处挨打的形势。再加以若干高級將領的貪生怕死，拥兵自肥（比如韓復榘不知搜刮了多少金钱，在敌人進攻時，不作抵抗，一味的保存着"私己人財產"的後退却；晋綏軍战斗力很差，但高級軍官们个个会做生意，个个发大財，李服膺当敌人佔領大同，距敌尚有几十里遠時，就望风而逃，急急的向雁门关以南撤退）因而形成不战即潰，自退百里。而太原臨汾新鄉相继失守，鉄道城市被敌人控制以后，友軍更潰乱不堪，争先恐后的搶渡黄河，就是当初甚嚣"守土抗战"的地方实力派閻錫山先生的晋綏軍亦全部退至黄河以西，被敌人遮断而留在敌后側翼的，只有第九十三軍（刘戡）的五六师，也是驚慌失措。至於平時魚肉人民的官僚政客，一聞砲声，則攜帶妻妾細軟，逃之夭夭，而难民伤兵，会軍需器材，全被遺棄。更有搖身一变，奴颜卑膝以事敌人者，如王克敏、齐燮元、潘毓桂之流。人民目睹心伤，悲憤莫名。

③.我方情形：

抗战開始時，红軍有官兵八万人，八月二十五日奉軍事委員会命令改編為國民革命軍第八路軍，只給三个师的番号，按四万五千人編制和发餉，即一一五师、一二〇师、一二九师的番号。九月我们自韓城、潼关兩处渡过黃河，沿同蒲路北進，挺入了華北战场，增援前线。当時，我们就知道中國抗战是長期性的，提出了“堅持華北抗战，八路軍与華北人民共存亡”的基本口号，我党領袖毛澤東同志也給我们規定了作战指导的基本原則，“基本的游击战争，不放鬆有利条件下的运动战”。因為根據敌我裝备上的优劣懸殊，当置敌后進行長期战争的艰苦环境，以及我们具有发动群众進行游击战争的丰富經驗與特長，只有在此種作战指导原則下，才能制勝敌人，这已是被七年的战争实际所証实了。

我軍先头部隊，第一一五师师長林彪、副师長聶榮臻率領，開抵前线，一与敌人接触，即創造了平型关大捷，我軍在运动战中，击潰敌精銳的板垣师团，歼滅其一个联隊，创開战以来的勝利紀録，一掃友軍節節敗退的耻辱，大大振奋了全國人心。平型关战斗以後，敌鋒受挫，但敌人已自茹越口友軍防地突入長城以南，我軍旋即迂迴敌后，猛袭敌交通线，配合友軍忻口作战，保卫太原。此時，我一一五师光復晋西、察南十余县，一二〇师数度佔領雁门関，一二九师則深入陽明堡袭机场，焚毁敌机二十四架，敌人后方的交通联絡线全被我軍切断，忻口被围之敌，粮弹具绝，死伤極重，大有殲滅可能。狡詐之敌，乃由石家庄沿正太路西進，進犯娘子关，声援忻口之敌。我一二九师聞警馳援，尚未進抵陣地時，娘子关友軍已棄守，刘师長、徐副师長机断行事，在正太路南平行路上之七亘村、黄崖底、廣陽連打了三个勝仗，打開了敌人陣地的一个缺口，救出被围友軍曾万鐘之第三軍，阻滞了敌人的西進，掩护了友軍的撤退。但不久太原失守，遂使忻口敌人獲救，至為可惜。

在此以前，我軍在華北的作战，主要的係配合友軍行动；在此以后，我軍在華北即開始单独作战，進行独立自主的抗日游击战争。

太原失守前，我軍已預見華北之将淪為敌后，故即确定方針：以变敌后為前线，发动广大群众，创造敌后抗日根据地，開展抗日游击战争。迨太原失守，即有計划的将兵力分置於同蒲路两側与雁北敌后，以五台山、太行山、吕梁山、霍山等為依托，以期創造抗日根據地。对於敌人之围攻与合击，我則以游击战与运动战相辅以对抗之。使敌人找不到我固定阵地和固定阵线，常々扑空，我则灵活集中兵力，乘敌之隙，打击其一路，予以坚决粉碎。如敌人对晋东南和晋察冀的围攻，均合击一个中心点，待敌进至转换线上，我主力即跳出圈外，集中力量打击其一路，使敌人在尚未进抵中心点时，即被消灭与击溃。同时，我遣军东下冀鲁豫大平原，北出绥、察、热、冀东、長城口外，光复祖国河山，拯救沦于敌人铁蹄下的人民，协同中国共产党的地方党部与爱国人士，配合人民的抗日武装起义，开展抗日游击战争，在光复的國土上，我们即建立抗日民主政府，安抚流亡，救护伤兵，实行二五减租，废除苛捐杂税，实行廉洁政治，发动广大民众，团结各地绅士，帮助友军进步，……所有这些，都是为着增强抗战力量，树立長期抗战的基础，把华北创造成为坚强不拔的抗日基地，使中國抗战在正面战场以外，更增开一个敌后战场，以便前后夹击敌人，制敌死命。

在这一时期，我军为配合徐州、武汉两大会战，一方面坚决粉碎敌人对我新建根据地的扫荡与围攻，消灭敌有生力量，牵制敌人的调动；如一九三八年三月晋东南一二九师反对敌人九路围攻，長乐村一战，歼灭敌苫米地旅团主力，并使敌由同蒲路调兵东援徐州发生很大的困难；九月晋察冀边区反对敌之五万兵力的二十五路围攻，曾击毙敌常冈宽治旅团長，与正定、清水两联队長……。另一方面，我军又主动的向敌交通干线、战略要点进击，并扫荡日寇所培植的爪牙——伪军；計一九三八年初，晋察冀我軍大破平汉路北段，袭入保定、定县、望都、正定等县城；二、三、四、五月，一二九师破袭平汉路、津浦路，在南宫赶跑敌清水司令，消灭盘據河北伪軍秦培穗等约五千人；三月三十一日，一二九师伏击東陽关与涉县间的响堂铺，焚毁敌汽車一百八十辆，山東我軍在台兒庄会战正紧时，破击鲁南之台(兒庄)滕(县)公路、台(兒庄)枣(庄)鐵路支线，发动矿工起义；七月六日起，晋察冀我軍同時出击平绥、正太、平汉諸鐵路，激战三天二晚，毙伤敌千四百余人，炸毁北平城北石景山之发电厂，使北平陷成黑暗世界；七月十六日，唐山矿工在我軍領导下，发动抗日起义，七七抗战一週年，我宋、鄧支队進入冀東，冀東人民在共產党領导下，爆发二、三十万人的大起义，佔領遵化、玉田、迁安等十余县城；我一二九师所部主力进击平汉路、道(口)清(化)路，消灭冀鲁豫伪軍扈全禄部；九月，一一五师陳旅在晋西三战汾(阳)離(石)公路，八月十三日，山東我軍袭入济南；十月三日，山東我軍又破坏膠济路百余里……等。

由於游击战争之广泛開展，反扫荡作战的連続勝利，人民抗日情绪空前高漲，纷纷要求参加八路軍，我軍力量倍增，声威愈壮，活动区域東臨渤海、黄海，北達冀東長城口外，南至陇海路，西襟黄河，敌后抗日根据地基本形成，在抗日民主政府确实管辖下的人民，总数達千万以上。

第二个時期——武汉失守至百团大战（一九四〇年八月二十日

①、敌方情形：

敌人在未佔領武汉之前，已深感八路軍在敌后的嚴重威脅，認為是滅亡中國的"絆脚石"，一九三八年八、九月時，敌華北派遣軍即提出"五台与武汉并重"的口号。敌人佔領武汉以后，立刻改变战略，对國民党正面战场以政治誘降為主，軍事進攻為輔，而将其战争重心放在对敌后八路軍的進攻。從此，中國抗战的兩个战场——正面战场与敌后战场——即以敌后战场為主。

此時期内，敌寇回師華北，兵力驟增，一九三八年敌寇在華北战场的兵力為十八个半師团，雖調走第五、十、十四、二十、一〇九等五个師团参加武汉会战，但旋即新增第三十二、三十五、三十六、三十七、四十一師团，第六、七、八、九、十、十五混成旅团，及第二十師团之一半，共計八个半師团，因而此時期内敌人在華北战场的兵力為二十二个師团，四十四万人，較抗战第一年（一九三七年）增加了九个半師团，較抗战第二年（一九三八年）增加了三个半師团，佔当時日寇侵華總兵力（一九三九年初為四十八个師团）之一半稍弱。

為了加緊進攻，敌曾六易其帥，由寺内寿一而杉山元而多田駿。其间陰謀曾出"治標翻新"、"以战速战速决"的計划破產，加以在上一時期敌人已飽嘗我们的老拳，知道八路軍和華北人民是个"很討厭"的敌人，故改唱"百年战争"，"需要掌握民心"，与我"

進行比賽忍耐力的斗爭」。这自然是十分可笑的，因為任何延年益寿的仙丹灵方，也不能使日本法西斯有百年之寿。一九三九年春，敌華北派遣軍頒佈所謂「治安肅正計划」，提出中國内战時期「反共英雄们」所早已唱滥的「三分軍事，七分政治」的方針，強調「軍政会民一体」的「總力战」。在軍事上提出「鞏固点（城市）綫（鉄道、公路）擴大面的佔領」的方針。一九三九年九月多田駿上台后，更提出「竭澤而漁」的「囚籠政策」，实行「分区扫蕩、分散佈置，灵活運動的牛刀子战术」，「牛刀子战术」為一日本术語，取中國語「殺鸡焉用牛刀」之义，表示八路軍虽小，但需要很大的力量去進行战斗，在政治上則大唱中日「同文同種」，說什么「黄種人联合起来打倒白種的英美」，在敌佔城市举行反英美宣傳，並把侵略中國的战争叫做「打回祖國去」，对於老百姓則大燒、大殺，以鎮[illegible]，強迫人民承認「不抗日」「反对共産党、反对八路軍」「反对英美」，一經承認則又施以小恩小惠，以事笼絡，称之為「威德并用，軟硬兼施」，在經济上，敌对我解放区施行严密封鎖，就要陷我於無衣無食"自生自滅"，这种封鎖政策以后長期继续，从未放鬆。敌人用这种軍事政治双管齐下的毒辣办法，猛烈的向我们進攻。

战局是空前緊張，扫蕩是大大加緊了。北起冀東及大青山，南達黄河岸边，到处都燃發全面的"扫蕩"与反扫蕩。抗战第二第三两週年，敌对華北千人以上的"扫蕩"有一〇九次之多，使用兵力在五十万左右，其间一万人至二万人的扫蕩有七次，三万人以上的扫蕩有五次，还有一次六万人以上的大扫蕩。

配合这些扫蕩，敌人瘋狂的实施"囚笼政策"，大举修築鉄道、公路、據点、碉堡。一九三九至一九四〇兩年中，敌修复的鉄路有同蒲、正太、滕沁道清、汾陽（平遥至汾陽）、微水、博山（張店至博山）、陽明堡（至原平）、周口店（琉璃河至周口店）等綫，計長一八七〇公里，新建鉄道有白（圭）晋（城）石（家庄）德（州）、新（鄉）開（封）、鳳山（南張村至鳳山）、西佐（馬头至西佐）等綫，計長四七七公里，合計二三四七公里。新建公路有平（北平）大（沽口）路，唐（山）大（沽口）路，邢（台）濟（南）路、邯（鄲）濟（南）路等。計長一五六〇〇公里。新建碉堡據点二七四九個，一九四〇年即較一九三九年增加四倍。

所謂"囚笼政策"，為德國塞克特的"堡壘政策"与清代曾國藩"步步為營"政策的結合，以鉄路為鏈，公路為环，據点為鎖，給敌佔區人民加上一付深重的枷鎖。在"囚笼"之内，強化偽政权，組織偽自卫团，厲行"人質"政策，掠奪粮食，棉花，傾銷海洛英毒品，強迫人民種植鴉片。但無論什么办法也不能阻止人民的公開的和隱蔽的破坏和反抗，有八路軍已解放區的支持，敌佔區人民是絕不願当"順民"的，比如敌軍散发鴉片种子，老百姓把它在蒸笼裡蒸熟之后，再撒播在田裡，自然不会发芽，敌人莫明其妙，大叫"皇軍倒霉，皇軍倒霉"!!对於我根據地說来，"囚笼政策"則是封鎖，割裂，蚕食，扫

东根据地

陽的依據，同晋路的貫通，把晋東南劃成太行太岳两区；平汉路封鎖溝墙的修築，断絕我山地与平原的物資流通；而在平原地区大修公路，將我平原根據地割裂成井字、王字、田字形，縮小了我軍活動的迴旋地区。此外，敌还專门修築了一種圓形或螺旋形的公路，以為包圍合击我軍的基线。在敌人進行修築"囚籠"之前，必先以兵力向我扫蕩，阻我破路；而"囚籠"築成之后，扫蕩遂更有所憑藉。故扫蕩愈繁，"囚籠"愈密，而"囚籠"愈密，扫蕩亦愈烈。这是華北战场敌後活動的規律。

"囚籠"政策的实施，使敌人產生另一弱点，即兵力愈加分散，更感不敷应用，而此時由於汪逆精衛之投敌，敌人遂更加強化其"以華制華"的政策，大量的有計划的培植偽軍，繁殖其爪牙，並开始將偽軍加以整頓，小股的合為大股。一九三九年下半年，敌採取"精兵主义"，放棄过去的乱編办法，改"皇协軍"為"剿共軍"，改"綏安自治軍"為"治安軍"，並加強偽軍訓練，提高其战斗力，使之协助敌守公路據点，配合扫蕩及進行清鄉，時常以一班敌軍控制一排偽軍而扼守一个小据点。同時，又大量建立偽軍之地方部隊，如偽县警备隊，偽警察，偽保安自衛团等，又建立聯莊村和厉行連坐法，协助敌人守護道路、电线。連坐法為古代專制魔王及内战時期"反共英雄"所用的"一人犯事、十人同罪"的殺人不眨眼的老办法，以期根絕抗日分子。至一九四〇年底，華北偽軍為数已达十四万五千人，較前一時期内约增加一倍，而國民黨軍隊这時已有投敵和被改編為偽軍的，如駐防綏远的三十五軍騎兵支隊丁其昌、東北挺進軍何柱國部，相继率部約一万三千人投敌，豫北的CC分子張嵐峯，也率部數萬叛变，使偽軍的势力更加扩大。

②友軍情形

國民党当局在武汉失守、汪精卫公開投敌之后，政治即開始倒退。他們錯認日本人再不会向他們進攻，他們的主要敌人是共產党、八路軍，而不是日本人。因此，把抗日政策改變為反共、反民主、反人民政策，專制独裁，傾向法西斯，一九三九年六月，頒佈了鑽進共產党内破坏共產的"限制異党活动办法"，九月，又頒佈了可用軍事進攻對付共產党的"異党問題處理方案"，此后，共產党遂被称為"奸党"，八路軍遂被称為"奸軍"或"匪軍"，敌后解放区被称為"匪区"。抗战初期，他們曾将華北棄如敝屣，但到了八路軍艰苦作战，解放淪陷國土，打開一個抗日局面之后，他們又忌恨叢生，纷纷遣軍北上，要再从抗日人民的手裡去"收复失地"。这些被派到華北的國民党軍隊，其目的不是為了抗战，而是為了"反共"。因此这一時期他們在抗日方面，幾乎什么都没做，做出来的都是反对共產党、八路軍，危害抗战的罪行。

他們一方面下命令要八路軍退过滄石路、正太路以北之線，一方面調集大軍二十六个师，以中條山為基地，雜牌軍為先鋒，嫡系部隊在后督陣，自南而北向我進来，以与当時日寇的由張家口、北平一线、自北而南的向我軍扫蕩，遥相呼应。而当日投敌被敌截留於敌后的石友三、張蔭梧、秦啟榮、趙云祥、胡和道等，當其托庇於我軍之時，皆曾相安无事，此時在國民党当局反攻动員的指使和特务活动的陰謀下，也就勾結敌寇，襲击我軍后方，殺害我官兵，破坏我抗日根據地破坏对敌作战。此時我軍处於敌寇和國民党的內外夾攻之中，前门拒虎，后门進狼，处境十分艰危。同時当局又下令取消各地民选的抗日政府，連國民政府既經承認的晋察冀边区政府企图加以取消，残殺一批法西斯份子充任县级專員，压迫民众抗日运动，解散群众抗日团体，暗殺进步抗日干部家属，摧毁一切抗日民主秩序，陳立夫、戴笠、康泽的特务系统更派来大批特务，混入解放区，造謠惑众，放毒暗殺，無所不用其極。至於我八路軍，每月应得六十三万元，也从此取消，再無分文发給。總之，種種倒行逆施，令志士側目，寇奸彈冠，記得当時北平敌偽还曾召開过一个慶祝会，慶祝國民党当局的"反共"成績。

对於國民党当局的这些"內战內行"的措施，我共產党、八路軍起初曾一再忍讓，據理交涉。亦以团结抗战為重，勿令盟邦失望。免陷民族於万劫不復，但竟未获見諒，反被目為"示弱"，而進攻愈急，有些当局且高唱"曲线救國論"，决心"联日反共"，释其叛國行為為"先联合日本，打倒八路軍，然后再行抗日"。在如此"反共第一"的政策下，終於爆发了一九三九年冬的第一次反共高潮，國民党軍隊正式向我们開火。当時情勢紧急，迫不得已，乃对向我總司令部所駐之地進攻的朱怀冰的一个軍予以还击。朱軍起初声势汹汹，作战時自有日本飞机配合助战，暴露其与日本軍联合進攻之事实，全軍官兵多數憤慨，一經接觸，其内部即土崩瓦解。朱怀冰本人負為軍長，竟經敌駐之邯鄲，由平汗路、道清路坐日本人火車回大后方，至今尚任我大后方作官，誠如咄咄怪事！这次磨擦与反磨擦斗爭，不仅是民主与反民主斗爭，而且是抗战与投降之争，这在以后看得更加明顯。如果我軍当時未能妥善應付，克服反共投降高潮，則華北早已被國民党断送给日本，决不会再有今日敌后抗战形势，也不会有今天全國抗战形势，更不会有与英美盟邦共声正义打倒日本法西斯的共同事業。

③ 我方情形。

武汉失守后，中國抗战的正面战争進入相持階段，華北的局面遂一天更比一天艰苦。这時期内，我們坚定不移的坚持華北抗战的既定方針，努力巩固各个抗日根據地。在軍事作战指导上，针对着敌人的"联合扫蕩與囚籠政策"而着重進行游击战与运动战相辅的"反扫蕩战"与軍民結合的"交通破击战"。

反扫蕩战，此時期内在全華北展開。在晋察冀，一九三九年五月，敌人向边区北部進攻，我在上下细腰与大龙華打了两個大勝仗，敌遗屍近千；九月，敌向我腹地陳庄突進，被我包围殲滅千余，敌水原旅团長，即於是役斃命；十月，敌以二万兵力，分十六路向边区進攻，血战四十三天，将敌击退，並於涞源战斗中，击毙敌阿部规秀中将，此为中国战场上打死敌人中将级軍官之第一次，故敌酋多田骏在追悼阿部之輓联上写到"名将之花，凋谢太行山上"；在冀中，曾粉碎敌人的五次围攻，一九三九年四月在河间齐会战斗中，我贺师中毒负伤，为国际公法所禁止使用之毒气糜烂瓦斯弹，敌寇在中国战场上於一九三八年就開始使用了；在冀察热：平西於一九三九年一月至六月，粉碎了敌人三次扫荡，冀东於一九三九年三月，粉碎了敌人的大举扫荡；七月间，我平西挺進軍派一部队伍越平绥路深入平北，在明代十三陵地区创造游击根据地。在晋冀豫，一九三九年七月，敌以六万之众发动九路围攻，贯通白晋路，深入我腹地，企占所有城市，企图"釜底抽薪"，一举摧毁我根据地，但终为我所粉碎。在冀鲁豫，敌於一九三八年至一九三九年冬春，連续发动四次大扫荡，兵力由万五千至三万不等，并配合有汉奸伪军部队，也均终失败了；一九三九年二月，刘师陈赓之一部，在威县香城固，创造平原歼灭战，一小时内歼敌两个中队。在山东，自我一一五师之一部於一九三九年春挺進山东后，战事即告紧張，六月，敌以二万兵力会击沂蒙山区，为我击破；八月梁山战斗，我以一个营歼敌三百余，一九四〇年一月，敌以三万人扫荡鲁西南，又为我粉碎。在晋绥边区，一九三九年二月，粉碎万余敌的六路進攻；六月，我一二〇师三五八旅歼灭静乐敌六百余；大青山区，也粉碎了敌人的两次扫荡。此外，在此两年中，敌曾七次进犯我陕甘宁边区河防，悉被我河防部队与一二〇师健儿联合击退。在这些胜利的反扫荡战中，我们的抗日根据地便日益巩固起来了。

为了破坏敌人的"囚笼政策"，我们发动了"交通斗争"，"交通斗争"不仅是军事斗争，而且是群众斗争，唯有军队与人民结合，协助破击，才能收到宏大的效果。这一斗争，起初是将重心放在平原，但也不放松在山岳地区的破击战。在山区，我们曾主动地发动白晋战役，邯长战役，平汉战役等，破坏敌深入我根据地的交通线，摧毁平汉路两旁的封锁沟墙。在平原，我们从事整年的有计划的交通破击战。在组织上，有军、政、民破路委员会的统一领导机关；破击时则分一定地段，且有指挥、掩护、联络、侦察警戒、破坏等之具体分工，破击形式，有战术性的破击与战役性的破击；破击时机，有季节性的破击（如春夏两季青纱帐时期、秋季青纱帐以后期以及扫荡前后等）与随时的不间断的破击。特别是对沧石路、石德路的破击，冀中冀南均发动群众万人以上，坚持时日甚久，敌人的修路计划为之推迟半年。总计抗战第三周年，八路军在华北共破坏铁路五三二〇里，公路一六四〇八里，毁电杆四二二二〇根，收电线二一八，四九三斤，抗战第四周年，计破坏铁路二，一六四里，公路一〇四八三里，毁电杆二三四，五〇一根，收电线一四〇六五三二斤。平均每天破坏铁路六里，公路三十里，桥梁一座半；差不多每七天炸毁敌人一个火车站，九天炸毁敌人一个火車头，每天炸毁敌人一辆汽車，每天毁电桿六四二根，收电线三八五三斤。仅据此第四周年所破坏铁路的长度，就将及一条平绥路，或一条半同蒲路，二条胶济路，给敌人的"交通建設"的打击之大，是不难想见的。

在平原地区作战，不仅要破坏敌人的"交通建設"，而且要挖掘道沟，以改变平原地形。道沟深六尺，宽五尺，刚好可通牛車，沟外有胸墙，以便我軍憑之作战，沟内每隔一里挖一圆形或弧形沟，将積土堆在中间，既使敌人无法顺沟之纵深以行射击，而人马又可在此讓路。一九四〇年，河北平原已纵横皆是此種道沟，據冀中第八行政区統計，已挖成的此種道沟，佔所有道路的百分之八十二。有了道沟，我方可在沟中隐蔽运动，人民也可经由道沟行走，而敌方則遭到意想不到的困难，汽車装甲車不能暢行，速率降為与步兵相等，平均每小时只能走八至十二里。这样就消减了敌人快速部队的优点，迫其像步兵一样的与我们作战。

拔除敌人據点，為反对"囚笼政策"的重要组成之一。據冀南经验共有六種办法：(一)、常用袭扰、袭击、強攻以袭敌；(二)、钓魚，即誘敌外出，以伏击之；(三)、狐狸咬鸡，即埋伏於據点附近，待敌出来時給以意外的突然袭击；(四)、利用坑道进行爆炸；(五)、地道战，即於村庄内普遍挖地道，其内有横檔，並村与村相通，洞口多為隐蔽，内有储粮储水及防毒設备，如蜂窝形，敌来則

利用地道以进行 [illegible] 大举敌我则以地道中进行转移，伺机以打击之；（六）利用地雷战术，要利用坑道钻入敌人据点内打击敌人。

为了更进一步的打击敌人的"囚笼政策"，大量牵制敌人的兵力，破坏敌人进攻西安、昆明、重庆的计划，以及克服当时严重存在的国民党当局内部的投降危机，我军于一九四〇年八月二十日发动了震惊剧烈的百团大战。这是一個主动的大規模的战役进攻，係在统一的計划下各地区同時发动的，時间应三年又半，使用兵力达一百〇三个团，战线之阔，包括有晋察冀、晋冀鲁豫。先後曾我打击的敌軍有第一一〇师团、二六师团之全部，第二十六、三十六、四一师团之各两个联队，第三七师团、三五师团之各一联队，第一、二、三、四、五、七、九混成旅团之全部，第六、十五混成旅团之各一部。平汉、津浦、同蒲、正太、平绥、膠济、白晋、石德等八大鐵路，均遭我破坏而支離破碎。

此役共分為三个阶段，第一阶段自一九四〇年八月二十日至九月十日，是交通的總破击战，重点是在正太路；我晋察冀部队与一二九师主力，同時通过深入和根據地的纵深堡壘線，突然出現於正太路上，以有组织的行动，扫清沿線據点之敌人，将沿路的重要橋樑、車站、隧道、水塔等澈底破坏，鐵轨枕木成毁成燒，故半年後始完全修复。第二个阶段自九月二十日至十月下旬，继续進行交通破袭战，将重点置於交通线两侧和深入我根據地内之敌據点和交通线，其中大的战役有晋冀豫的榆辽战役，晋察冀的涞灵战役，冀中的任河战役，冀南的破击石德路、邯济路，晋西北的同蒲路宁武南北段的破击等。第三阶段自十月六日至十二月五日，以反扫荡战为中心，在各地次第展开了大的反扫荡战，時間不一，此阶段内我軍又打了几次歼滅战，如关家垴歼滅战等。

在百团大战这个大的進攻战役中，我軍毙伤日軍二0，六四五人，偽軍五，一一五人，俘日軍二八一人，偽軍一八，四0七人，消滅敌据点二，九九三个，破坏鉄路九四八里，公路三，00四里，桥梁二一三座，火車站三十七个，煤礦五所，倉庫十一所，争取偽軍反正者一，八四五人，日軍投誠者四七人，解放煤礦工友一0，一二0人。

百团大战充分显示了中華民族潜在力量的无限伟大，并証明毫無疑問的八路軍是中國抗战的主力，整个中國战场，抗战以来，从来沒有过这样大規模的战役進攻。

第三時期——百团大战后（一九四〇年底）至抗战五週年（一九四二年七月七日）

（一）敌人情形

百团大战使敌人大为震動，惊呼"对华北应有再認識"，多田駿因其"囚籠政策"之破產而滚蛋，继任为岡村寧次，提出"治安強化運動"的方針，取消战争初期"剿共滅党"的口号，而专致力於"剿共"。所謂"治安強化運動"，实係"治安肅正"之演進，意图強化其对华北的進攻、統制、奴役、和掠夺，把华北变为日本法西斯的殖民地。太平洋战争爆發后，敌人更提出"完成大東亞战争兵站基地，建立华北参战体制"的方針，企图将华北作为日本法西斯侵略太平洋的兵站補給基地。

此時期内，敌人抽走了第二一、四一师团去参加太平洋战争，第三三师团也曾一度抽走，但不久即被調回，此外又新增了第十七师团，並将第十、十六混成旅团擴编为第五九、六九师团，经常保持着十五至十七個师团的兵力在华北。

在"治安強化運動"之下，敌人以"囚籠"为依托，将华北劃分为三種地区："治安区"（即敌佔区），"準治安区"（即敌我争夺的游击区），與"非治安区"（即我抗日根據地），而施行不同的政策。对"治安区"以"清鄉"为主，強調"鄉村自衛力之強化"，县築县界沟，鄉築鄉界沟，強化保甲制度，連坐法，用圍村办法编制大编鄉，清查内部的"不稳份子"（抗日份子或动摇份子），掠夺粮食物资，以人地方法巩固其佔领区，强化其奴役的统治。对"准治安区"以"蚕食"为主，恐怖与怀柔兼施，强迫居民"投降""维持"，或制造"无人区"；并在这些地区广修封锁沟墙与碉堡，防止我军深入游击区，敌佔区活动。对"非治安区"则以"扫荡"为主，实行杀光、烧光、抢光的"三光政策"，严重的摧毁和破坏，企图在人民中制造失败与悲观的情绪。在"扫荡"作战的战术上，则有所谓"铁壁合围"、"捕捉奇袭"、"纵横扫荡"、"反转电击"、"辗转抉剔"等。而"清乡"、"蚕食"、"扫荡"三者又是紧切配合的，"清乡"以巩固其佔领地的"治安"，限制我军活动；"蚕食"以伸张扩大其佔领地，缩小与割裂我根据地，以便其进行大的"扫荡"；而"扫荡"的目的则是摧毁我抗日根据地，消灭我八路军主力，以便"确保华北"。这便是敌人政策的中心目的。

在敌人的千奇百怪的阴谋进攻之下，华北战场的敌我斗争，愈演愈烈，至为复杂，至为残酷，非目睹者所能想像。以"扫荡"而言，抗战第四、五两周年，敌人对我根据地实行的千人以上的"扫荡"达一七四次，较前两年增加三分之二，使用兵力达838,900人，较前增加一倍。其中一万人以上的大扫荡达十五次，亦较前增加一倍。"扫荡"的性质也愈演愈为毒辣，有所谓"毁灭扫荡"、"抢粮扫荡"等，时间有延长到两三个月的，企图彻底破坏我抗日根据地内人民的生产，收割，消灭我之

“生存条件”，情形是十分严重的。

同时，“囚笼政策”仍然是继续强化，一九四一——四二年新筑与修复之铁路七五二公里，公路发展至37,351公里，封锁沟墙增加至11,230公里，新增据点碉楼共7,801個，尤以平原地区为繁密。一九四二年十月，敌华北派遣军参谋长安达十三谈话：“华北碉堡已新筑成七千七百余個，遮断壕也修成一万一千八百六十公里之長，实为起自山海关经张家口至宁夏的外長城线的六倍，地球外围的四分之一”。其浙院工程之巨，扰民之害，是骇人听闻的。这些堡垒、沟墙，都是拆老百姓房屋的木料，毁老百姓的田地，强迫老百姓的劳力而修筑起来的，被抓去的老百姓，二、三十人一起做工，稍有怠慢，敌兵即用皮鞭抽打，並有以水泥石灰，使之滚热，将怠工者抛入，而被脱皮烧死的。

由於前一時期敌我“交通斗争”與百团大战的惨重打击和教训，敌人对於交通线，据点的建筑和保护，也採取了許多新的办法。比如，填高铁路之路基，路轨不用螺丝钉钉在枕板上，而改以死钉钉死，使不易拔取與破壞，又在重要地段附近预置钢轨器材以便遭我破壞后迅速修復。公路两旁挖护路沟，深八尺，宽一丈二尺，許多重要公路且築有平行路，此条遭破去，另一条仍可通行。電桿用钢骨水泥之建築保护，上悬路灯，每隔三五里置一電話机，不斷的联络通報，碉楼築外壕，架鐵絲网，最重要的且通以電流。最毒辣的是利用偽鄉保甲，強迫敌佔区人民分段保护交通，要他们晚间放哨当"肉電杆"，那一地段遭到破壞，即由該地段附近村庄負責修築，賠償損失，甚至屠殺人民，以為報復。這些，就使我們在破壞敌人交通上增加很多困难。

由於交通線與据点之增加，需要更多兵力配备，同時敌人企图抽調兵力增援太平洋，乃更加大大地扩充與整頓偽軍，虽有我軍之爭取與瓦解，華北偽軍在一九四二年仍达三十四万之众，尤以山東為多，佔十五万七千人，多半是由國民党地方武裝降敌投敌的。國民党在敌后，為敌人培植了不少爪牙，增加我抗戰軍民的許多困难與負担。

但这一時期，敌人也發生了許多新的困难和矛盾。主要的是：(一)"治安"之推行，奴役與掠夺分外加緊，民族矛盾空前增長，敌佔区人民，無論那一階层都感到無法照舊生活下去，均增加了同仇敌忾之心，便利於我对敌佔区工作的開展；(二)交通線與据点之增殖，敌人兵力不足的弱点愈益暴露，不能不更多的依靠偽軍，并分散配备，只得將舊据点的兵力抽到新据点去。使其后方更加空虛，為我造下更多的活動餘地，至於偽軍的"不可靠"，更是敌人不可挽救的悲哀；(三)日軍厭戰情绪比以前要重，士氣比以前低落，特别是太平洋战争爆发后，不少敌兵感到返国无望，悲观沮丧与不满情绪，日益增加。

我要在这里代表华北万万同胞，控诉日本法西斯的罪行。这一时期，日寇在绝望之中疯狂暴行达到登峰造极的程度，决非世人所能想像。这种暴行并非个别日本士兵的行为，而是日本军部有计划的杰作，反之有许多日本士兵倒是不愿意而被强迫干的。这个杰作的名字，就是一提到都令人热血上涌的所谓"三光政策"。在扫荡中，凡敌人兵行所过，人、畜、财、物、田产一扫而光，无一幸免，许许多多的村庄都成了废墟。杀人之惨，较之吃人生番的野蛮动物，有过之而无不及。许多本白无辜的老百姓都被杀掉。八路军兵士或抗日干部被俘了只有死路一条，有用以训练新兵射击或刺杀作活靶的，有用以训练战犬作猎物的，有被活埋的。杀人的方法更是多种多样，有滚水剥皮的，有挖眼睛的，有抽舌头的，有摘心肝的，有"五牛分尸的"，有将人挂在树枝上割为两半的。小孩子也被杀掉，并有剖开孕妇之腹以取出胎儿戏弄的。对于妇女的侮辱，更为古今中外所仅有，强奸之后，有割其阴户악在树上的，甚至强迫父淫其女，子淫其母，以为作乐取笑，颠乱我中华民族的人伦和道德。虽疯狂的野兽，也赶不上日本军阀的残暴。敌人妄想以其残暴兽行，可收慑服人心，动摇我军民

抗战意志的"功效"；但結果适得其反，我全体軍民对日本法西斯的仇恨是更加深重，抗战意志是更加坚定，只有消滅日本法西斯才能获得解放，这筆"血債是要用血来償還的"。我們希望在打敗日本以后，能把在华北作恶的那些日本法西斯劊子手，能交給华北人民来公審制裁。

（二） 友軍情形

在第一次反共高潮后，友軍還佈於晋、冀、魯、豫各省的，号称八十萬大軍，实际上約有四十八萬至五十萬人。計中条山周围有衛立煌、刘茂恩、李家鈺等集团軍約二十五萬人，晋冀豫交界地区有龐炳勛、孫殿英集团軍及地方纵隊約八萬人，山東于学忠、沈鴻烈、秦啟榮部及地方保安隊約十五萬人，此外還有閻錫山部隊之一部。

國民党軍隊在华北的这個数目不能算小，但他們採取的方針仍是"反共第一"。他們認為敵人不足慮，"在剿共中容易與敵訂衆商協定"（反共將軍李仙洲語），因而对敵人則一味观战、招架與应付，求得"和平共居"，更有暗地與敵人談判投降条件，信使往返於平津、太原、新鄉，大搖大擺，毫不以為可恥。而对八路軍與抗日人民，則視之為眼中釘，所謂中条山抗日基地实际上主要還是反共基地。龐炳勛逼我太行，閻錫山於第二次反共高潮時（皖南事变），復派四十三軍與六十一軍襲我太岳一九四三年李仙洲之率部奉命入鲁，也是为了反共。

敌人抓紧友军之"反共第一"的弱点，采取诱降与威逼相辅而行的方针，在"和平"谈判不成，即继之以军事压力。一九四一年五月七日，敌人发动中条山战役，友军既以"反共"为务，对敌人作战就毫无准备，致使不三日而敌人占领温、孟、济源、平陆、垣曲等县，全军溃散，被俘达十万之众，有第三十师师长公秉藩以及第三、九、十七、八〇、九三、九八军之各一部均行投敌，为数约二万二千人。与此同时，日阎谈判失败，敌人进攻晋西南地区，晋军骑兵第一军被击溃，第五十一军的一个团被消灭，骑一师师长赵瑞、骑二师的团长杨诚，都率一部投敌。一九四二年六月，敌在扫荡太行八路军之际，进攻陵川、林县；新五军暂三师的两个团溃散，第二十七军四十五师溃不成军，预八师在当时仅得保存两千人，新五军副军长刘月亭率部三千人投降敌人。接着敌人又扫荡山东，东北军大受损失，第六十九军军长毕泽宇率三个团（约五千人）投敌。这就是友军在这时期内的表现。

此外，这一时期内华北友军投敌者逐渐增加，其较大者有：冀察战区游击总司令孙良诚率部六千人投敌，暂编二师师长张岚峰率部八千人投敌，山东警备处长孙玉田率部三个团投敌，暂三十师师长赵云祥率部四千投敌，山东警备第三旅旅长CC分子齐子修率部八千人投敌，新五军四师团长王天祥率部一团投敌。此外，较小的在冀鲁方面尚有杜心斋、吴恩胜、阎长寿、刘继川、高玉林、曹振东、荀春庭、董砚璞成连生、董鸿儒、徐武彝、杜春光、莫正民、高玉璞、蔡吾康、荣岐山等多人率领地方武装投敌，给敌人大大扩张了实力，且其中不少为地方武装（保安队等），对地方情形熟悉，为害不小。所有这些人的投敌叛变，国民党当局从来有一纸明令讨伐或通缉，而这时却正是国民党当局高唱"军令军纪"唱得最响的时候，所谓"军令军纪"为何，也就不难了解了。

（三） 我方情形

百团大战给予敌人以重大的打击，但我也支付了相当的代价。百团大战时，我军使用兵力的总数为四十万人，而一九四一年曾一度略有减少。同时，由于敌人在"治安强化运动"下，採取了一套新的特别野蛮和狠毒的进攻办法，而我们在初时，还缺乏充分的研究，缺乏一整套针锋相对的方策，因而也曾吃了一些亏。至一九四二年春，华北抗日根据地面积缩小了六分之一，人口脱减了三分之一，冀中、冀南平原游击根据地变成了许多小块的游击根据地，处于非常严重的局面，对于我们是一个很大的考验。但经过一个时期的斗争锻炼，我们便积累了不少的经验教训，寻到了制胜敌人的办法，证明我们是经得起考验的。

我们的方针是：一面加强抗日根据地的建设，开展广泛的群众性游击战争，保卫根据地，同时，针对敌人的"总力战"，我们也实行了政治、军事、经济、文化思想上的一元化的对敌斗争，实行"敌进我进"，"向敌后之敌后进军"，深入到敌人心脏里活动，打击敌人的封锁、割裂和蚕食，使敌人"变华北为兵站基地"的企图归于破产。

如果詳細説来，则可分别為在根据地、在游击区、在敌佔区的三整套办法如下：

甲、在根据地

我們首先努力於抗日根据的建設，因為只有根据地建設得好，抗日的力量增強，才能粉碎敌人的一切進攻。在建設根据地上，我們做的工作是：巩固抗日民族统一战线，加強各階層的团結，实施三三制（即地主資產階级、小資產階级和無產階级的联合）的民主政治；厉行減租減息與交租交息，精兵简政，減輕人民負担，改善人民生活，提高人民的抗日積極性，提倡生產，發展经济，開展农業增產運动，分散建設手工業，保証基本生活必需品的自給，冲破敌人和國民党的经济封鎖，發展文化教育事業，增設國民小学和中学，加強冬学等社会教育活动，帮助前報書刊的出版發行，提高人民民族民主思想和对反法西斯战爭的認識；加強軍区建設，培养地方武裝和民兵，將正規軍分遣於各分区，並抽調部份頭隊幹部和武器分配給地方游击隊和民兵，帮助他們發展，帮助他們訓練，以提高其战斗力，建設起正規軍、地方游击隊和民兵三位一体的軍事机構。因而一九四一年我正規軍数量虽有減少，（但質量提高了），而县以下的地方游击隊和不脫離生產、又是兵又是民的民兵，差不多都較前發展了一倍。

在反扫蕩作战方面，我們採取了"廣泛的群众性游击战争的方针。我们以一部份主力分散開来與民兵相結合，依靠地方游击隊與民兵日夜和敌人扭打，敌進也打，敌退也打，不断的襲扰敌人，截住敌人，围困敌人。民兵利用大数的地雷、手榴弹和石雷到处巧妙地殺伤敌人，並实行坚壁清野，使敌人無所掠夺，以切实保衛人民的利益。同時，我另以有力部隊轉進敌后，破壞敌人交通，打断敌之補給线，摧毁敌佔区的统治机構，搅乱敌人的作战佈置，主動的製造敌人的混乱與恐慌，然后灵活的集结主力之一部，坚决消滅敌之一部，迫使敌人撤退，粉碎敌人的扫蕩。这就是依靠地方武装與民兵有力的坚持根據地游击战争，使二者作為主力有力配合的战法。此時期中之后期，許多次敌人的大"扫蕩"，都是在这種战法下粉碎的。

比如，一九四一年十一月，敌以六萬兵力扫蕩我晋察冀北岳区，敌人事先有周密的計劃，首先在晋東北與冀西交界处的高山岭上，建築起一条南北五百里長的封鎖线，然后以聚合来根據地，以尋求我主力决战，我即在根據地展開了廣泛的群众性游击战争，同時以有力部隊出击平漢线，敌虽坚持了三個月的"扫蕩"，但終於支持不住，鼠竄而出，沿途又遭受我猛烈打击。又如，一九四二年四月，敌以五萬兵力，發动对冀中平原的大扫蕩，採取"拉網捕捉"的办法，企图歼滅我主力，但在群众性游击战的廣泛開展下，其目的終归落空，滹沱河两岸地区虽一時為敌所控制，但不久在游击战争火焰的燃烧下，又把敌人在大扫荡中所获得的些微成果夺取回来了。再如，一九四二年五月，敌伪以八万兵力，对我太行山区实行"铁壁合围"，起初猖狂无比，但当我游击战争展开时，便疲于奔命，终於在我军不断袭击下，被赶走了。

（乙）在游击区

针对敌人的蚕食政策，我们向敌人展开反蚕食斗争。我们采取充分的群众运动和武装斗争的有机配合，实行"正面坚持和敌后配合"。在正面，我们组织联防线，以区规军、地方游击队、民兵三位一体的紧切结合，乘敌立足未稳，给以坚决打击，斩断敌人的蚕咀。在平原地区，堡垒林立，活动異常困难，我们便创造了黄垛战，即以地道战（坑道和掩体）、坑道爆炸（掘至敌人堡垒下，以硝药爆炸）和地面的游击战结合，以保卫村庄；敌人每侵占一个村庄，一条河流，都需支付重大的代价，比如争夺冀中藁城县的一个北楼村，敌人便死伤了七百多。在后面，我又以武装深入敌佔区活动，激发群众的抗敌热情，推翻伪政权，使敌人腹背受敌，顾此失彼。此外，我又集结主力，乘敌之隙，坚决拔除深入我内地的敌据点，或袭佔敌纵深据点，或围点打援，迫敌处於被动地位。如此对付的方法，至一九四二年秋，敌人的蚕食政策，即归於失败了。

（丙）在敌佔区（或敌后之敌后）

以反清乡斗争为主。我们组织了武装工作队，越过敌区面的封鐵道線、據点，公路，潜入於敌人的格子網内（囚籠裡面），在"中國人大团結一致对敌"的口号下，與群众共商对敌斗争的办法，切实保护人民利益。

武装工作隊是軍隊、政府、人民結合的一元化組织，也是軍事斗争與政治斗争相結合的斗争形式。其成員包括軍隊中的中下級幹部和模範战士、政府的負責人或工作人員、知識份子、敌工幹部與日人反战同盟的战友等，組织精幹、紀律严明，政治覺悟也較高。每個隊員都是战斗員、宣傳員、組织員、能打仗，又能独立作政治活动，分合自如，出没無常，敌人找不到他们，老百姓却經常会面，與敌人進行明的暗的文的、武的、动的、静的各種斗争，其最高準則是处处為人民着想，一切為着人民利益，為着抗战利益。

武装工作隊在敌佔区的經常工作，是發动與組织人民，展開对敌政治攻势。比如寄慰问袋給日本士兵；利用机会與日本士兵用電話通話，上植課，佔領敌人的会場，宣傳我軍與盟國的勝利战績，訪問偽軍家屬，通过他们以進行对偽軍的政治工作；總之，用各種方法，燃起日偽軍的反战火焰。打击敌憲兵隊、特务隊及死心踏地、魚肉人民的漢奸，使之不敢隨便入鄉勒索人民、減輕人民的負担與痛苦，同時对於可以争取的偽軍偽組织人員，也設法加以争取。推毁偽政权，偽情報網、解散偽合作社、仓库，使敌失去统制、奴役和掠夺人民的爪牙。反对敌人的抓丁、抢粮，在敌人抓丁抢粮时，予以袭击或截击，以解救壮丁，保护粮食等等。

武装工作队在敌伪区活动，处处要依靠人民的掩护与配合，因而宣传与组织人民为其经常的重大工作。比如，组织"反資敌联防线"，"哄鬼大同盟"、游击小组、"保家民团"等，增加真正的人民自卫力量，以数村或数十村互通声气，齐心对敌。武装工作队在一个地区活动得久了，在老百姓中生了根，就可创以造出隐蔽的游击根据地，把敌人伪踞的土地从敌人的口中抢出来。

如此反扫荡、反蚕食、反清乡三者相结合的斗争，一方面粉碎了敌人的扫荡、停止了敌人的前进，使其压缩与摧毁我抗日根据地的计划失败；同时，又在敌后之敌后，解放出许多村庄，建立起抗日基地，把敌伪区变为游击区以至游击根据地，使敌人的"治安强化运动"破产，"治安区"永无宁日，其一切吸吮物资，征兵南下的计划均成泡影。比如，敌人一九四二年拟在华北征粮二千万石，结果其所得当不超过十分之一（太谷县预定征粮六万石，结果连抢带买只得三千石，仅及预征额的二十分之一）。在我政治攻势宣传下，日军士气逐渐下落，一有调往太平洋的风声，士兵们就愁眉不展，向人表示"死啦！死啦"的！山西、河北、山东各地，都一再发现日军自杀或失踪事件，石家庄、安阳等地曾发生过日兵暴动事件。这样士气的部队，即是有一两个师团调往太平洋作战力能也要降低。抗战第四、第五两周年，我俘虏伪军33.269人，反正的有9.484人，此外，被我打散解放的伪自卫团队被征收了，剿匪不计其数。无怪乎敌酋和汉奸头子王揖唐都叫苦连天，说什么"华北因匪患不清，兵站基地的一切使命均无法实现"。

这就是我们在敌我的生死斗争中创造出的一整套办法，一整套战胜敌人的办法。

第四个时期——抗战五週年至今

这一時期的情形，由於交通困难，有些报告尚未收到，有些材料尚在整理，因而只能較简畧的談一談。

(一)敌方情形

这一時期，敌人經常保持十四个師团左右的兵力。敌人進攻中原時，曾從华北抽調了第三七、一一〇師团和独立第七旅团、騎兵第四旅团。第一一〇師团原在石家庄地区，現已为敌新编師团所接替；独七旅团原在膠濟路西端，已为申枚旅团所接替；第三七師团原在晋東南之三角地区，現为第六九師团由晋中南移接替，而原第六九師团所駐之臨汾、汾陽地区，現由第十三旅团和特务旅团所接替；騎兵第四旅团原在隴海綫開封、碭山地区，現为伪軍張嵐峯所接替。此外，第三五師团他調後，新鄉、開封及道清西段之防务，已由鈴木旅团及第四旅团所接替。

在向我進攻的方針上，自「治强运动」破産後，一九四三年三月，敌提出新的誘降政策之所謂「对华新政策」。这是敌人「以华制华政策」的新發展，因敌佔领南洋後，企图利用汪逆的臭招牌接莅敌后，以所謂「民族形式和地方形式」来統治和進攻我国。同時在华北敌佔区，敌人还發动了所謂「新国民运动」，为「治强运动」的继续，不过其名詞更較「温和」

一些而已。

「对华新政策」的主要对象，是对付友党友軍，並作为欺骗中国人民的幌子；而对于八路軍的進攻和压迫，不但沒有絲毫放鬆，反而更加瘋狂和残暴。抗战第六、第七两週年，敌人对华北各抗日根据地的千人以上的扫蕩共一七七次，使用兵力为六一六、二〇〇人，万人以上的大扫蕩二二次，使用兵力二九七、〇〇〇人。此時期内扫蕩的特点是以「鉄壁合围」与「駐守清剿」相配合，即更帶毀滅性与長期性。

在「对华新政策」的誘降下，华北友軍大批叛变。敌人並以「青天白日」旗帜誘騙善良的农民参加伪軍，伪軍数量逐較激增，總数达四十七万，齐燮元的伪治安軍，即由另紋七个集团軍擴大为十二个集团軍。一九四三年冬，敌人更大事整頓伪軍，表面上由汪逆統一指揮（实际上絶不能达到統一的目的），将治安軍、剿共軍陸续改編为华北綏靖軍，並另扩充伪中央軍；逐渐向充实装备，彔整編制的方面發展。

(二)友軍情形

中条山战役以后，华北战场上友軍的实力已大为削弱，剩下的只有在山西的晋軍，在晋豫边的龐炳勳、孫殿英的第二十四集团軍，在山東的李仙洲、吳化文，（于学忠在李仙洲入魯將李角劉魯）此外为一些地方性的武装，如山東的寧春霖、秦啟榮，晉豫边的侯如墉等。

这些在华北战场上残余的友軍，不但没有从中条山戰役失敗中取得真正的經驗教訓，以求改弦更張，放棄「反共第一」政策；反而変本加厲，更为丧心病狂地採取与做寇「联合反共」，「变奸偽区（反共將軍們給我抗日根据地的称号）为敌区，再由敌区变为自卫区」的「借刀殺人」政策。这明々白々地是在为敌人效勞，和敌人的「以华制华」的「对华新政策」两相心照呼应。

但是，敌人並不完全满意於友軍的如此若明若暗，若即若离的態度，「对华新政策」中不仅有「拉」的手段，而且有「打」的手段。敌人見「拉」的手段已收到一定程度的效果，已把許多友軍「拉」为实际上的奴才，乃進而迎其「明朗化」：一九四三年敌人对友軍連續進行軍事上的压迫，有所謂「山東战役」与「昭和十八年夏的晉豫之战」。友軍精神上早已投降敌人，又熬不住敌后的艰苦，招架不住敌人的压力，乃纷々公開投敌。除李仙洲部有一部退过黄河外，其他如第二十四集团軍總司令龐炳勳、新五軍々長孫殿英、預八師々長陳孝强、新四師々長吳化文、山東保安处参謀長寧春霖、二纵隊夏維礼、三纵隊秦啟榮、四纵隊侯如墉、九纵隊李旭東、膠東四纵隊王尚志、绥西伊盟游击軍張勵生等，都在國民党当局「机宜行事」

下的组令，纷纷率部投敌，或者说"奉令"投敌，这就是为什么数十将级军官卖国投敌而国民党当局连一纸通缉令也没有的原委。自中条山战役以来，友军正规部队投入「汪逆之伪和平阵营」的，前后约有十五万人，许多部队在投敌以后，番号不变，防地依旧，完全证明了是久已暗中通敌；而我美英盟国援助我国的武器弹药，不但早已不曾用之以打击敌人，而且整整齐齐的公开的奉献敌人，实堪痛心。今天，这些伪军大多环伺我各抗日根据地周围，充当日寇向我扫荡之鹰犬走卒，其行为特别残暴和无耻，为我抗战军民之死敌。这就是国民党当局所一意孤行的反共反民主政策的恶果。

现在华北战场上仅存的友军，只有山西的阎锡山，山东的张里元（第三六师）、赵保元（暂十二师），都是不择手段谋求自己的存在。阎锡山部号称廿五个师，实际每师平均只有一千五百人到一千八百人，大部都背靠后方，与日寇「和平共居」。只有一个六十一军，为进攻八路军与决死队，於去冬与日寇订立协定，在日寇掩护下由晋西南进攻晋东南，形式上好像是在敌后，实际上跟敌人是一家人，也就无所谓了。

（三）我军情形

一九四一——四二年的艰苦斗争，给我们奠下了这一时期胜利开展的基础。我们继续坚持反清乡、反蚕食、反扫荡的斗争，更努力於開展「敌后之敌后」的游击战争，坚决打击敌人的「对华新政策」，揭穿其各种各样的欺骗，宣扬英美在太平洋上反日战争的辉煌胜利，以振奋人心，更进一步动摇日伪军，并不断的主动出击敌人，打击敌人爪牙——伪军伪组织。

反扫荡作战方面，山东清河区曾於一九四三年四月与十一月，两次粉碎敌二万人的大扫荡；晋冀豫太行区，曾於一九四二年十月与一九四三年五月，在四次反扫荡战中都取得胜利，特别是後一次反扫荡战，在主力与民兵紧密结合的作战方针下，依靠着出敌不意的袭击和广泛开展的地雷战、石雷战，显示了我军民作战的很大威力，辽县、武乡境内，凡与敌人接战村庄的民兵，平均每村打死十三个日本兵，每五颗子弹打死一个日本兵，警卫团第五连与民兵相结合，百余人打死了一百二十三个敌人，自己仅有数人伤亡；晋察冀北岳区，於去年九月到十二月，胜利地粉碎了历时三个半月的三万五千敌人的大扫荡，这次扫荡，敌人不但追打我主力，而且要破坏我秋收及屯粮计划，企图在经济上予我以摧毁，因而我们反扫荡作战的组织也十分复杂，一面艰苦作战，一面争取每一分钟时间从事生产，最后终将敌人驱走，并完成了秋收和屯粮计划；冀东区，曾於去年十月和今年二月至四月，击破敌人的两次大合击，第一次在山海关附近，第二次在锦热路以上。

各地我軍主动出击和組織遠征方面：晉冀豫的太岳区，在中条山友軍退出后，即遣軍南下，又从敌人手中重新解放了中条山局面，今年四月復攻克沁水等县，前后解放國土一万六千方里，我軍先头已活动到黄河沿岸；太行区於今春收復林县、榆社；冀魯豫平原，自德石路以南至陇海路，我軍克復了清丰、内黄、朝城、城武、莘县、荷泽等县，并經武工隊的活动，開拓了數十處隐蔽的小游击根据地，共解放人口千万；晉察冀的北岳区，去年一年中消滅了敌人五八一个据点，恢復和開闢了三千个村庄；冀中，我連克任邱、肃寧、高陽等十余县城，敌人据点在一九四二年为一、三四三个，至今被我消滅得只剩下四九五个了；冀察热，我軍北出長城口外，東向遼寧之錦州，热河之凌源、承德，新開闢了将近十万方里的敌后战场；此外，晉綏边区和山東我軍的活動均有發展，山東方面已扩張至海岸綫。

討逆战争方面，去年八月，太行我軍出动討伐伪二十四集团軍庞炳勛、孫殿英部，毙俘伪新五軍六千人，伪副軍長刘月庭为我击伤；十一月，魯南我軍討伐伪和平救國軍第十軍第三師刘桂堂部，将其全部消滅，滋扰华北六、七省，为匪数十年之刘桂堂也为我击毙；同時，魯西我軍討伐伪二方面軍孫良誠部，孫逆總部直属隊被消滅，伪二方面軍甄参謀長以下官兵一千六百人就擒；又濱海我軍討伐伪和平救國軍三十六師七十一旅，攻克贛榆县城，活捉伪旅長李亚藩等一千二百人，使之全軍覆滅；魯中我軍於去年冬至今年春，曾發動三次的討伐伪和平救国軍山東方面軍吳化文部，將吳逆總部各处、伪四六、四八師两个師部，以及其部下十三个团消滅殆尽。这些战斗大大削弱了敌人的羽翼，破坏了敌人「对华新政策」的某些收获，也使其始終無法由华北战场抽調大批兵力出去，其意义是很大的。

經过以上的許多战役，华北解放区的面積大为扩張，人口新增加了二千万。因而这个時期，可以說是我軍在华北敌后渡过最严重困难后的再次開拓和發展的時期。

× × × × ×

目前，我八路軍共有兵力三十二万人，經常抗击着敌人侵华兵力的五分之二至五分之三（伪軍二十余万还不在内），最多時，曾箝制敌人二十二个師团。

七年中，我們和敌人進行了大小战斗七四〇六〇次，平均每天与敌作战二十九次；共斃伤敌軍三五一、一一三人，伪軍二三九、九五二人，俘日軍二、四〇七人，伪軍一四八、七二六人，爭取日軍投誠者一一五人，伪軍反正者四九、四六一人，約等於已消滅侵华日軍之半数和全國伪軍之半数；繳获長短槍一八九、〇二八支，輕重机槍三、一二〇挺，各种口径砲四八九门，我們主要就依靠这些胜利品来武装和补充自己。七年的艰苦战斗，我们也支付了很大的代价，我负伤指战员一一六、五九三人，陣亡一〇三、一八六人，敌伪与我伤亡的比例總平均为六与一。

經过七年的艰苦斗争，我们在华北敌后，巩固地建立了五大塊抗日民主根据地，軍事上劃分为五个大的軍区，即晋绥軍区、晋察冀軍区、晋冀豫軍区、冀魯豫軍区与山東軍区。東自錦州、山海关、膠東半島、黄海与渤海沿岸，西至黄河；寬二千二百华里，北自热河之寧城、察哈尔之多倫、商都、绥远之百灵庙，南至隴海线，長一千八百华里，包括华北之晋、冀、察、魯、绥、热、遼七省。抗日民主政府統治下的人民达五千多万，佔全华北人口百分之六十左右；有組织的群众为一千六百多万，佔根据地人口百分之三十以上；不脱離生産的民兵有一百五十八万，佔根据地人口百分之三强，民兵的前途尚可大量發展，可能發展为根据地人口百分之七，它是今天八路軍在敌后作战的助手，也是我们将来進行反攻的强大后备力量。經驗証明，农業社会动員兵力可以达全人口百分之三，将来反攻時，我们可以动員一百五十万兵力，人力方面在我们是不困难的，食粮也可自給，再配合以强大的民兵作後备，我们自信有力量担任华北战场上的反攻。

在这些抗日根據地裡，我们真正实現了民主政治，人民有充分的言論、集会、出版、結社、居住的自由，法律上一律平等，各級政府和官員，均由人民選举而產生，參議会和政府中，有各党各派各民族各階層的代表人物參加，共產党在政府中只佔三分之一，被選得多了就自动退出。在经济上，發展农業和手工業，老百姓的生活也有了改善，而且較战前还好，比如根據晋察冀北岳区的三十五个村庄的調查，由一九三七年至一九四一年，僱农上升为貧农的佔百分之二八·三七，上升为中农的佔百分之一〇·二八；由貧农上升为中农的佔百分之一八·五七，中农经济的比重急剧增加。文化教育事業也在突飛猛進之中。虽然七年来受到敌人許多嚴重的摧残，但因我们在战争中始終注意建設，積蓄民力，培养民力，而且採取民主主义的政策，因此，在战争結束后的和平环境中，依靠着丰富的地下鑛藏和資源，一定可以建設起一个自由繁荣的华北，成为民主中国的重要組成部份。

敌人七年来对华北我八路軍的作战，曾用尽許多陰謀与残酷的办法，五易其統帥，由香月清司而寺内寿一，而杉山元，而多田駿，而岡村寧次，手段一个比一个狼毒。在作战指导上，亦曾变換多次，由「突貫攻击」，「分進合击」，轉变到「治安肅正」的「總力战」，「囚籠政策」，「分散配置，灵活進剿的牛刀子战術」；又轉变到「治安強化」与「鉄壁合围」。但所有这些，都为我八路軍所击破，徒見其心劳日拙而已。我们並不否認，日寇辛苦经營华北七年，是有其某些收获的，主要是交通线与据点的扩張与繁殖。但總計起來，畢竟是得不償失，且其战果極不巩固，一有变动，敌人就无法控制。日寇也很知道自己是站在一座火山上，認識到「真正的抗日势力始終一貫的是中國共產党」，並且一再的哀號：「华北有八路軍存在，便无法安枕」。

华北抗战是在与敌方完全断绝、毫无接济的情形下進行的。为什么国民党軍隊（他们有飛机运送，还多少有些後方的接济）不能在华北存在，而我八路軍猶能屹然独存呢？为什么强大而野蛮的敌人不但不能消滅我们，相反的，我们勝利地堅持到了今天，而且还要继续勝利地堅持下去呢？其中道理有加以説明的必要。

首先看看敌人。日寇是一个强大而又野蛮的法西斯帝国，在軍事上是佔优势的：比如技術比較發達，装备精良，而常备役的軍隊，久經鍛鍊，黷武主义的「武士道」的毒中得很深，並且在战争爆發後不久，它就佔領了华北所有的鉄道和重要城市，无論在作战和統治上，增加許多便利，因而它在七年的作战中有了某些微弱的收获。但它有一个根本弱点，就是在群众游击战争中深感兵力不足，以致顧此失彼，捉襟見肘。常常顧了前方，则後方空虚，集中兵力对某一个区域進行疯狂的大扫蕩，則其对另一个区域的控制就会削弱。敌人曾以各种办法消滅这个弱点，如繁殖伪軍，培养爪牙，作战指导上的「分散配置，联合扫蕩」；但伪軍不可靠，易为我軍争取与瓦解，反而常々要用日本兵加以監視，「分散配置」的結果，使敌守备更为薄弱，处々露出破綻。而且由于战争的持久，敌軍本身的政治素质也日见降低，士气消沈，軍紀败坏，战斗力亦不如前。在政治上，日寇所進行的是非正义的侵畧战争，它不仅和我整个中国人民站在对立地位，而且和全世界爱好和平維持正义的各民族相对立，对于日本国内劳动人民說，这个战争也是有害無益的。敌寇在华北的疯狂屠殺和残酷掠夺，激起我全民的义憤和反抗，这种反抗在中国共產党和八路軍領导之下，就特别有力。敌人的一行一动，都遭到我人民明的、暗的反抗和破坏，真正是防不勝防。敌人收買和利用漢奸，並採取所謂「三分軍事，七分政治」，「恩威兼施」的办法，但漢奸究竟只有極少数民族败类去充当，小恩小惠的欺騙籠络，終掩盖不住其残暴掠夺的本质，至於強力压迫的結果，則是压迫愈烈，反抗愈大，日本法西斯是無法弥補这个政治上的基本弱点的。

我们的友軍呢？与敌人比較起来，在軍事上是处於劣势，但装备彈药比起八路軍来，条件要好得多。有一个時期，友軍在华北的数量要比敌人多，装备也差不得很远，而且有後方的接济。在政治上，按道理说来，友軍是居於优势的。但是，可惜这些有利条件，他们却没有很好的加以利用。相反的，他们执行反共反民主反人民的错誤政策，假抗战之名，行一党專政之实，心懷鬼胎，动摇不定，時々求与敌人「和平共居」。駐防前线，不但不知体恤民困，发动民众，取得人民帮助；反而勒索気獻，发国难财，隨便吊打殺害人民，有些地方老百姓称他们为「小日本」、「二鬼子」。兵員的補充，不用政治动員，反用抓丁捆绑的办法，部隊内部進行的是反共反民主的法西斯教育。諱言抗战，長官们与敌人信使往返，也是「路人皆知」的事实，因而士气消沉，兵無斗志。部隊与部隊间待遇不平等，相互不团结，嫡系歧視非嫡系，步驟不一致，指挥不统一，作战時互相推诿，互不救援，当局甚至故意採取离间政策，揚甲抑乙，或抑甲揚乙，驅使互相磨擦，以便駕馭。战略战術公式、呆板，缺乏主动性和机动性，平素又毫無準备，敌来只有挨打，又熬不住敌后的艰苦。更加上当局对抗日有功者，不独無賞，反而加之以罪；对通敌叛国者，不惟無罰，反而互通声气，保持联絡。致使友軍一遇敌人，上有叛心，下無斗志，只有潰散或投降两条道路。这就是友軍不能在华北敌后存在的基本原因。

我八路军与敌人比较起来，在軍事上也处于劣势，技術和装备遠不如敌人，也不及友軍，且缺乏补給，武器彈药都要靠从敌人手中去夺取。但是，我们部隊的政治素質較好，官兵上下一致，具有高度的抗日積極性，組織嚴密，意志堅强，士气旺盛，每个連、排、班，甚至每个士兵都可单独作战，作战上高度主动和机动，善于研究敌人，發現和利用敌人的弱点；指揮統一，行动一致，部隊虽然分散在如此寬濶的战綫上，却可以組織統一的战役，敌人扫蕩某一区域，鄰近区域的部隊就会自动起来配合，从外綫反包圍敌人，击敌側背，使敌首尾不能相顧；更主要的，我们实行民主，堅决依靠人民，一切为人民的利益着想，發动与武装人民参战，使战争真正成为全民战争，这使我们的抗日力量增强到千百倍。这就是八路軍所以能够堅持在敌後，制勝敌人的秘訣。

最近，我们获得敌上海朝日新聞之支那版刊於去年八月一日所刊載的「中共軍內幕分析」一文，称我軍「有超乎常情以外的堅强意志和严密組織，……战斗技術的两項特長，即精確的射击和敏捷的行动。」又有伪「中國青年」雜誌上刊載有「八路軍怪魔的游击战争」一文，其中对我軍有如下的描述：

「不用枪，只肉搏，見到了对方的机关枪，就可紅了眼，不管火力多么硬，不管火網多么緊，他们常硬着头皮衝上去。……如果命令一下，幹起来，向敌人衝去，即所謂『光荣』的躯幹倒在地下，也不要緊。後面的馬上实行『同志爱』，为保护这流尽最后一滴血的遗体，也要保护这枪，便用绳子把它拉下火线，先是你拿枪，我解子弹，然後再把屍首揹回去。……在攻碉堡的時候，是使用肉彈。在攻城夺寨的時候，没有飛机，没有大砲，就笨拙搬出几千年几百年前的办法来，几个木梯啣接到一起，多少个勇士扛着一个梯子，拥到碉堡根底，很快豎立起來。他们穿枪林冒彈雨的爬上去，死的伤的掉下来，後面的又接着爬上去，这办法虽然愚笨，有的時候血多肉多，也会得到勝利的。」

我们既不是「怪魔」，也不是「愚笨」，而是因为缺乏武器弹药，不能不以血肉之躯与敌寇拚殴。从这些字裡行间，我们可以看到敌人对于我八路軍战士的奋不顧身的英雄主义气概是十分恐怖的。我们相信，如果在我軍这样英勇作战的士气上，再加以适当装备，则我们的战斗力当增强百倍。如果我们获得一定数量的輕砲、彈药和其他輕武器的装备，则我们即可扫除深入我根据地的敌据点和交通线，把根据地融成更大塊的。如果我们获得重砲、反坦克砲等装备，则华北即会有更多的类似百团大战的战役進攻，敌人的任何交通线将無法控制，敌人将被我们牵制得更多在华北战场上，以至将敌人趕出去。我们有充足的人力，有高度的政治觉悟与勇敢善战的指揮員战斗員，極願对祖國抗战和整个反法西斯战争有更多的貢献，但令人遺憾的是國民党当局缺乏此远大眼光，不仅無任何帮助，反而多方限制与打击我们抗战力量的增强；这对於抗日战争与世界反法西斯战争都是十分有害的。

我把华北七年抗战的真实情形，向我们反法西斯的英美盟友介紹，就此結束。

——完——

陈毅与美军观察组的谈话

1944 年 8 月 10 日

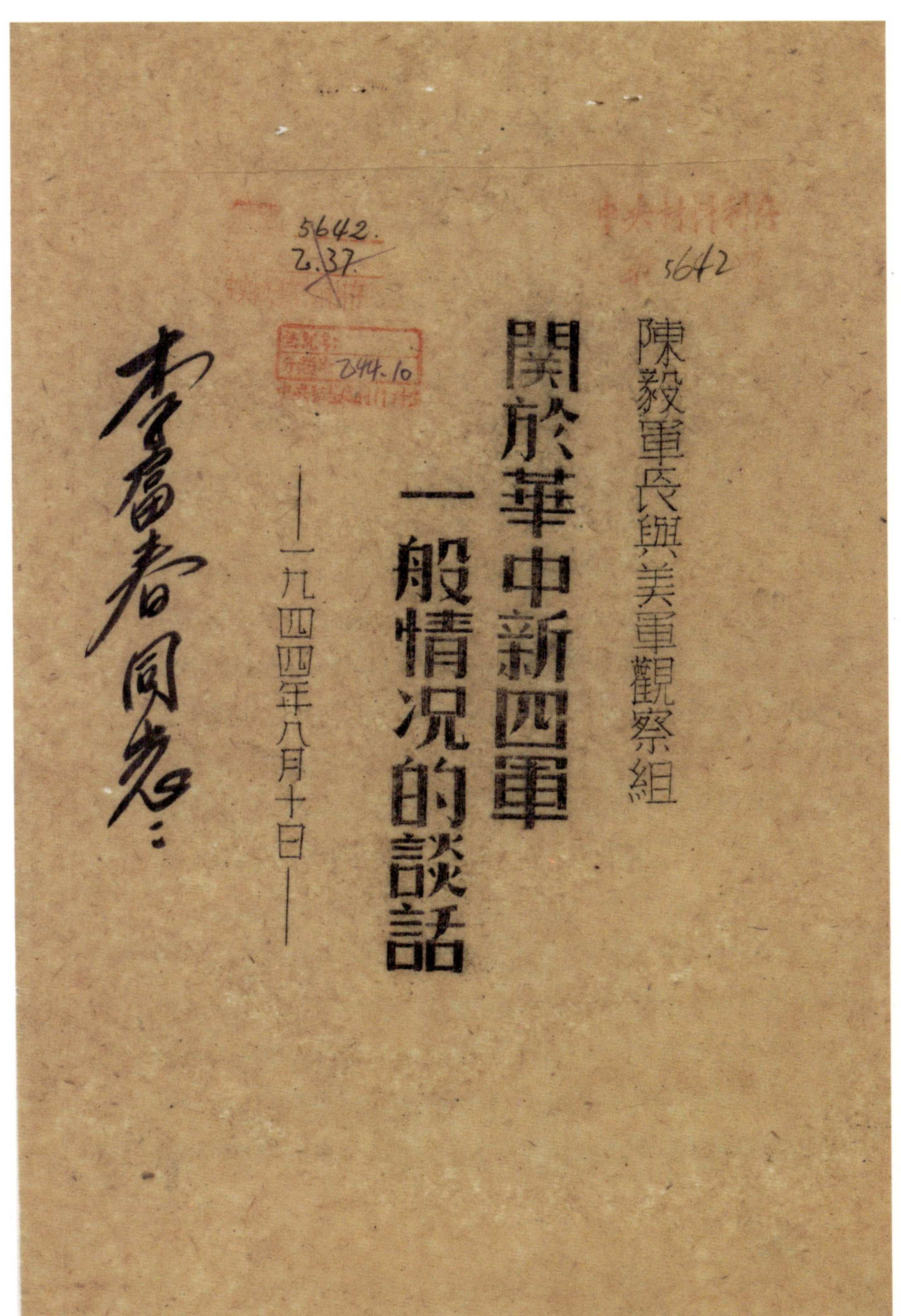
陳毅軍長與美軍觀察組
關於華中新四軍一般情況的談話
——一九四四年八月十日——
李富春同志：

色上校、观察组的各位先生：

我首先代表华中新四军全体将士对各位来延表示热烈的欢迎。当我从华中到延安来的途中还不知道有这回事情，到了延安以後，才知道的。我是七月初到延安，比各位早到幾天，我随即打电报告诉了华中的新四军，他们听到这個消息是非常高兴的。今天要我来向各位作关於华中新四军一般情况的介绍，我觉得很愉快很荣幸。

新四军的实情，历年来是被国民党封锁着不能外露，中国人知道的还不很清楚，外國朋友则要知道的机会更少。当我沿途来经过华北各地的时候，当地人士谈到新四军的情形时，他们知道有一個很能作战的新四军在华中活动，但一般情形，他们也是不很清楚的。我们新四军是一支被封锁的军队，他虽与敌人作战且作了許多工作，向世界解释的机会却不多。但我想到，如将新四军本身做的工作、目前的情况，以及它在战略上的地位，经过各位的介绍使世界，特别美國方面有清楚的了解，这在同盟國反法西斯的共同事業上是有其極大重要性。

现在我首先来講新四军的历史。

新四军在中國抗战以前，是当在南方各省的红军游击队，抗战后改编而成的。这是当毛泽東、朱德两同志率领江西红军主力長征后留下在那裡的。这些红军游击队，散佈在湘、鄂、赣、豫、闽、粤、浙、皖等省，共有十三地区（指名），浙南区在福鼎、顺泰、平陽一带（温州以西地区）；闽北区崇安、邵武、武夷山一带；闽東区包括政和、南屏、霞元等縣；赣東北区在浙赣北部鄱陽、婺源、都昌、乐平一帶；閩南区在潮安東北、漳浦、平和、饒平、詔安、雲霄一帶；閩西区在上杭、永定、龍岩一帶；閩粵贛邊区包括長汀、武平、石城一帶；粵贛边在南雄、大庾、信丰、南康、安遠、龍南一帶，我自己以前就在这個地方；湘南区在耒陽、汝城、郴州、宜章、永興一帶；湘贛边在茶陵、永新、蓮花、分宜、安福一帶；湘鄂贛边在武昌、長沙尚以東的地区，如瀏陽、平江、修水、銅鼓、陽新、大冶等地；鄂豫皖区以立煌為中心，在大別山内；豫南区在桐柏山一帶，包括確山、信陽、南陽等地。

在这裡我想說明兩点：第一、在抗战前我们在以上各個地区堅持斗爭是很艰苦的，常々與数百倍的敌人進行作战，很艰苦的將陣地堅持下來，但这些經驗对於本軍以后在敌后的堅持作战是很有用处的，这段历史今天不詳细講，以后有机会再同各位詳談。第二点、抗战暴發后，我们執行中共中央的指示，與國民党合作，改編新四軍，開赴大江南北京沪前線抗战，假如不是為了顧全大局，是沒有任何外力使我们退出那些地区的。

我们與國民党共同決定改編南方紅軍游击隊為新四軍，出动到前線抗战，对以上我们原来活动的十三個地区，國民党答應以民主的方式解决当地农民與地主的关係等问題，但是当我们离開以后，國民党卻完全違反了諾言，以武力去实行佔領那些地帶，这件事情發生后，使開到東戰場作战的新四軍全体官兵感到了很大的震怒。

因為我们的幹部战斗員全体同志都是那些地方的人，留下了許多家屬，在国民党的進攻下被屠殺了，譬如在湖南連我们彭副總司令的兄弟也被国民党殺了，这是国民党方面不顧一切的惨暴的具体例子，这就是国民党與新四軍关係惡化，由国民党投下的最初種子。

新四軍發動到南京以西杭州一帶去抗战，而国民党向我们原来根據地的進攻又并不完全那樣順利的；雖然有些地區被鎮压下去了，（如贛東北、湘鄂贛、瑞金、安源一帶）但是其餘地區，被迫自衛至今存在，国民党今天仍然継續進攻。他们與新四軍的联絡雖是已經被截斷了，但他们間或有人逃来新四軍說那一帶的情形。

当以从十三個地區的红軍游击隊改編為新四軍時有一萬二千人。新四軍的武器是多年内战時用舊了的武器，有許多都是埋了一兩年，抗战后才挖出来用的。我们改編時国民党答應兩点：一是保證新四軍家屬的安全，但是当我们走後，又用武力去進攻；二是補充武器、補充新兵，可是一点也没有給，僅僅很少的給了一点子彈。

我当時在第一支隊当支隊司令，僅以我这個支隊的情形来說，我们的副司令、参謀長、团長的家屬都被国民党迫害或惨殺，当時我的部隊听到这个消息是很憤怒的，幾乎鬧得不願東進，在我们党的說服下，才開赴前線抗战，关於这些事情我们一再向国民党抗議均無效。

历史的部份就講到这個地方為止。

現在我来講新四軍出發抗战以後的情形。

新四軍出發抗战東進的路綫有两条。江南被指定在京沪间打游击，江北被指定在津浦路打游击，主力與軍部都在江南，江北有一個強有力的支隊。

正式战斗開始於一九三八年六月，从这個時候至一九三九年汪精卫登台為止，差不多將近一年，在这個時候，江南所有的交通线與大城市、大市镇都被敌佔，鄉村則為土匪、偽組織的世界，國民党的軍隊、政权，党部都向後潰退了，秩序是非常混乱的，当時我们軍隊開入敌后，穿的是黄色軍衣，老百姓也拿了太陽旗欢迎我们，以為是日軍下鄉，以后知道是中國的新四軍才大喜，認為是重見天日，这可見当時的一般情形。

在一九三八年徐州淪陷后，在徐州外圍当地的共產党員發起了武装打游击，與新四軍取得了联系，在開封、武漢淪陷后，当地的老百姓與共產党員發起了武装打游击，也與新四軍取得了联系，因此在汪逆登台以前新四軍的游击範圍就已經很大了，打定了今天華中根據地的基礎。

我这裡可以更具体的舉幾個故事来說明新四軍作战的条件和他的結果。第一件事情，新四軍刚从上海、南京進軍的時候，在皖南会了許多許多國民党刚从京沪失敗退下来的軍隊，他们的情緒很壞，对於日本是很害怕的，他们看到新四軍的武装这樣壞，很替新四軍担心，認為新四軍到敌后去是很危險的。有一個國民党軍隊的將領某君，我請他对我们的部隊講过話，他过后很不客氣的对我說：“陳司令！你们軍隊的优良紀律，作為一支政治宣傳隊是很好的，如到東綫去打仗，请听不

文分解好了"。（笑）

我親身經歷的第二件遭遇也是很有趣的。一九三八年七月初，我的部隊秘密運動到南京附近的溧水，在農村中隱蔽，準备向就澤游去，我部二十多人全部都去了，我的司令部住在農村中一個地主士紳的家裡，這房東很高興，他們八年來沒有看見過中國的國旗與中國軍隊了，到处是土匪使他們很恐慌，我們去了很高興的請我吃飯招待得很好，第二天一清早這房東取了便衣給我，他說："你們要小心，打日本不是好玩的，你們祇有七条枪，怎樣打日本呢？還是穿上便衣，我可以保护你们"。（笑）当時我的司令部祇有七条枪那是事实。

這說明了國民黨軍隊與老百姓祇从裝备上来看我們，沒有看見新四軍堅強的素質，所以替我们很担心。另外也說明了敵人在上海南京大勝后，对中國軍隊是很輕視的。那時敵人的許多車站，小城市大鎮子都是不放哨的，行軍的側翼偵察是沒有的，以為中國百萬大軍在京沪失敗后，近半年沒有中國軍隊，他們不相信会有中國軍隊会到該处的，所以我們在三八年七、八月最初战斗中都能進行勝利的襲击。常々將敵人全部包围、敵人才知道，隨即用刺刀冲上去將敵人解决。敵人的抵抗極為頑強，日軍作战的特点是死也不繳枪，我们將第一層敵人消滅后，第二層仍然繼續抵抗。当時我这个支隊，祇有内战時留下的一挺輕机枪，其餘都是步枪和手榴彈，還有許多士兵用梭镖，我们这樣的力量是很弱，但日軍本隊白刃比賽比不过我们，敵人盤据房屋固守，白刃战無效，我们用油浮焚燒房屋，常有幾十数百把的敌人被我们烧死，我们的损伤并不大，但这种火攻办法，使我们能够缴得的许多东西，都有部份不能用的。最初一般的作战都是採用这样的方式。我可以举一個具体例子，在一九三八年八月初，我们部隊要去丹陽北之新丰車站，有敌人一個中隊（一百八十人左右）住在車站旁一小学校内該小学是土墙，没有防禦設备，我軍将其包围后敌人還不知道，我们一個偵察班很隱蔽的接近学校门時，门是開的，並且没有哨兵，我偵察班即很大胆的進去了，到了日軍的寢室裡，還点着灯但都睡着了，我偵察員看見槍上掛了武器，即輕脚輕手慢々的将武器拿出来，有一個十二、三岁的小同志，他看見桌子上有一個鬧鐘，他去拿起即噹噹的响起来了，（笑）日本鬼子被驚醒，我们即退出到院子内，日本軍從楼上下来了十幾個，有的開始打枪，一日本軍官說"不要放枪要捉活的"，可見对我们是很輕視的，这日本軍官拿了一把長刀，連砍了我们两三個同志，我们两三個人将他包围仍打不倒他，这時拿鬧鐘的那個小同志做了一件好事，跑去将日本軍官胯下的生殖器睾丸抓住，才将他拉倒了（大笑）。一手枪将那軍官打死，此時日軍即从楼上打枪丢手榴彈，開始了火战，镇江、丹陽的敌来增援，被我两面的伏兵打退。经过四个鐘头，这个学校全部被火烧掉，祇跑出了三个人，我们亦伤七五六十名，在这学校内差不多没有得到什么缴获，而打镇江、丹陽增援的敌人缴获很大，因為是預同誘他们進了伏击圈。这次的作战我是親自参加的。战斗后我们即撤退，第二天日軍即对当地一二百个村庄進行残酷的報復，当我们撤退時曾經动說群众與我一起撤退，一部分听了我们的話退出了，不退出的房屋全部被燒了，日本人的理由是：假若不是老百姓帮助新四軍，新四軍怎么敢大胆的来，所以要由老百姓負責，我们撤退時估計到了敵人会要残酷的報復，但我主力不能治，為顧慮人民吃虧只得派了一個兵力掩护群眾撤退，但人民仍然是遭到了損失。这時作战的对象大都是駐在南京近郊十五师团的松野联隊的部隊。

在一九三八年六、七、八三个月内，在三十幾次的战斗中，敌軍都受到很大的損失，使日本人对新四軍的看法改变了，命令加強工事設备。这時敌松野联隊長大發牢騷說，新四軍不講道義，不会打仗，祇会搬人墳头，偷偷摸摸的，不配作一个堂堂正正的軍人，要求與新四軍定期决战。我也寫了傳單来答覆他，答应他们的决战要求，并要求来打一个公平仗，請英美友邦派人来作評判員，就是同以樣的武器裝备来打，如果我们打敗了，我退出南京再也不来麻煩了，如果他们打敗了，就退出中國。（笑）因為我们新四軍素来对文明人就用文明的办法，而对野蛮人就用野蛮的办法，打得日本法西斯軍隊曉得什么是厉害，这就是新四軍作战的一種評价。

关於敌人加強对新四軍反轉变他的看法，我又有一件事实可以說明。在一九三九年元旦國民党第三战区前敌總指揮冷欣，請我吃飯及元旦閱兵。我在江南半年来經常可以捉到日本兵，繳获到日本軍隊的一些東西，特别在蘇州武進一帶的內河上常常截击敌人很多東西，我軍排長以上的幹部都穿日本軍服，我们時常送些給他，他很高兴，因為他的軍隊从来很少得到敌人的東西，在三九年底，他的部隊捉到了一个日本兵，他很高兴，請我去參加我去到他時，他要他的參謀長陪我去看那日本人，同我一道去的有許多國民党的官長，我们坐在一个大圓桌上，開始了第一、二、三、四的介紹，我坐在最末，当翻介紹所有的國民党軍官時，那日本兵很驕傲的無任何表情，当介紹我時，翻譯說："这是新四軍的陳司令"，俘伊即起身向我鞠了一个躬，翻譯问他為什么这樣，俘伊說，新四軍会打仗，（笑）这对國民党軍官是很下不去的，我回到冷欣的總部后，冷问我見了没有，我說見了，冷即问他參謀長怎么樣？參謀長回答說，这个俘伊很左（大笑），从这个事实就可以說明，在日本軍隊中間，对新四軍作战的強烈影响。

从一九三八年到一九三九年我祇有一次吃过虧，有一次，有一个營不小心，被敌人包围，最后英勇突围出来的祇一个連，被敌人冲散和消滅了两个連，这是因為离敌人太近，每天要移动行一二百里的事，另外，就是因為日寇在與新四軍对战下，挨打太多，他也渐々学聪明了一些。日本軍隊当時得到了新四軍一些東西，如一顶軍帽都要拿到上海南京去展覽，但我们很抱歉，得了許多日本人的東西，因為經常得到，故很隨便的，并不那樣的宝貴它。

当由内战時的紅軍游击隊改編為新四軍時，我軍实力約一萬二千人，到三九年初会累発展到三萬五千人，僅々我们在江南的两个支隊——新四軍的主力，由三千七百余人，发展去一萬人，原因是当時日本軍隊冷不防每一次我们都打勝都繳获東西，偽組织很多，去匪盗搶，我们作战缴获都大。我们作战替老百姓解除了痛苦，老百姓都愿意参加新四军，自己带武器来参加。我们对群众带武器来参加新四军完全是用民主的办法，因为人民是凭一般爱国热忱，不一定过得惯新四军艰苦的生活又没有报酬。他们参加后，假如要回家，我允许给假，农忙时准放假回家，不拘束他们，并很同他们过得来，慢慢的使他们过惯我们军队的生活，他们就不愿意回去了，他们都说新四军是他们自己的军队。

在将近一年的情况下，我打开了敌后的局面，国民党的军队政权、党务、特务都来了，在整个京沪线以南方面军队都有了。国民党的军队来了以后，他们的纪律很不好，一来就向老百姓要便衣，没有打仗就准备跑，当着敌情不紧张的时候，他们很胆大，毫无一点作战的准备，但是正式开火以后，他们就很胆小，将武器丢了乱跑逃命。我们新四军则恰恰与他相反，轮班的放哨，派出层层警戒哨，在战前是很小心的，一旦开火后，我们胆子就大了，只有拼命才能安全。这是国民党对敌作战之所以失败，我军能够成功的原因。

住大房子，摆威风，老百姓很不高兴他们，我们的军队除冬天外，常常露营，目标很小，遭敌人袭击的很少，我们军队每夜经常要换三次以上的宿营地，使敌人的每次扫荡与包围总是扑空，当敌人扑空回去之后，我又转在野路上截击他。我们的口号是"江南睡觉、江北打仗"。日本军队对我们估计认为新四军是个鬼，你找他是一个也没有，他打你时就都出来了。（笑）

这是一九三八年至一九三九年汪精卫上台以前的情形。

一九三九年三月汪精卫在南京上台以后到一九四〇年，在这两年内，國民黨軍隊在华中投敌者有十萬人。这時新四軍的作战情况变了，一方面要对付日本人，一方面又要对付汪精卫的偽軍，汪精卫他把在内战時对付红軍的办法告訴了日本人。战斗的规模更加大了，最初的游击方式不行了，经常有上萬人的会战。同時我们也須要有臨時的根据地，以便修理枪支，医療傷員，儲蓄粮食，这是一九三九年至四〇年的形势，变成較大規模的战争了。

这個時候，敌人对我採用联合扫荡的办法，敌常々以一个联队配合一萬多偽軍向我进攻。我们的办法是一定要给敌人以严重的打击，以动摇偽軍，同時也要给偽軍幾個决定性的歼灭，使敌人感到偽軍没有好多用处，这样来粉碎敌偽的联合扫荡。第二個我们是採取敌进我进的办法，因为我们不能向大后方退。敌向我根据地进，我即向敌佔区进，互相渗透，使新四軍游击区扩大，一直到南京、上海、杭州、徐州、开封、武漢附近，長江两岸地区都为新四軍的活动区。

其次，敌人採取封鎖的办法，在長江两岸一带的铁路公路附近挖封鎖沟，灌注以水，敌人叫囚笼战術。凡是新四軍控制的地区用强大的兵力进至我区，建立据点，把我挤出去，因此最初用的小的游击办法是不行的了，对於敌人頑强的封鎖，使我大部隊往来自如困难了，不得不划分战略区，给各部有一個一定的範围，比較固定下来对付敌人。

对付敌人在我根据地安据点通常有两個办法，如知道敌人的消息早，我准备未到及，我即不惜任何牺牲先向敌进攻，将敌赶出去，粉碎其企图。假若准备不及地形不好，就让他进来，他的实力一半月一月后就只会撤退的，我即乘这个时候，去打击他。敌伪军是不混合住的，我冲进敌据点内可将敌伪截为二段分头解决。我们的居民工作有决定的意义，居民可以供给我们情报。有时日本人用中国伙伕，这可以供给我们很重要的情报，或从内部给我们以帮助，缴伪军的械是很容易的，解决日军一個据点要打二三天。日本人推进据点叫钉钉子，我们拔除据点叫拔钉子，这成为经常的斗争方式，经常是一二万人的作战。

从汪精卫登台以前我军发展至五万人，汪登台之后，敌伪虽实行了联合扫荡，但在四〇年至四二年中仍然为新四军发展的时期，我们发展到十万人。

从太平洋战争以后至现在，华中新四军与敌人已经有了固定的界线，我军进入敌区要有很好的准备，敌人要进入我们区域，也须要有很好的准备，形成国界一样的。

某军官问：新四军扩大到十万人，兵员是从何而来？武器是从何而来？

答：因为我们已经有了巩固的地区，解放了很多的人口，我可以组织动员，其次大量的伪军投诚与被俘。武器是缴得敌伪的，还有在京沪近郊作战时国民党丢下的武器很多，当地老百姓检起来以后，自动带来参加新四军，但目前我们仍然感到人多武器少。

在一九四二年以前一般是进行军事战斗，四二年以后，不论文化、政治、经济各方面都有了接触，我们虽不能有完全巩固的后方，但是已经有了较固定的区域，我们非有后方不能作战，譬如，我们全军有时一個月的傷员多至八千人左右，不建立傷兵医院何以应战：在海边在大湖泊沿岸在大森林中很分散，建立分散的医院，建立一些小小的翻砂厰，部隊也可以在那裡進行短期整訓，及做改造俘俘的工作，在苏北很長的海边成为我们的后方，但是是很分散的，一二百人一起的，準备有船隻，敌人一来我即坐船走了。我们是在两個反扫蕩战役中间来進行建設工作，通常两個反扫蕩战役間隙至少有半个月或一两个月不等，在苏中常有两年没有到过日本人的地方。

日軍在軍事上通常採用三个方法：

第一是"扫蕩"。在"扫蕩"又分幾种：

一是，偵察新四軍軍部或师部后，即从四面八方来包围，每々我们祇要我们指揮机关一暴露，日本人一定要来扫蕩的，還有我们的后方机关一暴露敌人一定也是要来的，所以我们的司令部與后方机关不論什么時候，都是要有很好準备的，对付敌人可能来的方向，选择战斗地点，我们能夠很好的应付自如，我们的指揮机关是没有受过什么損失的。这是第一。

其次，季候性的扫蕩。如春季四、五月間，为割麦時期，敌人一定要来進行搶粮扫蕩。到秋季八、九月間，是收稻子的時候，敌偽也一定要出来扫蕩的，解决他们的粮食问题，这两季战斗最為頻繁與紧張。我们对付敌人的方法，是将群众武装起来四面八方進行警戒，常在夜晚進行收割，同時以軍隊一部進入敌后，选择敌人的薄弱部份進攻，来牽制敌人，主力則集結在适当位置，敌若出动時，即对準敌人一路，给以打击。

这樣每年百分之八十的粮食都可以保护了。

三、是報復性的扫蕩，当我們敌人進行破壞或攻击后，第二天敌人一定要派部出来的，我打敌人据点后，敌人也要出来的，因為他要維护其所謂皇軍的面子，一定要来的，这也是敌人的弱点，我常々佈置好去把敌人逗出来，我将網張開，讓他投入網内来。

四、是关於敌人掠夺資源與我保护資源，常々發生战斗，在华中沿海有大漁場，棉田、鹽田、小礦山、大粮食区，日本人是很需要的，并常有大批技術人員跟着行动、進行研究。敌人時常在这些区域安据点，我們則要想尽办法打破敌人企圖，常々進行大的战斗，假如第一次被敌人佔去，我即進行破壞，~~使其無法保持下去，这樣~~形成為一兩年長期的斗争，這樣常々使日軍無法維持而自动放棄，假使想一次仗打了是不行的，这是長期的斗争，半年、一年、两年最後把敌人打出去。

这是关於敌人的扫蕩和我軍反扫蕩的情形。我們没有主力兵团，决難担負这樣幾萬人反扫蕩和攻据点的战斗任务，你們要看我們的主力兵团，可以从这些方面去了解。

日本鬼軍看了这四種扫蕩办法收效并不大，新四軍这么多，地区这么大，扫蕩是扫蕩不完的，因此就改為清鄉的办法，不是零碎的向我進攻或抢粮或打指揮机关，而是專门集中搞我一個地区，選擇在两三县以内的地区，以強大兵力全部佔領完，然后按户去調查登記每个村庄，并用竹篱木栅桩起幾百里長，使清鄉区與其他区域隔截，这樣来对付我軍。他們按户去調查、听口音，敌人知道新四軍干部一般是浙南江西一带的人，士兵或是外地人，同時收買地痞流氓，要他們来觀察新四軍人員，看那些老百姓帮助新四軍，每天早晨要將全村老百姓集中起来点名，發良民證，从此村至彼此都是經过檢查，特別是汪逆稿[illegible]的國民党人員配合着敌人担任这种工作。因此清鄉不仅是軍事的而且還是政治的文化的經济的各方面的。假使老百姓有反对的，全村即被屠殺採取希特勒的人質办法，將一村之長者捉至日軍司令部禁起来，然後現該村有新四軍人員或其他可疑的行為，即將長者殺掉，敌人的这种办法是很毒辣的。其中還有一种最毒辣的，就是造成老百姓中間的分化，办法是对这村人說："你們过去替新四軍服过務没有关係不追究了，皇軍是寬大的，汪主席是寬大的"隨后即將这村老百姓帶到另一個村庄，给老百姓搶掠那村的老百姓，一提到新四軍的人員要老百姓来殺，造成老百姓与新四軍的隔离，这种造成此村与彼村的对立，与新四軍的对立，然后威胁老百姓服从他。

日本人的这套办法是抄襲國內战争時，國民党向紅軍進行第五次圍剿的办法，故中國派遣軍總司令畑俊六在南京專门组织了一个五次圍剿战術研究会，以便向來進行清鄉。

这種清鄉的办法，最初比較有效，因為我没有經驗，敌人这種以幾萬人的对象一個小地区的突然大举進攻，使我吃了一些虧。比如，一九四一年七、八、九三個月，在江苏之無錫、江陰、苏州地区会被敌人佔領，我軍退出，政权与群众組織受到很大的压力与摧殘，汪逆曾宣佈这是他清鄉的成功。在一九四一年冬这是一個很嚴重的問題擺到了新四軍的面前，我們研究了失敗的经验，决定了新的斗争方针。假如敌人集中力量对某一区清乡时，我所有各区即进行全面出击，捣毁其后方，使其顾此失彼。第二个办法就是将主力转移出来，对敌人的后方或侧翼，不惜任何牺牲，进行几个大的战斗，拔下几个大的据点，同时动员五万十万的群众，一个晚上将敌人的封锁竹篱拔尽，使其封锁无效，我们能够很好的转移。同时我们很好的顾及到老百姓的困难。将我优秀的干部、政治坚定份子、好的军事干部调几百不等编成游击小组，散布在每个村庄，配合短枪，着便衣自带粮食，同时，并给武器给群众，当大股敌人到来时，我们潜伏不动，仍如普通老百姓，假如是敌人小部队，特别是汪逆的清乡特务人员来时，则将其解决。敌人以为新四军主力转移后，他们区安全了，没有问题了，所以常常是分散下乡，但都为我解决，没有一个能够回去的。

在反清乡斗争中，我们创造了兵民，我们新四军现在有五十五萬的民兵，在没有到过敌后的人，或没有看到的人，是不会或很难了解的，认为老百姓没有受过什么训练，为什么就能拿起武器打敌人，要知道这些老百姓经过新四军的组织与教育后，就有了力量。这我可举几个例子各位就会了解。

如某一处被敌人占去，我是要想尽办法夺取过来，成为中国的领土。假如没有要武装的老百姓去对付敌人，是很笨的办法。在敌占区的群众，我们可以要老百姓表面上去应付敌人，如我新四军到了某处，我们过去后要老百姓去报告，把方向指错，把军队的数目字说大这樣敵人找不到我軍，同時又不能惱老百姓，因為老百姓報告了，这个時候我可乘机打一两仗，日本人說新四軍壞々的，新四軍大大的，这樣造成敵人與我軍之間，老百姓在中间起很大作用，他们住在敵人的附近，實際上替我们作事情，想出各樣办法使敵人沒有办法知道我们。

他们有幾个办法，如敵人住在據点内，要下鄉清查户口，看有沒有新四軍，經常二三十人配合汪逆特務人員出來，而我们的民兵，即在離據点一二百米遠的地方监視着，每隔一兩百米站一个民兵，一直到新四軍駐的地方，祇要敵人一離開據点，民兵就一个傳一个一直傳至新四軍隊部，看敵偽出來多少，我就派多少部隊去。我们这个办法叫做肉電話，这樣報告是很快的，日本人也發不出來。假如，日本哨兵，或一個日本人至街上吃酒，或晚上出來大小便，民兵用麻布袋从头上罩下去，揹起就走，將其丟到河裡。還有就是用很简单的一根绳子，当個別敵人在街上走時，在其不备時，用绳子一套，揹起就走，還有就是日本人見了中國女人，就要強姦的，我们就抓住了这一点，第以偵察組設伏在敵據点附近，然后偽装女人穿得花々綠々的，故意在據点附近經过，敵人一見到就要追的，把追的日本兵引到伏兵附近，（笑）这時我们就可以捉活的。

某学員問：如果日本人常々是这樣失踪，难道不追问嗎？

答：当估計到这些事情要發生之前，我们就預先準备要群众去報告，說新四軍很多，要敵人去打，或老百姓假意伴装也跟着日本人一起喊捉新四軍，帮日本人捉新四軍去，一面掩护、还帮他们逃去（笑）表示帮助，实际人是这樣騙过他。这樣的办法花樣很多，由人民想出，民兵去做，日本人很难防備，常中圈套，比如在敌軍旗杆下，埋一个炸弹，日本人去扯，即被炸傷或死，或者日本軍常用的操場，我民兵夜间去埋好炸弹或地雷，第二天引起爆炸等。

所以在清鄉区的開始半个月至一个月内，是很艱苦的。后来由于群众採取了以上的办法，去对付他使得日本人不敢与偽軍一起住了，也不敢与老百姓一起住了，他孤独的住在一个地方，不准老百姓去，老百姓一去就打枪，这樣清鄉区就騰出很寬地区，我们仍然可以活动与进行工作，老百姓再去報告那裡有新四軍，他也就不大理会了。汪逆精卫的清鄉人員就慢慢变大了，之后，他們不得不派人到我们部隊求饒，表示不替日本人作事，願替新四軍作事，要在我保护与允許下，他们才敢下鄉。

清鄉区的最后是日寇孤立的佳畫，对清鄉工作也就慢慢的鬆懈下来，我即調查其薄弱部份，集中一两個团打下幾处据点，其除的敌人也就退去，这樣全区就仍然為我收復。如苏州、無錫、江陰地区四一年退出，经过一年以后，四二年九月间即為我收復，仍為我控制。

說到这裡，你们可以看見我们共產黨員地方工作幹部，領导廣大民兵所起的偉大的推动作用。

日寇感到不僅扫蕩的收效很少，而且清鄉也很难奏效，第三步就採取蚕食政策，像蚕子吃桑叶一樣的来蚕蚀我根据地，以相当的兵力，而是依据其原有的据点，而逐渐向我区推進，将我根据地逐渐分割，画成許多棋盘格子，这对他是輕而易举，而使我接敌区經常处於很壞的环境。

我们对付敌人的这種办法，四面都可以来，經常以主力去应付，是無論如何也应付不了的，我们也没有这樣多的主力去应付，但是我们又不能放任讓敌人就是这樣搞下去，一村一村蚕食去不久就会使我根据地縮得很小，人力物力財力也就会要受到很大損失，因此我们就将各個边缘区村庄的防禦加强，挖地道，房子用泥糊起来，使敌人燒不着，有時将整个村拆毁，将群众迁移至后方，同時在其前進的道路上，以民兵不断的進行襲击，普遍的埋設地雷，（如门口、灶口、坑口等為敌所至之处）。这樣敌人佔一村至少要一個月的時间，傷亡也是很大的，互相消耗的结果，他亦不經常採用了，假如某一地區被敌人蚕食了，我就調兩三个地方兵团配合主力之一部，一定要将敌人打出去，如在徐州、海州之隴海路南这个地段（淮海区）敌向我蚕食，使我損失相当大，我就动員全体老百姓将所有的磚房拆了，将磚一塊一塊的埋在地下，敌人要修据点碉堡没有磚、祇有用土，我就动員上萬的群众将河改道，使水冲下来将其冲垮，这樣使敌人没有办法。还有一個办法就是将据点附近的狗殺掉，这一方面可使我在行动中免有狗吠，而被敌人知覺，同時把殺掉的这些狗要群众都丢在据点附近，臭得很，逼使敌人撤退，这种办法多在热天使用，这叫死狗战术，也就是新四軍的毒瓦斯。（笑）

敌人的据点推进，必是须要与大据点联系，因此，每到之处，就要修公路，敌人日里修，晚上我们就动员群众去破，这样几个月后，敌人疲急了就不修了，假如敌人派队伍掩护修，大股敌、我就派队伍去打，小股敌、民兵就可以解决。这使敌人得不偿失，就不干了。这种边沿区的反蚕食斗争，依靠强有力的独立团营，即地方兵团，他们经常在边界担任退敌任务，同时边沿区的县長、区長、乡長也要荷枪实弹统率地方兵团与民兵一道担任反蚕食工作，主力兵团只担任紧急时应援的任务。这样各位可以了解到地方政府和我们的地方实力。

我们能够动员成千成万的群众参加民兵，不仅从政治上动员，并且还要给群众以实际利益。如破桥梁木头给群众，竹篱、电线、枕木群众可以卖钱，拆下碉堡的砖瓦给群众。群众出动的时间我供给他们粮食，群众有伤亡我给有抚恤金，模范者勇敢者有奖，开大会鼓励他们，因此在新四軍下的几百万壮丁，对敌分散作战是很有效的，我之所以能够坚持，与群众的配合这是有很大作用的。

这種对使用群众使用民兵，乃是一種指挥和动员的新艺術。比如最初，带大批人民去破路，不管讲得怎样的好，群众无论如何是害怕的，待同我们多搞几次后，就感到没有什么，新四軍够掩护他们，他们就不跑了，勇敢起来了。他们感到不但可以得到东西，并且还可以保护自己的村庄，报复敌伪烧杀的仇恨。我们又给以训練，和一些新的武器的简单装备，因此参加战斗成为人民的日常習惯。通第办法是新四軍在第一线作战，第二线總有幾百老百姓配合新四軍有負傷的就馬上去抬下来，他们可以跑上去拼起傷兵的枪，接着打来。有些人感到了軍隊生活可以过得慣，慢々就不願意回家了要求参加軍隊，要人民参战，強迫是不行的，祇有慢々从战争中带会他。

民兵就是新四軍的預备隊，如指揮部須要多少人，祇要一个命令下去，就可以动員好多来，今年三月家鄉闹平中時，我们第三师十九团战斗力較強，是本軍主力团之一，現有三千人，由於幾年作战的傷亡太大，祇有一千五百人了，我们当時决定从民兵内抽調三千人，補充这个主力团，限一个月完成，由工抗会、农抗会、学抗会、妇抗会去动員参軍，我们二月下的命令，在三月將走時就动員了四千人。為什么有这樣大的收获呢？因為这些老百姓都是经过長期参战工作，有作战经驗的，战斗情緒很高。他们步枪、手榴彈、埋地雷都能使用，动員参軍也就很容易。

经驗告訴我们，最初要老百姓去打仗他是很害怕的，国民党就是用绸绑的办法绑着老百姓去，这樣愈绸就愈跑，我们的方法則完全相反，我们採取民主动員的方式，完全根据人民要保家自衛的热情，给以軍事訓練，在本鄉本土逐漸参加小的战斗，每一次都使人民感覺打仗並不足怕，而且常々获勝，使他们情緒提高（如果糊乱使用人民去打硬仗，碰硬釘子，乱碰一通，第二次就难於动員了），組及群眾心理、能力、情緒和他們的切身利益，給以必要訓練，和多々實驗的機会，就这使人民從战斗中学会了，这種办法正如畫一張名畫一樣，一点不能粗糙從事的。（色以校語，这个办法好得很！）

这是新四軍在敌后的艰苦条件下人民参战的一般情形。如果将来配合美英盟國進行反攻，勝利馬上可以到来的情形下，我相信羣中的老百姓參加新四軍的一定是更大更多的。幾年来中國老百姓經过七年的鍛練，提高了他們的認識，如斯大林格勒的勝利，他們听到了都是欢欣鼓舞的很高興，欧洲第二条战线开辟时他们也是同样感到很高兴的，他們知道將来会有美英盟國軍隊配合他們作战的，因此将来成千成萬的人民參加新四軍是不成問題的。动員的百分比会更大。

以上就是新四軍的一般作战情形。

现在我们来谈新四軍本身与国民党的关係问题。

我们与国民党彼此之间的关係直到現在还是很坏的。国民党他们不承認我们，當我们为叛軍、奸軍，新四軍的人員不可在重庆出現，出現了就会被捉去的。为什么坏呢？有下面的几个原因：

第一，上面已经講了，新四軍開始从十三个根据地出發時，国民党允許以民主方式解决农民与地主的关係特别是土地问题，並允諾不侵犯新四軍的家屬，允許新四軍設置留守处，但当新四軍出動后，国民党即以武力向我進攻，殺我留守处人員及家屬，造成我軍全体指战員的奮怒。国民党把新四軍这个老虎，以抗战为藉口將其調走，調虎离山，然后入据其巢穴捉殺虎子，这是很毒辣的。这是弄坏关係的第一个大的原因。

第二个最大爭执的就是，南京、上海、徐州、開封、武汉及長江兩岸原为国民党的区域，敌人進攻后，国民党潰敗退出，新四軍去了以后，打開了新的局面，收復了这些地方，这時国民党軍隊也要開入，我新四軍遇到了这样的事，最初是不拒绝他，並且很欢迎他来，因为打日本的力量更多更大就会更好，但是我们在打敌人的过程中建立了許多的秩序，如各种民众团体、民众的武裝組织等，我们告訴国民党应該很尊重这些抗日組织，以取得人民帮助，国民党最初答應了，但是進来以后，就不与我们商量，解散各种群众組织，捕殺工作人員，說这也不对，那也不合法，使新四軍不好处置这些问题。新四軍放寬了这些问题以后，假使跟兵摧残下去，失掉人民援助，不仅国民党他又不能在敌后存在，而且連我们也会要与他同归於尽的，会造成整个抗战之失败，在这样的情形下，我们为了保卫人民抗日利益，提出了抗議，因此引起了磨擦。

第三，我们看这个问题引起了这样大的冲突，对抗战是不利的，我即提议劃一些地区给他，免得在一道吵架，削弱抗战力量，國民党同意我们这个提议，但当我们劃了地区给他以后，那些地區因为原来是新四軍的地区，老百姓有很多都参加了新四軍，有各种的組織，国民党来了以后，他就登記新四軍的士兵与共產党員的家属，要挟他们寫信到新四軍，要在新四軍的人員回家，還在省并县实行所謂以通匪論罪。因此，本来想用划分地区的办法来解决，反而使冲突更加增大了，新四軍無法跟他们肆意破坏，新的冲突又起来了。

第四个问题，关於許多地方武装及改造土匪的处理问题，只引起了很大的纠纷。在新四軍未到前，在廣大的农村中为土匪势力与地方势力所盘据，而且这些都多少与敌伪有关係，我们对这些问题的处理原则是不管他系何党何派何种思想，以及他过去历史如何，祇要他現在真正能担任抗敌任务，我们不追究既往之事，而新四軍就給他们以帮助，假如他们願意加入新四軍，首先就說明新四軍是艱苦的，是沒有報酬薪俸的軍隊，假如能过慣这种生活，那么就可自願參加。在一道作战時，新四軍給他們的任务是要看他們能担任什么任务，我們就給他們什么任务，有時給他們的任务是選擇那最輕鬆的，使他容易获勝有餘的任务。作战時將他們擺在安全的地方，我們得到了勝利品，大家都分。在我們这种政策下，許多地方武装很同情我們，就是很坏的土匪与敌人有勾結的（老百姓叫他們做「小日本」），我們是採取說服与劝导的方式，要他們改变，不輕易动武，这种解決问題的办法，使他們紛紛靠近我們，要求參加新四軍，派人来受訓，參观我們，关係搞得很好。这在敌后本来是很好的局面，口民党来了以后，說只有他口民党才能救中口，新四軍不行，抗战勝利后他們还是要剿新四軍的，强迫許多的地方武装脱离新四軍，而地方武装他們觉得自己在新四軍帮助之下，抗战得很好，不听口民党的話，口民党就实行繳械，这样就打起来。在这种情况下，新四軍就出来調停，有時为了顧大局我們也採取讓步政策，口民党他要，即劝这些武装到口民党那裡去，而口民党把他們要了去以后，就將他們擺在前线，給以困难任务，讓他們去受損失，假使他們垮下来，他們就繳械，假如他們反对口民党的錯誤办法，他們就說，这些武装受新四軍煽惑，不服从他，又用武力解决。这一类问題非常多，總是糾纏不清，新四軍为了抗战利益，不得不出来主張公道。

第五个原因，我们刚刚到前线时，即受□民党歧视，经费不够，故服装不整齐，我们军队装备更坏，我们军队讲求民主的团结和服从，故不注重形式，礼节比较差。我们军队不用□民党的号音，因为这些日本人都是知道的，我们用自己创造的新的号音。□民党军队与我们一道作战，他们看不起我们新四军，这些细节都受着他们的总理责备喝骂，这一种侮辱，各位想一想，一支军队能安心受屈侮吗？特别在敌后给新四军的任务时，不仅任务给得很死板的，而且限定在狭小地区，不許有迴旋餘地，他们想把新四军钉死在一定地区，以便利敌人来消灭，这是他们借刀杀人的办法，以命令行使，总理的要新四军无条件服从，新四军为了抗战和生存，当然无法完全照办。还有对新四军肆意推敲，如往来礼节，公文程式等，甚至殴打人员，派特工破坏我军等。我不再多説这些小事，總之，他们以为新四军弱小可欺，非达到消灭新四军的目的不可。这是双方关係弄坏的原因。

我可以举一个例子给各位听。一九四〇年春，我的司令部在苏南茅山驻了两三年，原来茅山是划给我负责的，后来□民党的军队来了，□民党的四十师的李团派队硬要与我的司令部驻在一起，我要他另找房子，他们就説："中□的地方大家都可以驻。"我们架的电线，他们就架在我们的上面，我们要他架开，他们又説"你架得我架不得！"我们的伤兵医院他们也要派兵来强迫合驻。其蓄意挑衅，胆大包天，企图消灭我们已达顶点。

在这种情形下，我们被逼了，我们假使一味的退让，新四军只有被消灭，假如新四军被消灭，就要影响抗战大局，这样才逼迫我们起来自卫。一九四〇年春天起，在苏北皖东淮北苏南各地口民党军队首先向我进攻，我们实行自卫，将其击退。是年冬延安重庆间往返商量，双方同意（在我们让步之下）将皖南的新四军部队撤退（军部与三支队在皖南，共有九千余人），让给口民党，以避免磨擦。在撤退前叶挺军长与顾祝同商量好路线日期，於一九四一年一月五日出发，到七日口民党部集合了七个师约五万人的兵力，在茂林地区将我完全包围，展开了激战，叶挺军长临战为了顾全大局，要求与上官云相谈判，上官允诺，待叶军长至他处后即将叶军长扣留。叶军长之被俘，是被口民党骗去的，否则口民党是没有办法把他俘去的。我共被俘去的干部就有三十多，现在都被关在口民党三战区的集中营内。突围的部队有二千余人。新四军这次的损失虽然很重，但是仅祇佔其当时全部力量十分之一，新四军的力量与在抗战中的地位并没有动摇。

有一个最具体的証据，可以証明口民党是有预定計劃的，这个外口人是不知道的。在一九四〇年十二月初我们的行李辎重残废妇女一千餘人安全的通过口民党地区，部隊第一批行進時，就包围打我们。这証明是有計劃的。

後来我看到国民党蒋介石对皖南事变的解释与申明説是軍纪问题，説是新四軍破坏軍纪。这是绝大的騙詞，因为犯纪律的不是执行命令的葉軍長，而是下命令的蒋介石。

（講至此处，包上校要求对这些事件写一个文件，陳軍長答应写一个，故不詳细記録了。——記録註）

我在此有点要着重説明的。几年来国民党方面企图把我党与新四軍同他们的争論認为是为了共産主义而争論，恍惚由於他实行三民主义，我们在敌后实行共産主义，所以双方不协调，故有磨擦。我声明这是不符合事实的，我们共産党員当然是信仰共産主义的，正因为具备了共産主义的知識，来分析中国政治經濟状况，才更堅强主張現時的中国条件需要建設一个民主的中国，战后的中国極适宜建設一个英美式民主国家，这是我党準备几十年去努力的奋斗目标。所以国民党与我们的争論全部内容是抗战怠工与堅决抗战的争論，是实行一党专政反人民反民主与主張各党各派合作为人民服务，建設民主新中国的争論。事实上国民党在重庆大后方实行的是一党专政的封建独裁，我们在敌后实行的是照顾各阶級人民的抗战的新民主主义，拿孫中山先生的三民主义的办法来对照重庆与敌后双方，則知道三民主义在敌后实行有成效，而重庆則早已違背孫中山和他的三民主义了！

我想具体的講一講：比如各位看到的重庆与延安地方和我看到的华中地方，假如与美国比較起来，特别經済物質方面基本条件，是要落后一百年到一百五十年的。抗战后最大的问題是經濟建設问題，这个經濟建設问題首先是改善几万万人民的生活，如華萊士先生所說的中国的需要是如何改善人民生活与進行土地改革，如威尔基先生主張，在中国应該發展中农。这些判斷都很对。中国几万万人民生活不改善，所謂民主和建設真無從談起，經濟上不承認改善人民生活，一切的政治自由民主还不是一个空談。我認为中国全国人民的需要，在目前是如何驅逐日寇出中国，抗战勝利以后是如何進行民主的政治經濟的建設；更具体講：比如說是把延安現在用的紡車变成机器，把現在我们用驴子作運輸工具，变成为用火車、汽車，更具体更浅顯的說，就是在延安城河上架一座很好的鉄桥，免得大家过河脱了鞋子，又麻煩又費力，水漲時还有危險（笑），我们斗争的目标是这样。誰人能把这些人民的需要滿足，每个老百姓都是会很贊成他，比如在延安种地过去都是一个人用鋤头慢慢動，後来我们把老百姓原有的扎工变工办法加以改組發揮，馬上在几百万人中流行起来，把它普遍起来。老百姓感到很好，就很擁护我们。我们取得群众擁护，就由於我们能替人民办事；国民党遭人民反对，就由於他们不替人民办事，而且反骑在人民头上，弄得人民不能生活下去，既不是共產党有什么魔術可以任意指挥人民，而人民也不是本能的一定要跟我们走。這種替中国人民解决其迫切需要如目前抗战和将来政治經濟的民主建設问題，人民对各种信仰的態度也一样，天主教帮他，他就會对天主教有好感，基督教帮他同样对基督教同情，对党派来說，国民党能办得好，当然拥护国民党，共產党办得好，很自然會拥护共產党。在国际关係也是一样的，苏联帮他，英国帮他，他自然会与苏联英国友好，比如美国对中国的抗战帮助很積極，中国人民接受了帮助會掉轉来帮助美国的。我们很佩服美国林肯總統的民治、民有、民享三大原則。国民党的办法是独治独有独享，抛開人民，因此国民党的錯誤在於他们自視有霸佔中国支配人民的特权，这是無法不引起中国人民反对的，而且一定失敗的。我们共產党今天的成就在努力替人民服务，一切由人民選擇。國共的根本分岐真在此，可供各位研究的参考。

现在来讲各個根據地的情形。

苏中区是由第一师担任。它的範围在長江以北、运河以东，斗龍港、大纵湖、淮安线以南，大海以西，有十七个县、一百萬担的人口有五百万以上。地形情形简单的是：射陽河以南有四百里長的海岸线，射陽河以北是盐场，東台以東为棉田区与渔场，内部是水網区，在一千年以前宋朝時代海岸在串场河线，现在伸出几十里、二三百里不等，黄河的水流至这兒，老百姓为了防泛滥，挖了很多的河，把水放引到海裡去，几百年来構成水網，敌人利用着这些河流常用装甲汽船在河裡游来游去，河水面不宽，但很深（一二丈深），水离堤祇一尺高，群众从此村至彼村都要用船。日軍装甲汽艇船身很高，可以展望很远，我们的輕机枪重机枪手榴弹是对付不了的，他们不怕，我们小工厂造的小水雷因为是黑色炸药，也无大效，敌人的装甲艇一来就是几十艘，从各方面都来，配有步兵砲与机关枪向我扫射，我对付他很困难。水網区有七、八县人口多，物產丰富，我一定要控制这塊地区才行。我们軍部过去也在这处住了一个時候，现在一师师部在此，距离南京上海很近，我取得情报及購買東西很近，坐船早上出發晚上可到上海。对付敌人的装甲汽艇我们又没有砲，想了許多办法都無用，我想尽了一切办法，最初动員居民將树与拆舊庙宇的磚土沉到河裡，將河塞住，無作用，敌人有砲就可以打掉，同時砍树对森林損失太大，最後与群众討論出好办法，在冬天水浅時，在每条河筑壩，每隔几里路築一个暗壩，比水面低一尺，每条河築几百条，动員几十万群众来幹，使敌破不勝破，但是我们的船可以过，商業交通無阻碍，我步兵又可以过。敌看到这个办法後，用步兵掩护来挖，但是很慢一天只能走五六里路，使他沒有办法。这一带的群众都有船隻，漁户与商户有好几万，我们通々将他们組織起来了，編为大隊、中隊、小隊，我们只要一下命令，就可以隨意調多少听用的。另外，沿海从連云港至上海情形差不多一樣，包括在一起講。在沿海岸还有几十里至百余里不等的沙灘，許多的木船潮来隨着漸靠岸，潮退即浅擱在沙灘上，沙灘完了以后为浅海，敌大兵船不能走，更远的大洋就是日本人的世界。

近海区为中国海匪窩，海匪有木船，經常靠近很多小港口上岸搶東西，軍隊要打他是打不到的，他就到海裡去了。

某軍官問：这些海匪与日本人合作嗎？

陳：不，下面要講的。我们新四軍到了以後，与海匪講不要破坏我们，他認为新四軍沒有下海的能力，不理我们，很自大，仍然上岸搶掠。这些海匪自滿朝以來是沒有被人征服过的，因为陸軍不能下海，且海匪的本事相当高明，有專门的訓練，射击很準確，他可隨着浪的高低而射击得很準，他们最初就憑着这两个条件与新四軍对抗，最初我很麻煩的，打不到他们，但是沿海又是我们的後方，我们又不可能控制大隊伍，我遂找到沿海的漁民（因为海匪对漁民很压迫的），与漁民的关係搞好，漁民告訴了我们很多的办法，我们遂以木船派一些隊伍在海上練習，同時把所有大小港口封鎖，使他们没有办法得到淡水与買到菜蔬等，並在海上將他们打敗，他们遂自願受我改編，我们就把他们編为四个海防隊伍，供給他们給养，不要他们再上岸搗乱。我们得到他们很大的帮助，我们在他们的帮助下可以与山東浙東联系，故在近海防範很要虽然，但海岸上敵人經常来，这些新編的海上部隊对海裡的情形是很熟習的，过去妨害抗战，現在改造过来对抗战有了帮助。

在沿海一带有芦葦，荒无人烟，故兩三年敵人都没有办法达到。在沿海我们控制有七八个港口，敵人控制有三个，二三千噸的船可以入口，我们經常到上海运貨。

苏中区我们有正規軍二万，地方軍一万，民兵除外。

第二区域從連云港西行到炮車的隴海鉄路車站以南，從炮車至淮南的運河以東，從阡獃港至射陽海以北為第三師的苏北区。灌云是一个很大的盐场，盐的產量比南方要好，可以作軍事工業用，是很大的顆粒盐，日本人很重視这个地区，此外为大粮食区，并且是中国產水果最好的地方。

在这个区域，有正規軍近三万，地方軍一万，共四万人。

以上这兩个地区为敵人最注意与战斗最激烈、最多的地区。

沿海有七百里長較安全可以依托，在作战上較方便，不是处于完全被包围的形势，我们在海边有很多船，假如敌從陸上来，我可以从海上轉移，假如從海上攻我，我可從陸上轉移，他们海陸是没有办法会合的。

在淮海区水少，在青纱帳時期我可以採取攻势，在南西正是水漲時敌可採攻势，冬季水落在南西我又可取攻势，在北西青纱帳倒敌人又可以採取攻势，是这样互相輪翻交替着。

第三、四个地方，長江以北，運河以西，津浦铁路以東，在这个狹長区劃成两个区，淮北第四師活动区，淮南第二師活动区。

淮北第四師地区是平原，主要產粮食，日本人的坦克汽車到处可以走，没有河流阻碍，树也少，地方較苦些。淮南有小山地，主要產粮食同魚、。

二師有二万五千人，　四師有二万人。

洪澤湖很大很深，沿岸过去日民党曾利用，很便飛机着陸，现廣大地区均为我控制，軍部曾在这一带住过。

包上校问：区分淮北淮南是以这个湖吗？

答：对。

第五个地区为七師的皖中区。它在淮南路西，沿長江至黄梅、宿松及皖南一部之沿岸台地为七師地区。皖南突圍出来的部隊就在这个地区。

以前淮南铁路祇至田家庵，現在已經修到蚌埠，已通了車，將田家菴以南的都拆掉，最近來电报告芜湖对岸已經拆了七八十里。田家菴是一个很重大的煤礦。

某軍官问：是不是将田家菴的煤經蚌埠轉至連云港运出去？

荅：是。

淮南路東有二師一个旅及七師两个团，中间夾了□民党四十八軍一七一師的部隊（廣西軍），經常向我軍找磨擦。

七師地区正規軍与地方軍共有八千人。

第五師是以武汗外围为中心，平汗粤汗路两側，西至宜昌，東至黄梅宿松，这个（廣大）地区为五師的部隊睆边区。有五十几个县，正規軍三万，地方軍二万，共五万。鄂豫皖各区較远，在地区上不能联系，靠派武装部隊联系。

五師的特点是中间是敌人，第二層是我们，外围則是□民党軍隊，我即在这两面夾攻中生存着。東为大别山，西为桐柏山、大洪山。大别山为过去红軍的根据地，群众武装斗争經驗很丰富。

我们五師在□民党与日本的夾攻中，直至今天仍堅持着。

鄂南——大冶、武昌、岳陽间几百里路長之敌伪地区内，亦为五師部隊的游击区域。

苏南在南京镇江上海之间，西至芜湖。我一九三八年第一次到敌后首先就進入这个地区。皖南事变前，我主力北渡，留了两个旅，編成第六師，在这个地区堅持直至今天。部隊有七千人。

敌人对長江的封鎖虽然很嚴，但是阻止不了我們，我們的部隊渡江还是能行的。

最后，浙東地区，蔣介石的家鄉，这塊地区是在一九四二年浙贛战役以后組織起来的。從海上与一師可以联系，与蘇南的联系尚未打通。產盐点。我們的範囲是在杭州寧波鉄路兩側地区，为我浙東游击縱隊所活动。

該區象山港是很好的軍港，民十年前意大利曾要求租借，未准許，現在日本已經利用了。

該区我們有五千人的实力。

華中根据地的全部情形大概如此。完全在民主政权下，不受敌人奴役，只向我繳納一点公粮的人民總数有三千万（而整个湖北、安徽、江蘇、浙江淪陷区的總人口約六千万以上），共有一百四十七个县治，軍隊的数目在我從華中动身時的确实統計，共有主力团廿八个（每个团一千五百人左右），这是各种战斗都能担負的，乙等团有七十三个（每个团七百至八百人），兩者都是穿着軍服的正規軍有十八万。民兵是着老百姓衣服進行生產有战斗時参加战斗的共有五十五万人。这是一个确数，常有一两万人的差額的，如缺額超过三万人後，一定要補起的，才能应付敌後战局。但是太多了，如果扩大部隊超过十八万，則現有経済、武裝、敌情等条件都是不許可的。假如口内外条件变了，须要進一步的扩大，在反攻的第一年扩大到三十至四十万是不困难的，同時我軍还可以担負各种战斗任务的，現在我们正在作这样的打算。

新四軍在敌後十八万軍隊所抗击的敌軍正是日民党一、三、五、六、九战区及苏魯战区（共有一百万以上隊伍）所共同抗击的敌軍，本軍任务之重可想而知。

新四軍内部組織与訓練情形，因为時间的关係今天不準备講。我在朱總司令处看到包武官送给的史迪威将軍總部發的关于远東之作战法和步兵訓練綱要两本小册子，我看了好几遍，在这册子裡面有很多战術指导原則很合乎我们訓練部隊的。需要，準备带回去給我的部隊作教材。其中关于伏击战術，夜间动作，处理俘虏，要部隊就駐的地方气候地理就地取材以及破袭战術等，有些均与我们的办法不謀而合，我们的經驗許多彼此可以互相交换，因为敌人相同，地点又同在远東之故。

（包上校：这本書我尽量設法多弄些来，另外你们对这本册子有何批評或增補，請寫下来，你们八路軍、新四軍的經驗又好又多不客气指教。）

最後結論是，日本人認为中口是他大東亜战争的兵站基地，同時要以汪精卫为首，建立所謂和平反共的偽組织，劃华中为和平反共模範地区，認为是中日满协同的高度結合地带，几年來日本人均以此作为基本方針。新四軍七年的基本方針就是破坏他的企图，使他的目的达不到，我们的基本任务是努力在作，是尽了我们一切可能去作，是有很大成績的，他们已經知道消滅新四軍是不可能的，最後配合同盟国来反攻，我们反而要消滅他。我们与国民党不相同的地方，在於我们不採取等待办法，而是尽一切的力量去作我们应作的和可能作的事。

我们新四軍在目前来說，一方面弹药缺乏，一支步枪最多三十粒子彈，我们基本上是靠手榴彈（每人亦只能带四个）和刺刀作战，新的技術是不高明的，譬如敌人用石头、磚、鉄絲網修一个堡壘，要新四軍去解决，我们只能在夜间以手榴彈及坑道作業去接近，用肉搏战去解决。我们曾經繳了許多迫击砲，但是没有彈药，我们就想了一些办法，将迫击砲的後背鑽一个眼，装上很多火药，綑在車上，夜晚很隐蔽的抬到敌人碉堡附近，瞄得很準的一砲打过去，将碉堡打垮一部份後，步兵冲上去即進行白刃战。这样的迫击砲打五十发後就不能用了。各位可以從此处看到新四軍慣用夜战，白刃战，伏击战，袭击战的战斗性格。我軍的战斗勇气很高，可以压过日本軍隊，但武器火力和技術兵种是太缺乏了。

— 37 —

新四軍是很分散的，集中訓練的時间不多，現在我们正設法改善这条件。为了使各位更明瞭这些问題，希望美軍观察組有人到那边去考察。

現在敌情与几年来本軍作战總結數字，我可以要参謀部寫一份給你们。关于敌後抗战的民主政治設施，經濟建設，文化改革，人民生活改善諸方面，以後有机会再講。今天佔了各位很多宝貴的時间，对不起得很。

完了（大鼓掌）

1944.8.10

《解放日报》社论：欢迎美军观察组的战友们

1944年8月15日

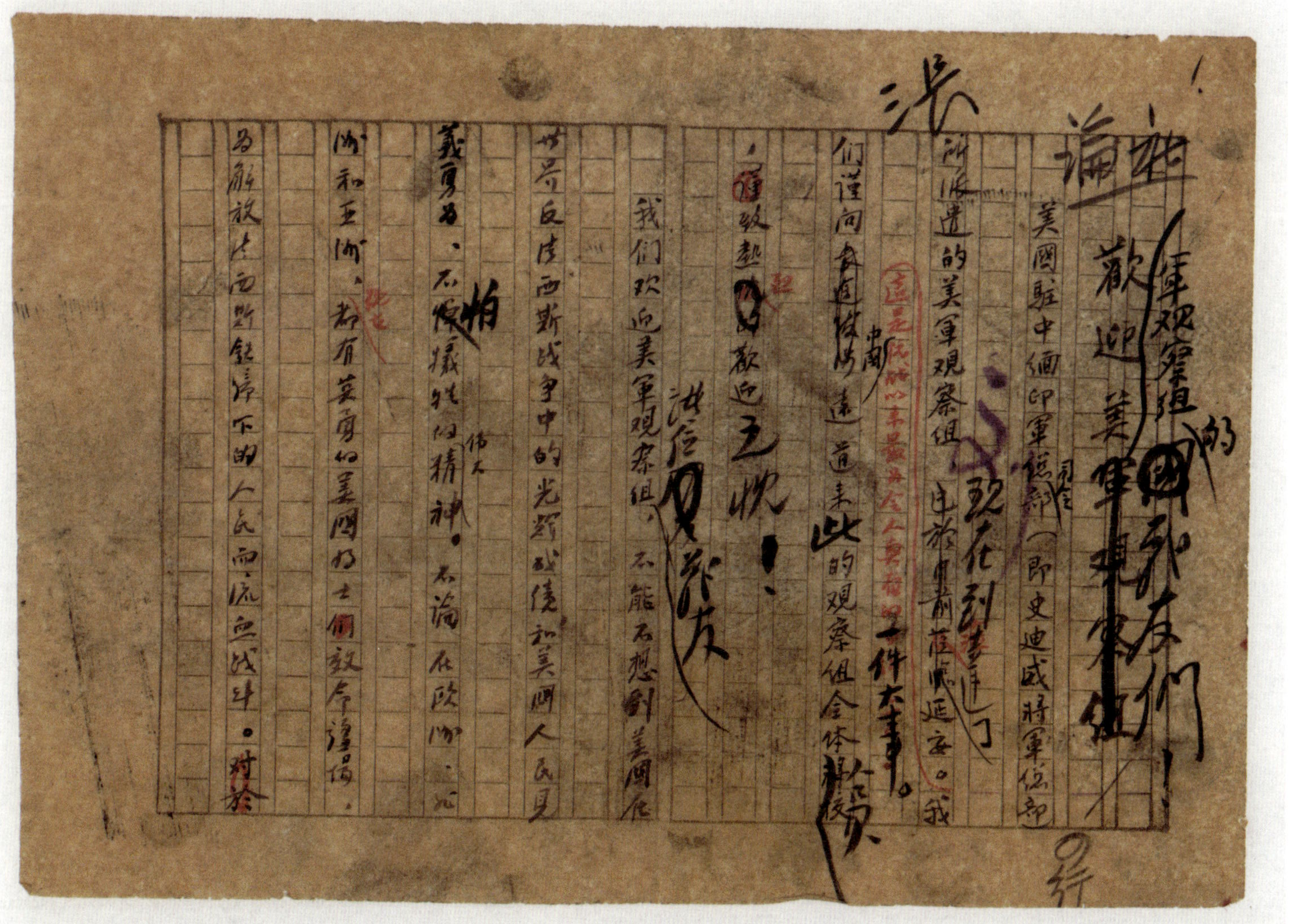

社論

歡迎美軍觀察組的戰友們！

美國駐中緬印軍總部（即史迪威將軍總部）所派遣的美軍觀察組，現在到達延安。我們謹向遠道而來的觀察組全体人員，致熱烈的歡迎之忱！

（這是抗戰以來最令人興奮的一件大事。）

我們歡迎美軍觀察組的戰友，不能不想到美國在世界反法西斯戰爭中的光輝成績，和美國人民見義勇為、不怕犧牲的偉大精神。不論在歐洲、亞洲和太平洋，都有英勇的美國的士兵，為解放法西斯鐵蹄下的人民而流血戰斗。對於

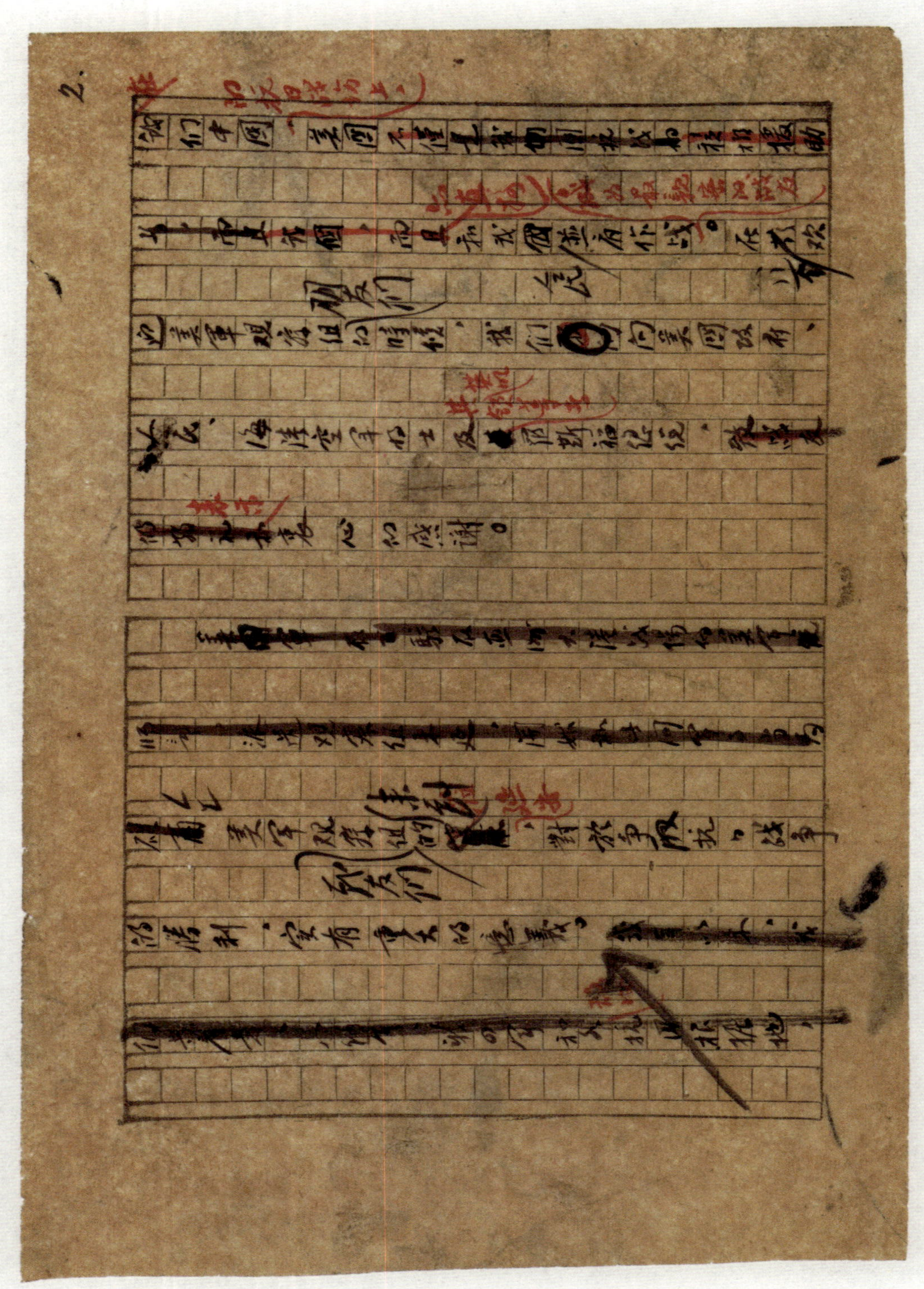

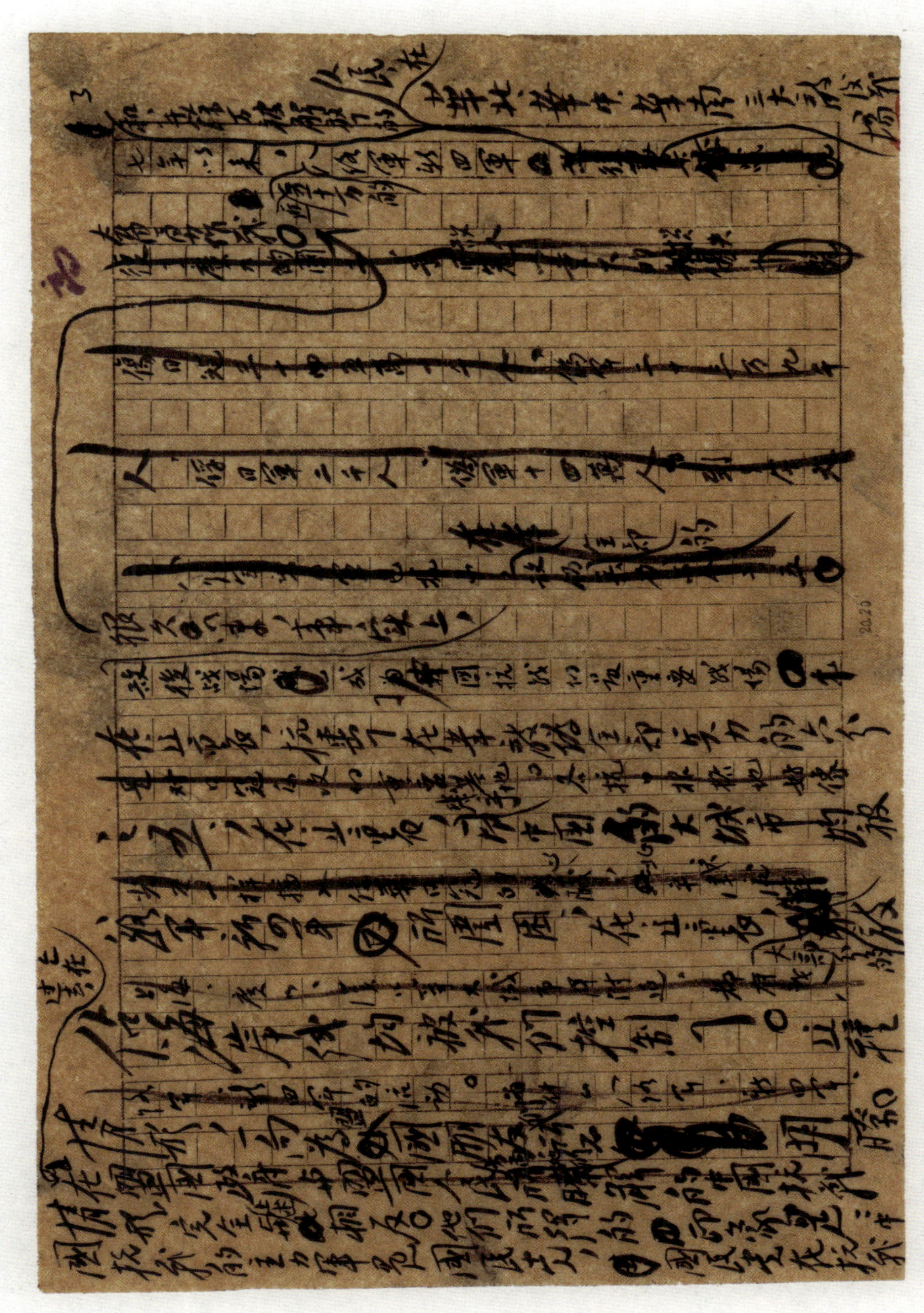

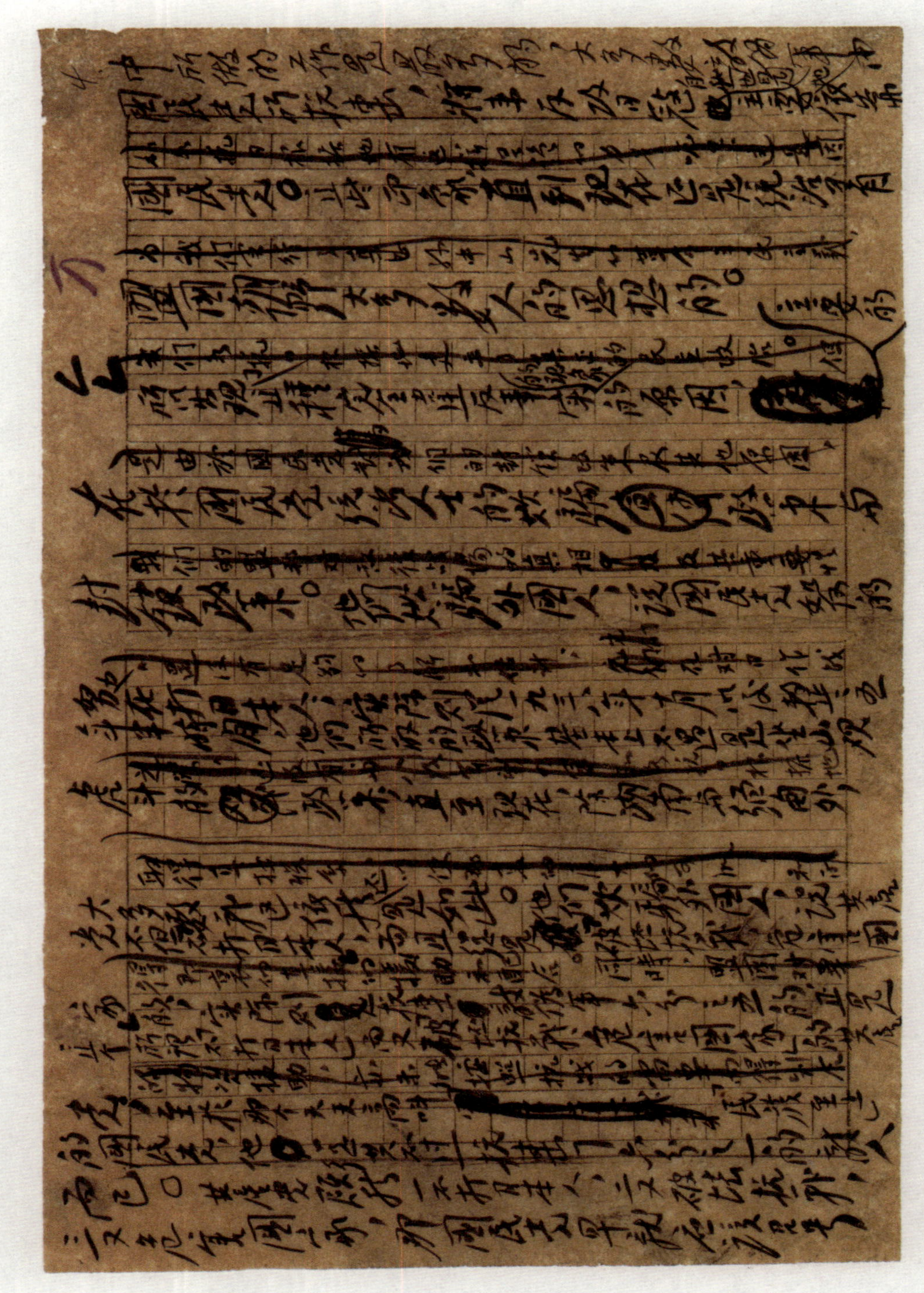

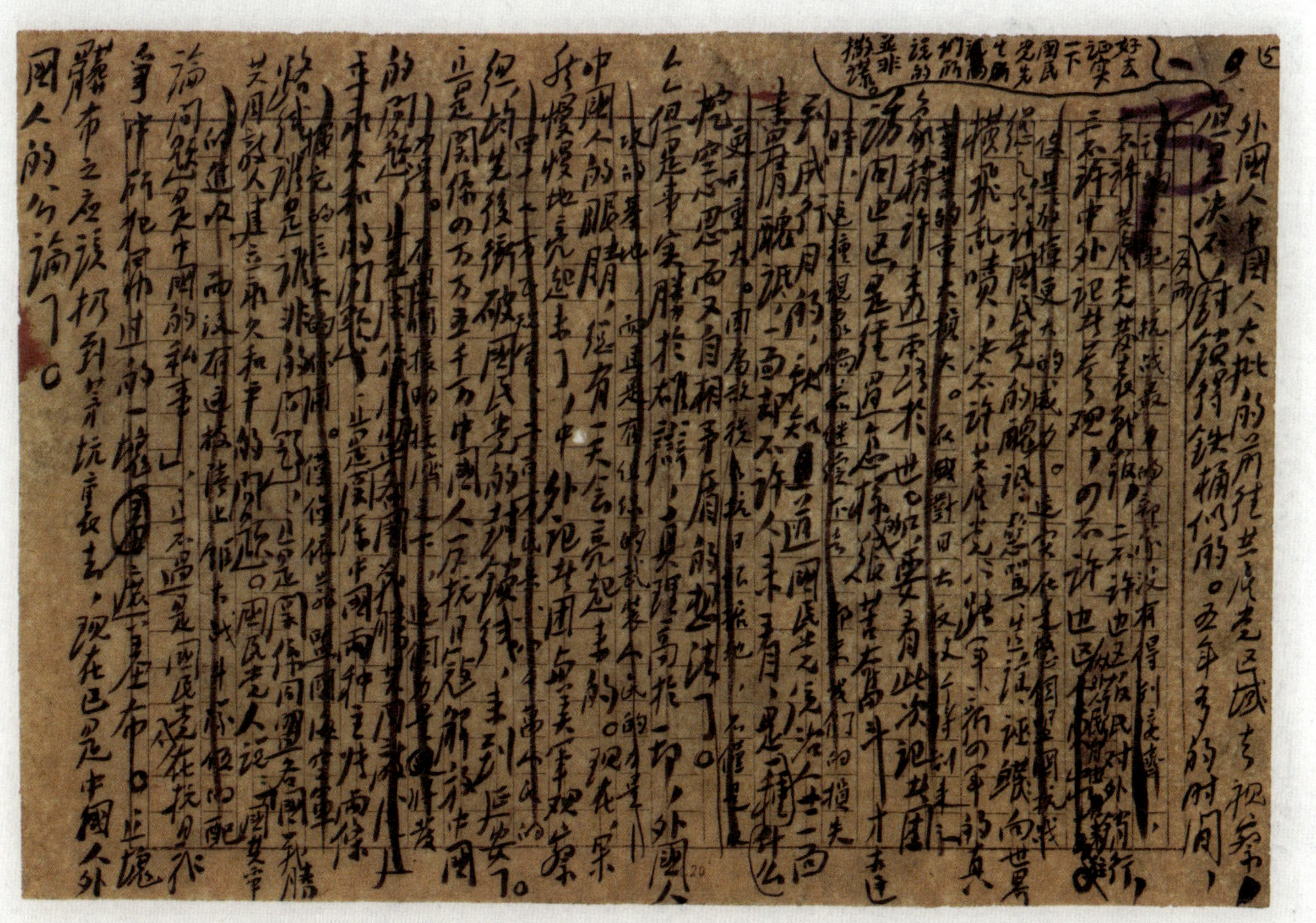

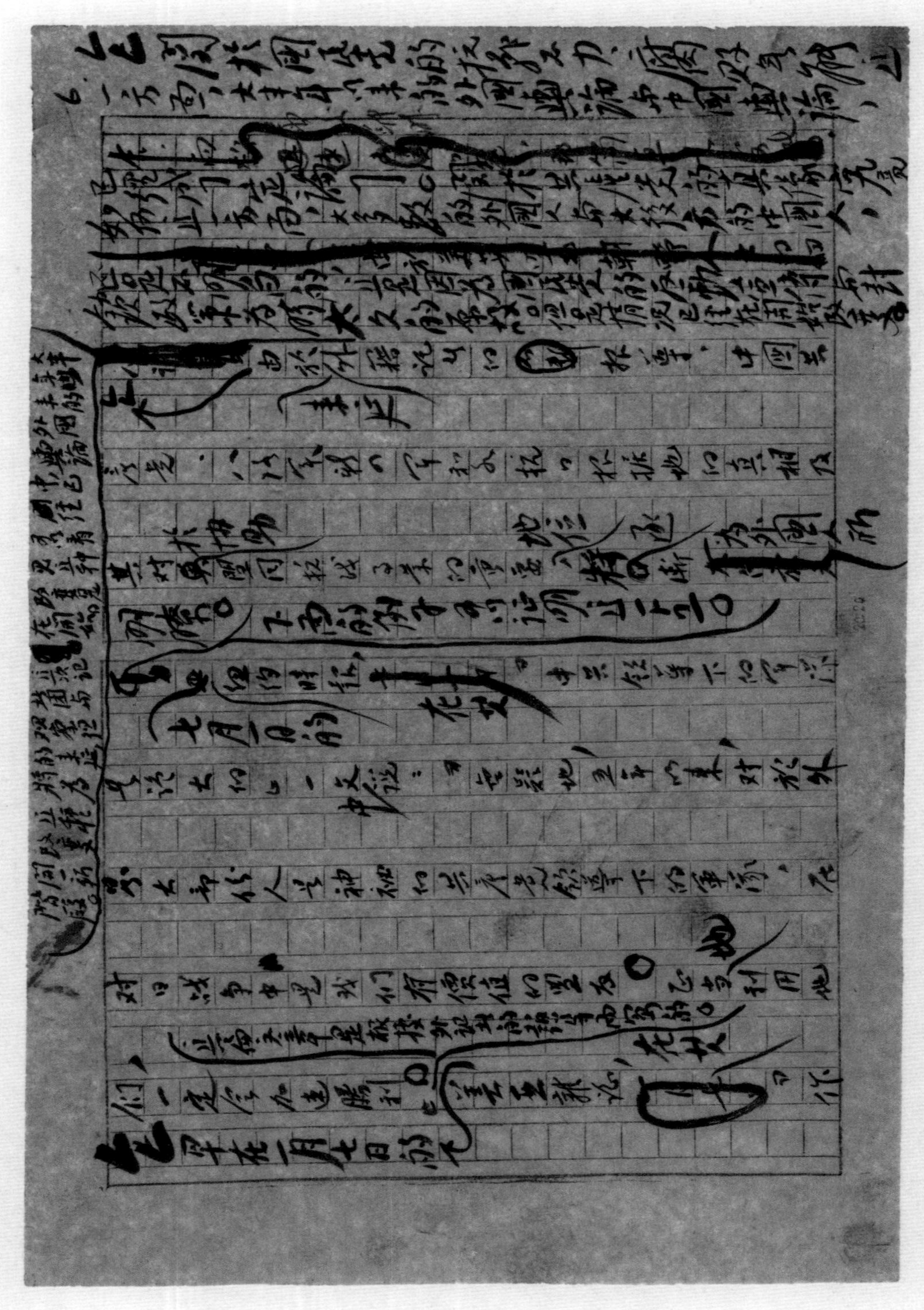

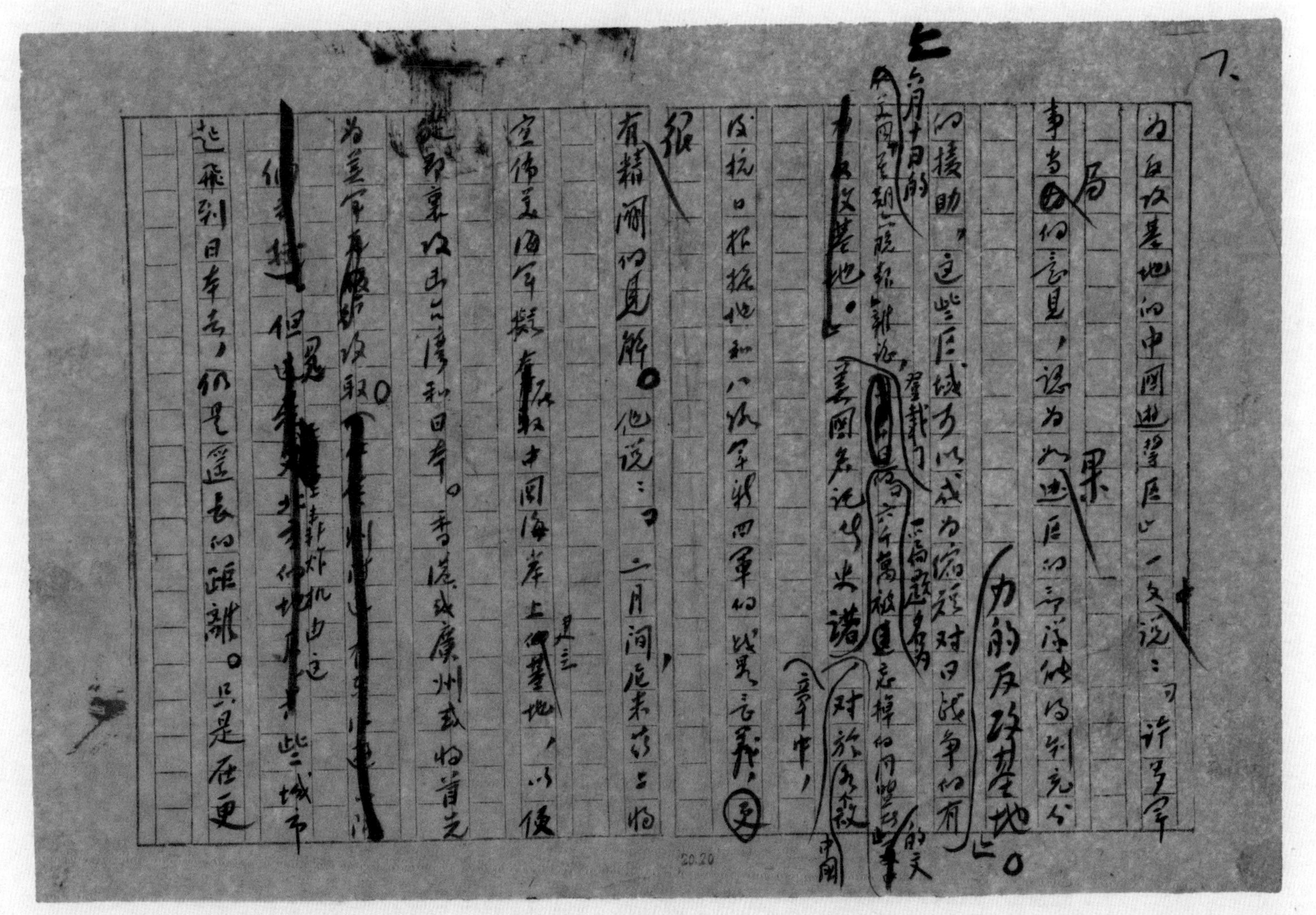

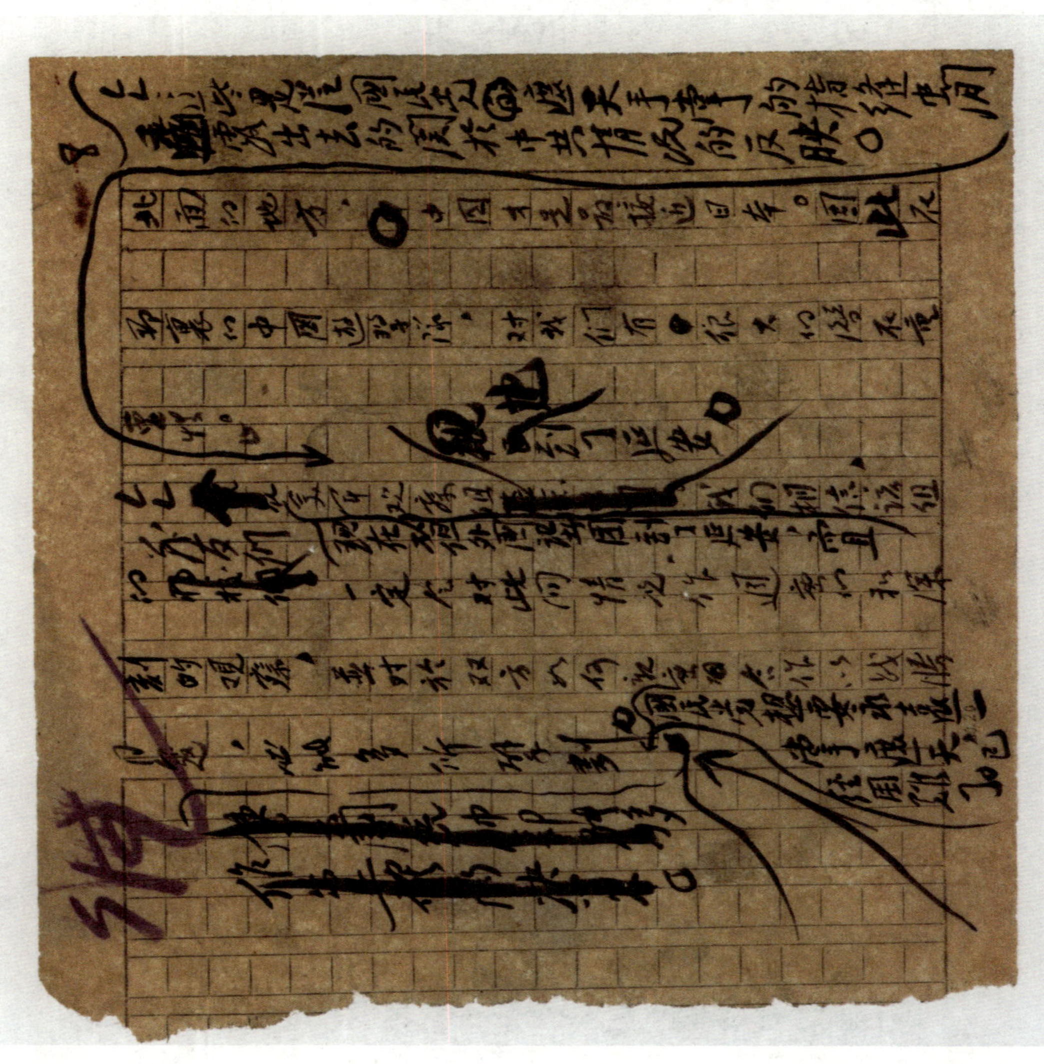

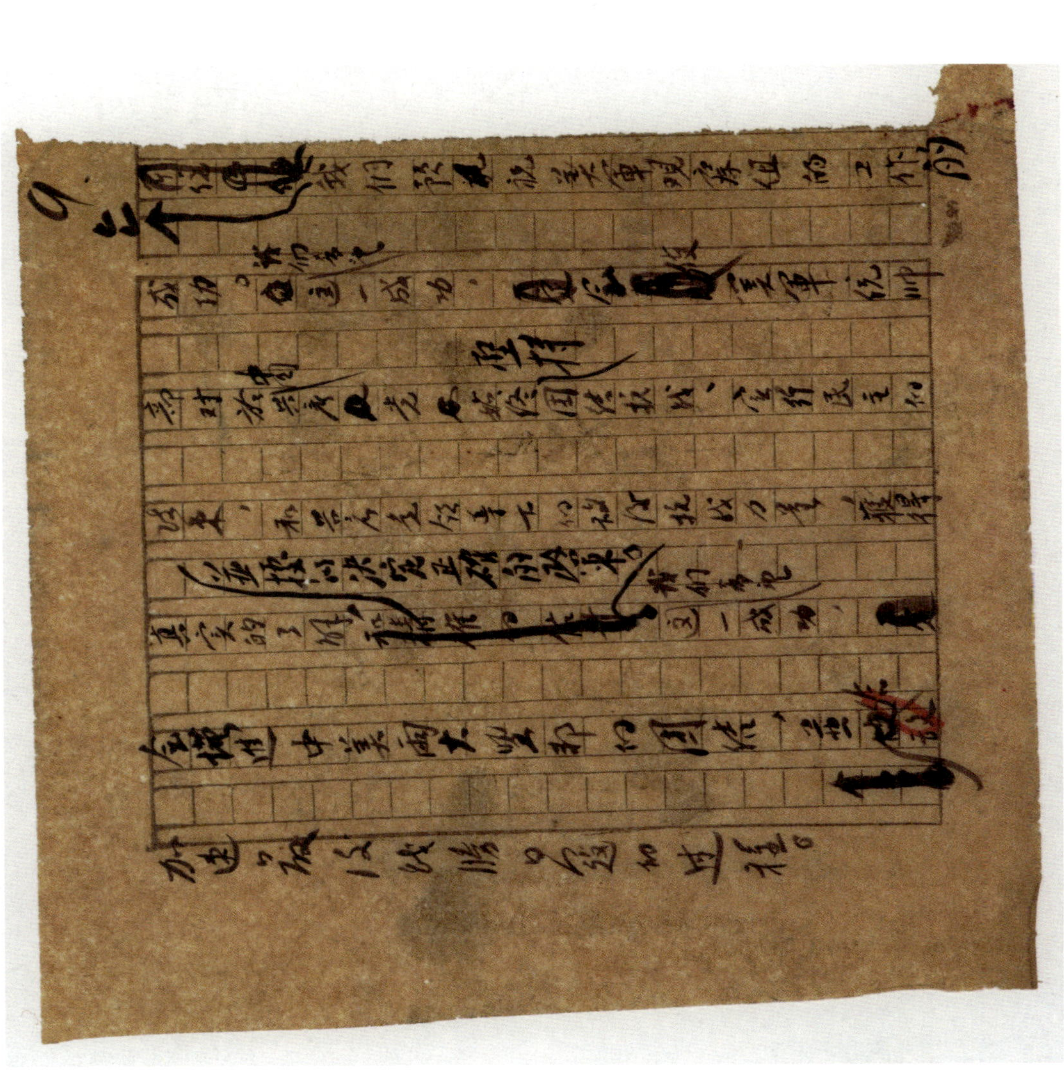

中情通报

1944年8月15日

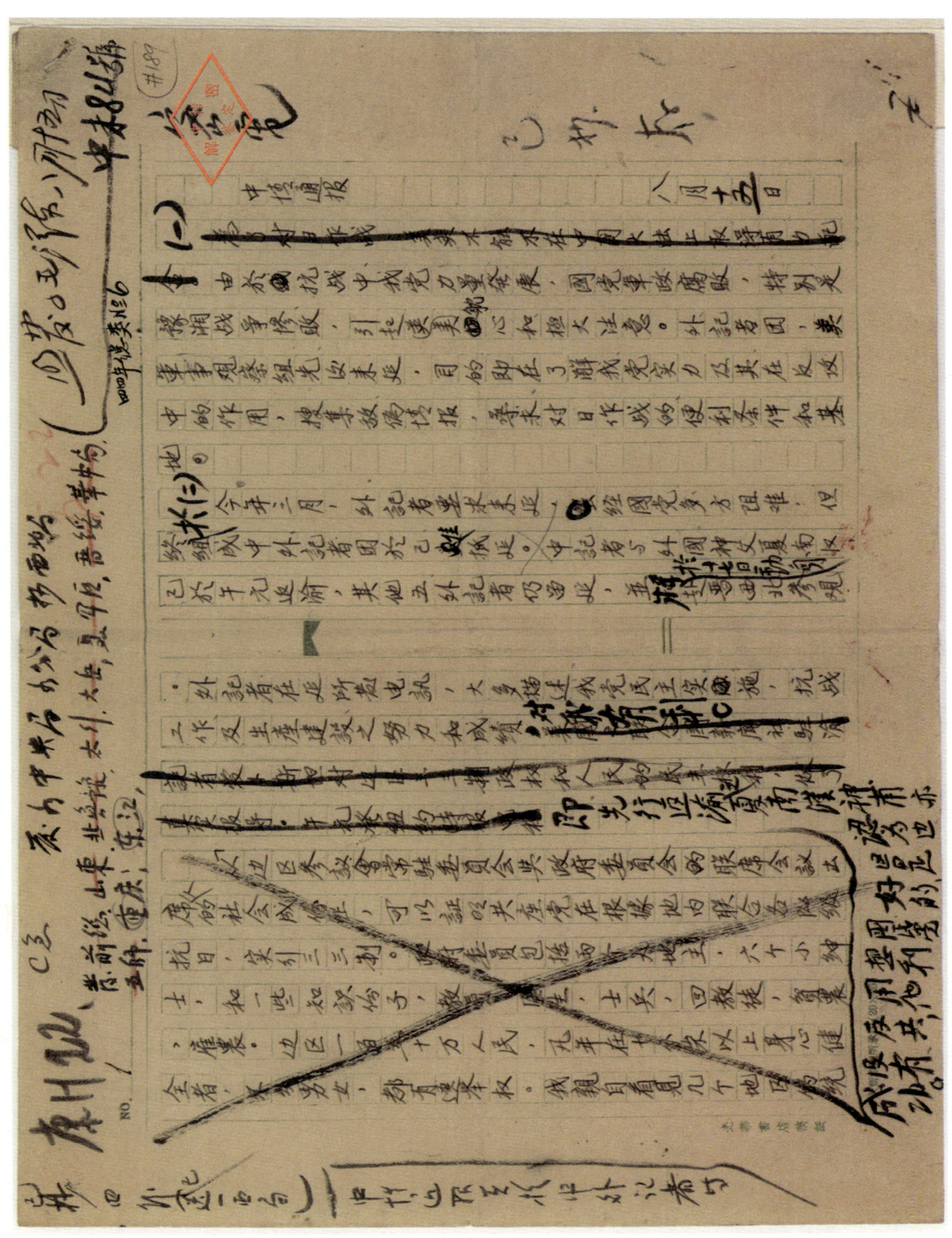

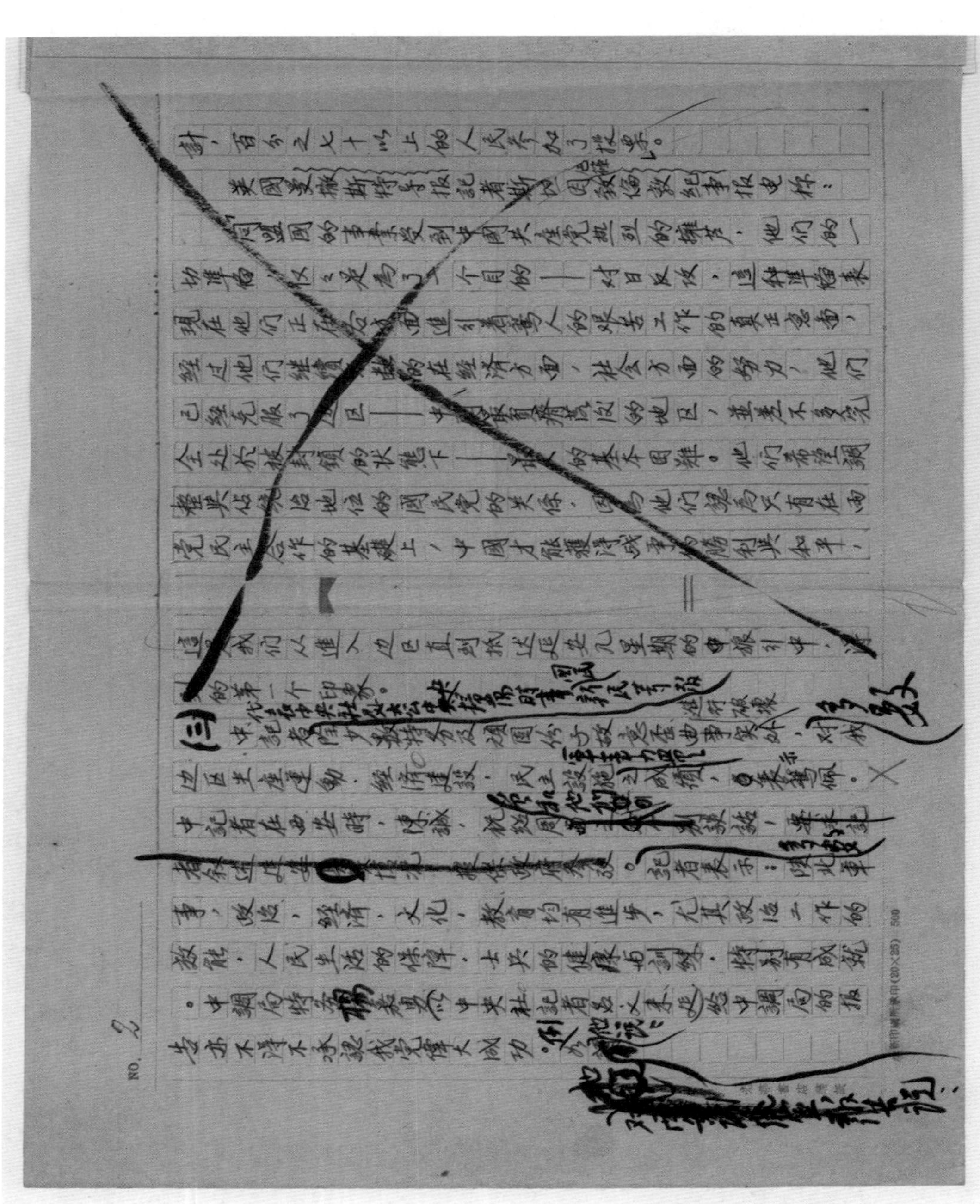

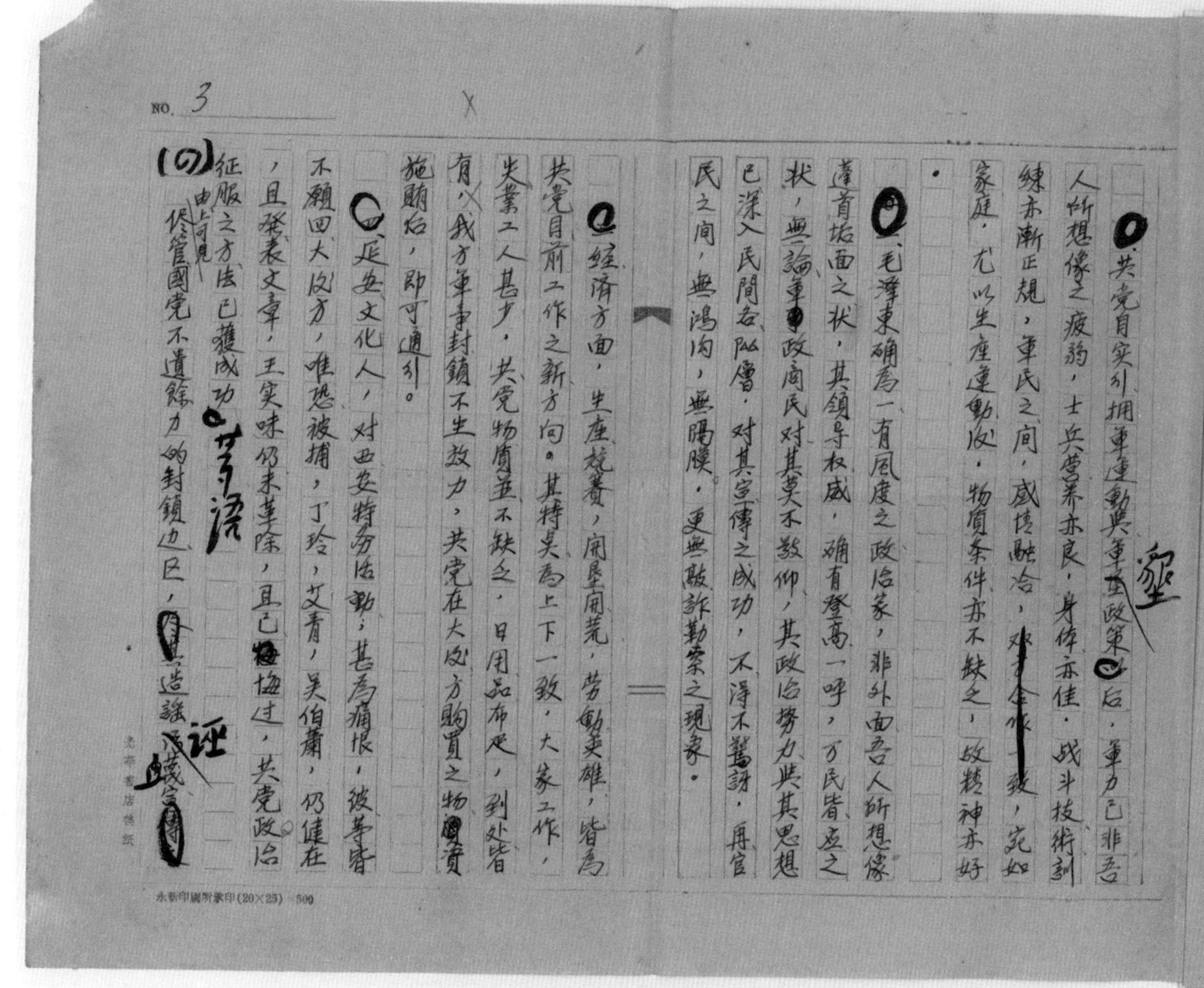
◎共党自实行拥军运动与军主政策◎后，军力已非吾
人所想像之疲弱，士兵营养亦良，身体亦佳，战斗技术训
练亦渐正规，军民之间，感情融洽，一致，宛如
家庭，尤以生产运动后，物质条件亦不缺乏，故精神亦好
。
◎毛泽东确为一有风度之政治家，非外面吾人所想像
蓬首垢面之状，其领导权威，确有登高一呼，万民皆应之
状，无论军政商民对其莫不敬仰，其政治势力与其思想
已深入民间各阶层，对其宣传之成功，不得不惊讶，再官
民之间，无鸿沟，无隔膜，更无敲诈勒索之现象。
三
◎经济方面，生产建设，开垦开荒，劳动英雄，皆为
共党目前工作之新方向。其特点为上下一致，大家工作，
失业工人甚少，共党物质并不缺乏，日用品布疋，到处皆
有，我方军事封锁不生效力，共党在大后方购置之物资
施贿后，即可通行。
◎延安文化人，对西安特务活动，甚为痛恨，彼等皆
不愿回大后方，唯恐被捕，丁玲，艾青，吴伯萧，仍住在
，且发表文章，王实味仍未革除，且已协过，共党政治
征服之方法已获成功◎并不济
(四)由此可见保管国党不遗馀力的封锁边区，◎造谣诬蔑

能事，但中外記者团来延之行，已将我党英勇抗战及諸种建設之成績，透过國党封鎖，傳播中外，使我党政治影响更加增大，我党在國际上的地位更加提高。即以國民党特務揭嘉勇等而論，雖其对外仍是反对我党的，但对其内部亦不得不佩服我党力量。

（五）美軍观察組十六人将有一部人员赴前方，将来外國記者亦可能有人去前方，屆時中央当有通知，望各地好好注意好好領導自己的工作做出更好的成績。

中共中央关于外交工作指示

1944年8月18日

甲.428

關於外交工作指示

（發給各局並轉各區党委）

自五月底中外記者參觀团来邊區後，接着便有美軍觀察組十八人奉史廸威總部之命先後來延，並將分赴前方。同時美軍第十四航空隊亦派歐高士少校及一上士經五戰區前往我鄂中五師地區，担任前綫偵察。綜合此种情况，中央特作如下通知：

（一）由於我党政軍民的努力和國民党統治人士的日益反動与無能，目前兩個中國（新民主的中國和法西斯化的中國），在抗戰营壘中的對照是更加明顯了。這次外國記者美軍人員来我邊區及敌后根据地，便是对我新民主中國有了初步認識後的实际接触的開始，因此，我们不應把他们的訪問和觀察當作普通行動，而應把這看作是，我们在國际間統一戰线的開展，是我们外交工作的開始。但須指明，這种外交現在还是半独立性的外交，因為一方面重慶國民政府还是中國人（我们在内）及同盟國所承認的中央政府，許多外交来往还須经过它的承認。但另一方面國民党是不願意我们单独進行外交活動的，我们与同盟國家只有衝破國民党种种禁令和約束，才能便於我们外交来往和取得國际直接援助，所以我们的外交，又已經是半独立性的。同時还須指明，外交工作正是我们工作中所最不熟悉的一方面，我党同志首先是高級領導同志，應該對於這項工作開始予以注意予以学習。如果大家承認八年来國內統戰政策，曾经给我们以極大的發展，那麽，今後國际統戰政策，將可能給我们以更大的發展。而且如果國际統戰政策能够做到成功，則中國革命的勝利，將必增加許多便利，這是可断言的。

（二）國际統一戰线的中心内容，是共同抗日与民主合作，這不僅在抗戰中有此需要，即在戰後也有此可能。就國家言，美苏英与中國关係最大，而在目前美英与中國共同抗日，尤以美為最密，美軍人員

1

来我边区及敌後根据地的理由，为有对敌侦察和救护行动之需要，准此可争取其逐渐扩张到对敌作战方面的合作和援助，有了军事合作的基础，随後文化合作，随後政治与经济合作就有可能实现，但目前不应希望过高。目前美英苏外交的重心仍是放在国民党方面，且就英美内部言，也有进步中间顽固三种势力存在，即在其政府中亦復如此，而英又较美为差。故我们对其政府及其来往人员不应看成一模一样，而应有所研究和分析，因之在国内统战中的策略原则，一般的也适用於国际统战。不过在目前且因外交原因，凡願与我们来往的英美人士及其军事人员，顽固保守分子總还占少数，且其顽固又常常是只反对其国内共产党，而不反对我们者，故其情形又与国内顽固分子有别。因之我们外交工作中心，应放在扩大我们影响，争取国际合作上面。即遇顽固分子仍应诚恳说服给以好的影响。这次記者团中有一個天主教神甫本来对我成见颇深，但经我们争取，他即表示好感，拒绝国民党利用他反共的要求。

（三）国际统战政策，在目前最主要的应是外交政策，陕甘宁边区施政纲领第二十一條是我党外交政策的總纲。目前实施原则，军事上是在取得我们同意和遵守政府法令的條件下，同盟国的军事人员及其武装力量，可进入我们地区，执行共同抗敌的一切工作，並取得我们协助，同时我们也欢迎盟国给我军以军火物资药品和技术上的援助。政治上我们欢迎同盟国在我边区及主要抗日根据地派遣外交使節，或設外交机关。文化宣傳上：我们欢迎与盟国文化合作，欢迎盟国通訊社或其政府新闻处在延安設立分社，或派遣特約通訊员及記者来延，並給以至各地訪问之便利。通訊的電信在原则上不放弃检查权，但在实际执行时凡非洩漏军机造謡生事破坏政府者，我们概予放行，不予检扣，以示与国民党区别。对敌军民宣傳，我们欢迎盟国合作並交换经验。在宗教方面，我们实行政教分离，我们容許外国牧師神父来边区及敌後根据地進行宗教活動，並發还其应得之教堂房產；同時這些神父牧師亦須給我們以不反对政府不反对共產党領導之保証。在救济方面，我們欢迎美、英、加拿大等給我們以医药器材和金錢的救济，同時我們更要求国际善後總署必須計入和承認這拥有八千多萬人口，而且遭蹂躪最甚的地區的救济。在經济方面，在双方有利原則下，我們欢迎国际投資与技術合作，我們首先要求国际工業合作委員會的繼續合作。這一切，就是我們目前外交政策的具体步驟。

（四）為使我們的外交政策和活動不犯錯誤，首先必須站穩我們的民族立場，近百年的中国外交史，中国人在民族立場上曾有过两种錯誤觀念。在義和团事变前，排外的觀念佔上風，其後懼外的觀念佔上風。五四到大革命懼外觀念雖曾一度被民族高潮沖淡，但国民党當政二十年，即在抗戰時期，上層人士的懼外觀念仍很濃厚，這不能不影响中国社會，故我們应一方面加強民族自尊心自信心，而不是排外，另方面要学習人家長处，並善於与人家合作，但决不是懼外媚外。這就是正确的民族立場，也就是新民主主义中国的新人典型。這种新人典型，已經在敌後在边區廣大軍民中不斷的成長，而且已為国际朋友所開始認識，我們新民主的中国人都应該堅持着這樣立場，不致有所偏頗。

（五）在外交工作本身，我們目前应注意的是：①一切应爭取主動，切勿陷於被動，更不应有求必应，而应有所取捨，或者有所輕重，凡我所能而且願意使外人知道和参加的事，可由我主動的有計劃的加以佈置，即使是我們的要求，我們也可使其自動的先向我們提出，例如軍火援助，国民党天天向他們噪咕，要這樣那樣，我們則暫不提起，反而引起他們的尊敬，向我們先提，雖然目前因国民党反对事实上还难办到。各地見到盟国人員，不可一見面就向他要東西。②我們执行政策，進行工作应堅定不移，事前应周知博訪深思熟慮，但一經决定和宣佈之後，便应力求貫徹主張，這樣方易取得外交勝利、尤其是軍事外交，更应肯定堅定，當然這是指原則性的问題，至在技術方面，則又应當極其灵活机動不拘一格。③关於文件材料及談話内容，可告者应力求真实，不可告者应力求隱蔽，其有关国家机密及党内秘密者应拒絶答覆和供給，其不便答覆者应避而不談，或設法推卸。④外交態度宜謹愼坦率；一方面勿失去警覺，另方面勿吞吐支吾。⑤招待方法要守時守信，樸素熱烈，一方面切忌舖張，另方面也不可冷淡。⑥各地一切对外交涉和具体协商，统应電报中央批准後方得進行。

上述各項，凡有国际统戰关係或外交工作的地方，均应向幹部中傳达，並進行討論，以求一致遵守。

中央　八月十八日

4

毛泽东关于收集日寇军事情报供给盟军给山东军区和新四军军部的电报

1944 年 8 月 20 日

4.100

4/22

1944.8.20.

中華東山發

收集日寇軍事情報供給盟軍

山東軍区、新四軍軍部：

為了表示以我們現有低劣條件，尚能獲得一些必須與可用情報，供給盟軍，以便給美國观察组以根据，向華盛頓報告，從而推動美方重視我們活动，及加速的考慮对我援助，我們对你們要以下最低有關海軍材料（他們对沿海方面的這些情形，是很重視的。）。

㈠青島、烟台、連雲港常駒兵艦数目及類型。

㈡上述各地，每日進出口船舶数目（应有人经常探訪此項材料，並須不隔日期的经常报告）。

㈢確實查访連雲港是否已設為潛艇根据地，经常有若干潛艇活動（此條必須確實答覆）。

㈣盟机轟炸後，日軍及敌後人民情緒的反映，日軍之軍事設備、工廠等，在轟炸後有無向東北及朝鮮遷移状態。

以上材料，望你們以尽可能的速度收集，於九月初覆我，如有現成材料，可即告，並望你們專門建設這種情報工作，供給軍委。

毛澤東未號（八月廿日）

毛泽东关于在太行、山东、华中建飞机场给邓小平等的电报

1944年8月20日

14/15

1944. 8.20

发华中、山东、前线

在太行、山东、华中建飞机着陆场

邓滕、罗黎、张饶：

(甲)美军观察组(包括美国海陆空军及各种技术专门人员)一行十八人，在延安从事研究我军及敌伪军工作近廿天，并准备到各地参观部队、工厂和学校。九月间将派人到敌后各根据地去考察我军实力和抗战活动，并搜集敌伪情报材料。他们到延安后，观感极佳。

(乙)他们拟坐飞机到敌后，望在太行、山东、华中三地区，选择适当(上空开阔，地面坚实)地点，各开辟一个飞机着陆场，长需七百米，宽需二百米。

(丙)为秘密起见，对内不宣布，你们可召开运动大会，进行部队的体育和技术比赛，藉此开辟运动场，为飞机着陆之用。

(丁)这一工程，必须有首长负责，专门指导。你们选择在那一地点，要多少时日竣工，望先电覆。

毛泽东 廿日

(叶平)

毛泽东关于同意欧高士所提在五师设无线电台网等复李先念等的电报

1944年8月21日

(共貳頁)

1944.8.21.

發五師、華中局

同意歐高士所提在五師範圍設無綫電網等要求

李鄭任陳，並告張饒：

虞、佳、刪三電均悉。

(一)陳納德派往你處之美軍空人員，事前未曾通知渝办，即在延之美軍观察组亦不知，恐係美空軍因救援事急，欲对武漢有此偵察和行动，而陳納德與史迪威之间也不甚協调，故取得國民党同意後，即逕自派人联络。你們可將美軍观察組到延安事告之。

(二)可告歐高士少校，彼此提三項問題，已得延安批准，均可合作办理：

第一，可先在五师範围設無线電網，將來再在長江下游及廣州附近設置，惟均須得到延安批准；

第二，可供給敌軍情报；

第三，美海陸軍登陸时協同作戰問題，我們正與駐延美軍观察組人員協商，準備一切。

(三)我們外交方針見中央另電。

(1)

（四）彼雖不管中國問題，但你們可在合作過程中將國民党進攻破坏情形告知，請其反映到上面去。

毛澤東　未馬（八月二十一日）

（周章）

（2）

附 1:

李先念等关于对欧高士来新四军五师之目的估计给毛泽东等的电报

1944年8月7日

1944.8　五師來

对歐來我師之目的估計

毛朱王：

據二軍分區捌月柒日電称前我派送美機師之周副官已回並随有曹勗部（國民党鄂中游擊指揮官反共坚决）李参謀一人（人）[護]送回称，由五戰區長官部動身随來有美國少校歐高士一名，帶有許多美國物品來拜謁李師長，現歐住在曹部，等李参謀回后即來我部，我們已派人去歡迎，並指示暫不作公開宣傳，以免引起敵人注意，除與之談我軍在中原湖南戰役中配合作戰勝利外，对其他政治問題避而不談，待到師部明知其來意后再與之正式談話，但我們

3

抄張劉周彭李葉朱陳博

估計歐來之任務，可能是建立對武漢情報工作，利用我區作對敵之政治活動，除此而外尚有何目的。〔則〕黑判斷。中央有何指示，盼速電示。

李任陳虞日

台八月亥收
校八月亥收
言譯抄

附 2:

李先念等关于美军派人到五师给毛泽东等的电报

1944 年 8 月 9 日

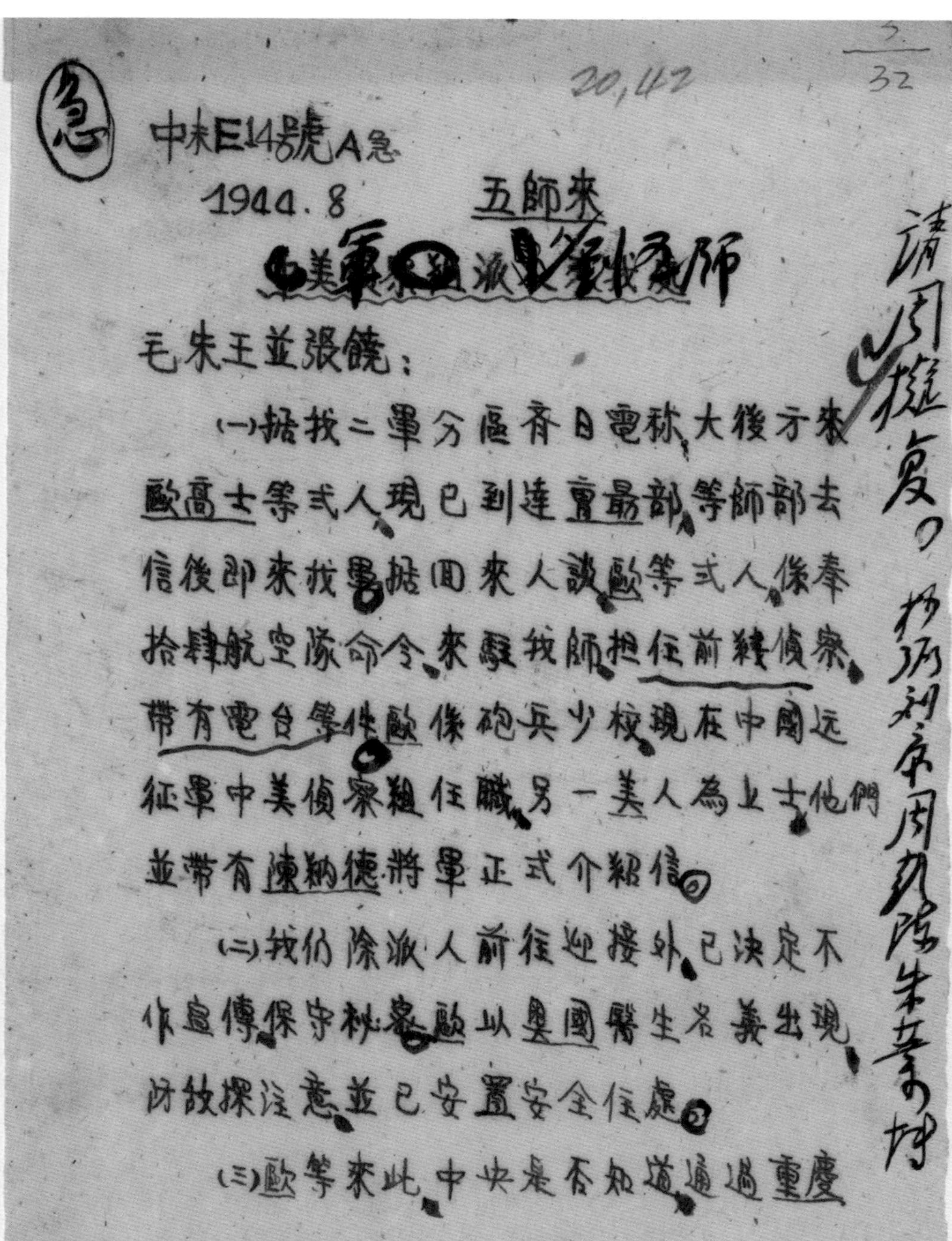

急

20,42

2/32

中來E14號A急

1944.8　　五師來

中美軍事組派員到我五師

毛朱王並張饒：

(一)據我二軍分區齊日電稱，大後方來歐高士等式人，現已到達賣嶺部，等師部去信後即來我署，據來人談：歐等式人，係奉拾肆航空隊命令，來駐我師担任前線偵察，帶有電台等件，歐係砲兵少校，現在中國远征軍中美偵察組任職，另一美人為上士，他們並帶有陳納德將軍正式介紹信。

(二)我們除派人前往迎接外，已決定不作宣傳，保守秘密，歐以奧國醫生名義出現，以故操注意，並已安置安全住處。

(三)歐等來此，中央是否知道，通過重慶

請周擬復。抄彭劉康周任陳朱葉博

5

辦事處否？

(四)敵來后对策如何？希詳細指示(已)

李佳陳佳日

員八月廿二收
机〃〃廿四收

丹譯抄，朝論。

6

附 3:

李先念等关于欧高士等已抵师部给毛泽东等的电报

1944 年 8 月 15 日

1944.8　　五師來

歐高士已抵師部

毛朱饒張賴：

美國拾肆航空隊陳納德將軍正式派了砲兵少校歐高士偕親隨得勝帶有十五瓦報話兩用機已於十四日達五師部。據初步談話稱其來五師任務有三：

(一)商談以漢口、上海、廣州為中心，建立無線電通訊網。在目前主要是建立漢口附近之無線電網。其辦法，在師部設總站，邊區適敵據鐵路設若干分站，總站與樊城聯絡。

(二)要求我們供給敵軍情報。凡有電台站，均設專人一人，專門接收譯發我之情報，俾能隨時與轟炸敵人後方補給線聯絡。

少、弼、康、周、彭、朱、葉、真、陳、劉、張、滕、明、陸、毛

(三)初步磋商在中國沿海各地，美國海陸軍登陸，新四軍與美軍的協同配合作戰問題。他表示可以幫助我們資材，看我們怎樣幫助他們。某曾為駐中國總部偵察參謀，前在樊城工作，為人活潑健實，精通中國情形，來華已一年余。包括無線電人員，除他們二人外，別無隨人。他們表示中國內部問題不過問。他們此來亦無中國政府介紹信，僅陳納德親筆信。閒談中，厥稱：最近美軍即擬在菲島登陸後，即在中國海岸登陸，並稱：他在此至九月底即回昆明報告。如果與我們談好，將派大批工作人員來五師。來時路線有兩個：一空中降落；一係經老河口。因此，希望我們能找一個小型降落點。以上情形是十四日談

2PS　8

話。

續報再詳。關於毆所提問題，關係華中華南我黨部隊與美軍合作事件甚大，如要與之商談，祈電到后即商妥。

李任陳剛日。

台八月 $\frac{12}{18}$收 $\frac{4}{21}$收完

秋八月 $\frac{14}{18}$收 $\frac{6}{21}$收

$\frac{9}{21}$收譯抄完

[illegible]

9

陈毅关于与美军观察组谈话情况给毛泽东的报告

1944年8月21日

存

毛主席：

上周告美军观察组访问情形前已略陈。数日前谢伟思（魏之秘书）又来我处拜访，谈了三小时。主要内容是两个，第一个是他再三问及倘若国民党军队进入新四军地区，他们一定要打的，你们怎样办？他谈得很多。我答复扼要如下：一、以国民党杂乱不堪的现状，绝无实行此种反攻；二、若在盟军配合下进行大陆反攻，一定需要调整一下全国国共关系和华中新四军关系，若没有调整我们，国民党军队进入我区，我军有各种理由拒绝他，很简单的理由，他原来不承认我们。

谢谈到此处，他又自己说有介需调整，但国民党必将集合全力又打你们，谢又称他很知道国民党的反动作法。我想了又答复他说，为自民党重修又食言的我们进攻、我就以为单独的力量是不可以制止共产的行为，谢问（大意）把握有哪些，我说有了，我举出各种理由。谢表示首肯。

此外谢还问，自民党在今后未来会不会瓦解？自民党最近内部会不会有纠纷，另外日本军人对于我对蒋的态度等。我均就所知一一回答了他。

在这第一个问题上，我回答时说这到此，我想一是着重的阐明我们对日本的态度来表明我党对远东和平的我们以往的态度，我回顾以往的活动他们对我党的批评的以实际行动，实行民主，要求和平的中日，和平的世界的奋斗（我们）目标来说明，特别说我党相当长时期来都全力为和平的江的风格。（谢很赞成）

但是除了以上述方面，我又体会到美国人士中不少以为中共力量有限，故不得不依靠国民党，为了打破此种心理，故我又说我们的力量，无论国民党如何反动，决定不了中国的民主和平的发展方向，我党有力量打破逆流。我说了敌后大地大资，比方年人对我词情，该生很感动，说"他一定要到华中去看一看，你们成绩很好！"

弗比尔

以上是第一个问题的大概

第二个问题 谢拉比此来是询问是否用空中降落办法可到华中。他说走陆路要四个月太慢。

此外表示美方对远东反攻是很积极的，我若不用空中降落它全可以做，他说在向阵降落为最好，我说如在向阵[炸]降落则更光大国威。

谈话结束，[临走]他说，他回去要兴起武汉高炮队，即可提议开一个[向中央建议]，[并]通知民意。

又问："你军是否将来乘飞机回去？"我说"可以"。他说："你这一个文人能驾飞机吗？"我答："一个现代军人天天都在飞机中，乘飞机是最安全。"他又说："你[懂]事情[很多]真能够前线吗？"

我回答："还有比反攻日寇更重要的事吗？"

谈话结束。

4

前天碰着魏克洛白他要用我白区党和苏区事件的材料，是第一次谈话没结束的。

我现在写了两个文件，将来是一定要写在外面，魏(原)说这个文件要拿去美国政府看的。（写好后送他）

今将两个文件（和魏说的）送阅，请你审查是否可用，我是否一定要交两个文件给他？

此致

敬礼

陈赓

八月廿一日

5

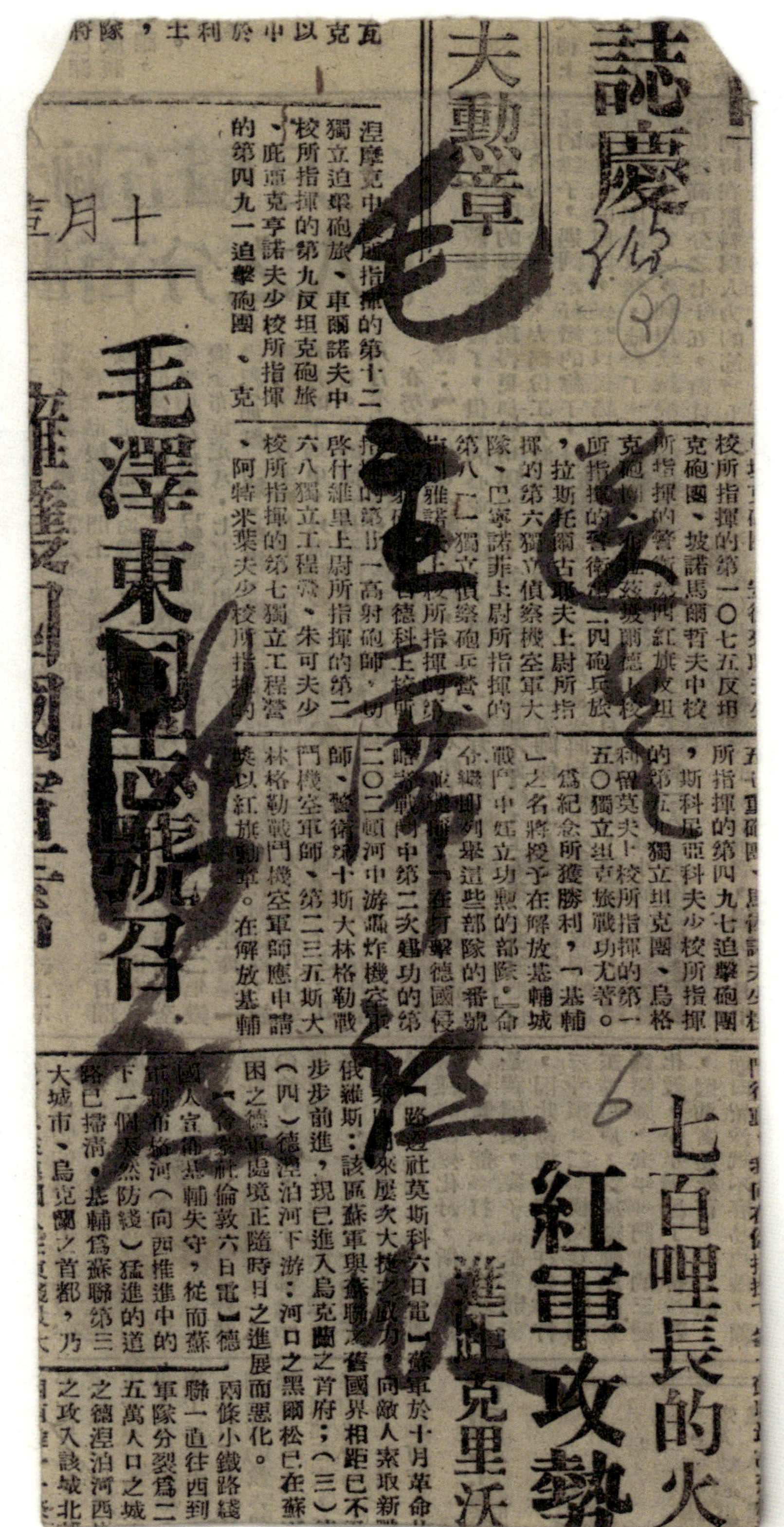

誌慶

夫勳章

涅摩克中校所指揮的第十二獨立迫擊砲旅、車爾諾夫中校所指揮的第九反坦克砲旅、庇亞克亭諾夫少校所指揮的第四九一迫擊砲團、克

十月

毛澤東同志號召

校所指揮的第一〇七五反坦克砲團，波諾馬爾哲夫中校所指揮

為紀念所獲勝利，「基輔」之名將授予在解放基輔城戰鬥中建立功勳的部隊。

林格勒戰鬥機空軍師應申請獎以紅旗勳章。在解放基輔

七百哩長的火

紅軍攻勢

進佔克里沃

路透社莫斯科六日電：蘇軍於十月革命

俄羅斯：該區蘇軍與舊國界相距已不

步步前進，現已進入烏克蘭之首府；（三）

（四）德涅泊河下游：河口之黑爾松已在蘇

困之德軍處境正隨時日之進展而惡化。

（合眾社倫敦六日電）德國人宣佈基輔失守，從而蘇

路已掃清，基輔為蘇聯第三大城市、烏克蘭之首都，乃

兩條小鐵路綫

包瑞德关于所需情报项目给叶剑英的信

1944年8月21日

呈周副主席：美軍观察组 周 八月廿二

延安
八月二十一日、一九四四年

葉劍英将軍
十八集团軍參謀長
延安

葉将軍阁下：

有一些事情，我願将其寫下，以便弄得更為清楚；同時又不致因口头陳述而浪費阁下之寶貴時間。

(1). 组织"総督空軍情报委員会"

根据阁下最近对琼斯与费特塞两中尉所作之適當提議，鄙人同意：如果総督空軍情报委員会得以组成，則对於观察组所要求空軍情报之緊要部份，必能提早实現。茲特提議：除由阁下担任本委員会首脑外，鄙人本身如獲阁下准許亦願参加，以便配合实現观察组对於本委員会之要求。

如阁下認為適當，則可在本委員会之下設立如下各小组委員会：气象研究、目标情报、轟炸结果、空軍地上救护、空軍作战情报（包括一切敌人空机场之情报在内）以及其他認為必要之委員会。

本函所附上之备忘錄，係就气象研究、轟炸结果、空軍地上救护、空軍情报（空軍作战情报）各小组委員会所需要之情报，加以一般陳述。其他特別情报，如有必需時，尔将按照同样项目，随后提出。

(2)、历史资料

由於对共产党区域之封锁，以及中日战争爆发后，珍珠港事变爆发前，日本对於华北外文报纸之控制，以致共产党军队在华北之重要军事行动，从无精确之报导。为使敝国陆军部长官得以明瞭过去作战情况起见，如阁下愿对下列诸项目加以详尽之陈述，并附以地图及提要，鄙人将无任感激。

(A)、一九三七年九月一一五师在平型关之胜利（此事鄙人已向林师长提出口头要求）。

(B)、一九四〇年秋之百团大战；

(C)、一九四一年正月，国民政府军队之进攻新四军（此点已向陈军长提出口头要求）。

(D)、过去七年中，日军曾对共产党部队进行无数扫荡，请就其规模庞大，性质重要者，加以概述。

以上材料不必写成英文，如已写成英文，亦请附送中文原件。

（上面有第(2)项，此处应係第(3)项，原信如此故仍之）

(2)、每日情报摘要：

鄙人必将感激者，如阁下允许鄙人派一军官每日至阁下之司令部获取阁下所取得之要闻情报摘要，特别是有关於敌军调动及意图之一切要讯。再者如能将阁下控制地区中，以及國民党地区中之重要事件見告，亦將大有裨益。

(3)、無线电及电話交通網：

重慶美軍司令部对於十八集团軍及新四軍之無线电及电話網分佈状况，亟欲明瞭。如对於此種状况之情报，能以圖表或大網送交鄙人，必將特别有用，此類情報之高度秘密性，自屬显然，鄙人保証一旦交来之後，自当以極端的小心加以維護。至於敌方一切交通状况，無論有线电無线电，对於美軍，亦有最大之價值。

(4)、关於地图之情报。

八月六日閣下惠贈之共產党軍控制区域图，業已在重慶獲得極大之重視与讚揚，並將立即送往美國以便复製。重慶美軍司令部技术部要求鄙人詢問閣下之地图係根據何種並多少種大型地图加以調製。可能閣下地图所根據之各種地图，重慶美軍司令部業已獲見，如尚有未曾获見者，鄙人等亟願求得該種地图各一份。

鄙人获闻在所贈地图調製之後，共產党控制地区最近又有增加，鄙人自然了解如欲將貴方地区中一切細微变动一概加入地图之中，必不可能，但閣下如能將許多最重要的变动見告，以便加入，鄙人必將為之欣喜。

(5)、偽軍分佈之地区。

閣下最近以許多有关偽軍組織之重要情報交予鄙人，实系見惠之至，鄙人隨后將这种情报送还，并要求加聲註

3

伪軍分佈之位置。如阁下得便能以更完全之情报赐还，至感至感。

(6)．美軍医官赴前线地区之訪问．

敝组軍医官凯斯堡亟欲訪问一个前线地区，研究当地之軍医勤务。鄙人亟願阁下能為其安排一最接近延安之地区，以便其能於十月底以前赶回。凯斯堡医生对於延安之医药工作，極為熱情。鄙人深信渠於訪问前线之后，必能对於敌后軍民两方面医药工作，向美國作一重要而精詳之报告，因渠計划於十一月返美。

(7)．在延安飛机场建築掩护包．

由於美陸軍航空部队之飛机行将定期来延，鄙人深信如能在飛行机附近建築一簡單之掩护包，必可於敌机空袭中避免我机之被燬。這些之掩护包亦易於築成，关於此事，如阁下同意，鄙人将派一軍官前来商討，時间当聽尊便。

最后，鄙人对阁下業已给予观察组之绝大帮助，深表谢意，並深致问候之忱。

阁下之至友

大卫德，D、包瑞德（簽字）

美軍上校

附件：（每抵一份）

备忘录1、空军作战情报
备忘录2 服务工作（空军地上救护）
备忘录3 目标情报
备忘录4、气象情报

5

空軍情報委員会

1、目标情報

（1）総述

美陸軍航空部隊現有及拟定之轟炸战作，係包括華北華中十八集团軍新四軍全部控制或部份控制之地区在内。

在計划此種轟炸任务時，关于敌方事物之確切位置及其重要性，应有情報，此点最為紧要，因其足以提供我机轟炸之有利目标。

（2）目标

目标应包括下列諸点、

A、足以生産日軍作战物资之工業設备。此种工業設备包括工厰、礦山、动力厰。

B、港口設备，以及船泊在港口河流之集中点。

C、鉄道廣场，鉄軌交叉点，修理所，車輛集中点（火車头、貨車、客車）

D、敌人飛机场

E、兵站、部隊集中点、司令部。

此種目标情報应包括下列各項、

A、目的物或目标之名称。

B、目标之確切位置，附以経緯度。

C、與目标位置有关之河流、湖沼、或其他顯著之路标足以使我方航空人員由空中一望而知者。

望

6

D.目标之重要性，例如目标係一煤礦，硯需粗愿意知道其大概產量之噸數，僱用工人之人数，以及煤產之關场。

E.設备建築之型式。設备由何处炸入，最足招致燬伤。

3. 轟炸結果

需要关於由轟炸造成燬伤之情報。此種情報必需包括：

A.目标之名称。

B.目标之確切位置。

C.何種目标：工廠、矿山、鉄道场、飛机场或船舶。

D.建築及其土木工程物之破坏及燬滅。此種建築物原有之用途及構造。

E.轟炸造成之火災究有多起，及其燃燒之時間。

F.轟炸造成之伤亡。

7

美軍觀察組

APO879

八月廿日、一九四四年

摘由：要求共産党控制下中國地区之气象报告、

送达：軍事情报委員会，延安、中國。

1、為便利軍事抗日作战起見，在共産党控制地区中之气象報告，底為急需。

2、下列者係要求获得气象報告之地区。

a.山東半島，越向東越好，如有可能最好接近海口。

b.北嶽区（在阜平或接近阜平）

c.苏中区、

d.晋南区，接近黄河。

e.魯西南区，譬如接近臨沂、

3、上列地区中所設置之气象所，如能获得最快之通訊条件，必可使工作满意。

4、下列者係向各个气象所要求之要点、

a.气象所代号（各气象所預先约定以便替代該所名称。

b.報告日期

c.報告時点（最近似之地方時間）

d.可見之气象（以觀察時為準）例如：

0.霧，1.微雨，2.小雨，3.和雨，4.大雨，5.狂風暴雨 6.小雪，7.大雪，8.清朗（天空十分之三以下有雲），9.雲

8

（天空十分之三以上为云所遮盖）

e. 云彩须以天空几成或百分之几被遮盖来计算。

f. 云之种类（如有可能观察）

g. 云离开地多少米突

h. 云彩移动之方向

i. 视线以千米突为计算.

j. 风向

k. 风力，例如：1、平静，2、微细，3.和缓，4.猛烈。

l. 气压表之气压（如有气压表的话）

m. 温度（如有温度表的话）

（气象报告之格式如附后）

5. 如有可能每一观察所每天须报告两次。每日清晨太阳上升的当地时间七点钟时须作第一次观察，下午五时（当地时间）则作第二次观察。

6. 任何区域当获得两三个气象报告时即须由当地电台立刻报告延安。

7. 极端重要者，为便于利用计，气象之搜集与报告，须将延误时间减至最低限度。

8. 延安电台所收到之气象报告将继由成都转报两区美军陆军电台。

9. 所有观察所对于气象研究中，肉眼能见之部份必须办到，即云彩，视线、当天气象等项。兹已知道各地需要調製气压及温度報告之仪器，而各地總少备有气压表。然而少数準確气压報告之重要性亦不如过份強調，同時各观察所必須牢記在心，遇有可能時，即应向敌人繳获气压計。

10. 我们準备一俟可能向重慶取得時，即將供给气压計。不过目前即需气象報告，我们迫切希望此種气象報告能就目前所获得者而获得之。

11. 我们如能获知各"气象观察所"所在地之位置（经緯度）及其海拔高度，亦極重要。此種情况只須於開始观察時報告一次，如以后"观察所"位置偶有变动時，則須立即補報一次。

12. 茲特建議每一气象观察須约定一種代号，以便於報告中使用之。山東半島观察所為12号，北徽观察所為13号，苏中观察所為14号，晉南观察所為15号，魯西南則為16号。報告中凡涉及观察所名称時，即可以这種代号替代之。

13. 用不着說，任何情報獲之后，即須極大的小心以及作為密件轉遞。

空軍情報委員会

2、空軍作戦情报

美軍观察組空軍情报委員会亟欲在十八集团軍新四軍所能获得情报之地区，获得下列有关日本空軍力量及分佈位置之情报。

(1)敌人空軍根据地及飛机场

A、所有在使用中的敌人空軍根据地及飛机场，其名称，其位置，及其経緯度，例如：航空供給站（⛫），航空修理站（⛫），飛机场（#），着陸场（⊕）（┼┼）。

B、与空軍根据地及飛机场有关之顕著的装备与自然情况（如山、湖、河等），此种装备及自然情况最易为我航空人員所望見。

C、目前关于下列地区日本空軍根据地及飛机场之情报特别需要：天津、石家庄、臨汾、新郷、归德、徐州、太原、大同、張家口、開封、南苑、包头、运城；其他关于在使用中之日本飛机场，如有情报亦亟需要。

D、飛机场之面積大小及形状：

①該机场及跑道之長度；

②跑道之方向（如由北向南或由西北向東南）；

③跑道之地面（土，沙，有草，或以他种材料舖过）。

11

E、空軍根据地及飞机场之装备：

①飞机庫之数目及其体積之大小。

②修理所，其型式及其所能修理之能力。

③儲藏汽油及炸彈之条件及容量。

④空軍兵營——建築之数目及大小。

⑤無线電装备。

⑥防空：高射砲之数目及口径，高射砲座標之地点。

⑦是否在該飞机场中有对空偵察器（●）。

F、最适宜者係以地圖或图表示飞机场与周圍装备及自然状况之关係，以及飞机场本身装备之位置。

(2) 敌人空軍单位

关于敌人空軍單位需要下列之情報：

A、請就下列各單位之指揮軍官姓名，號碼名称，號碼号数，位置及其時间，加以报导：—空軍旅团（FB），空軍团隊（FR），空軍訓練团隊（KFR），空軍連隊（FC），飞机场駐守营隊（ab），飞机场駐連隊（ae），空軍通訊隊（FTL），空軍情报隊（FN），探照灯隊（AQ），高射砲隊（AA），机关砲隊（HMA），以及对空偵察隊（●）。

(3) 敌人現有空軍力量（实力）

关于敌人机场之飛机数目，需要按照单引擎机或双引擎机等項搜集情报。并提試每一敌人机场飞机總数最好以無线电报傳遞，并提交空軍情报委員会，越快越好。此外每星期对于每一敌人机场开到开走之单双引擎飞机须有一次总报告。此种开到开走敌机之数目，如係重大，则应立即以无线电或其他迅速之办法报告，因此种情报可能影响并修改美陆军航空部队之轰炸作战计划。

(4) 敌人空军作战

需要关于敌人单双引擎飞机对于轰炸或其他作战任务之调动。此种调动如仅两架三架，则不需以无线电传递，然而美空军委员会亦需要对於敌人日常侦察活动，巡逻计划及其航线，有所闻知。

(5) 敌人对空警戒系统

需要关於日方对空警戒之位置、组织，装备之情报，以便我机迴避此种警戒系统，而使其失掉效果。此种情报则不限於中日与满洲，任何有关日方警戒系统之情报，皆有极高价值。这种警戒系统可以包括个别侦察员，听音侦察组，无线电侦察队(RADAR)。关于此种人员及其联系之任何情报，皆应搜集。

(6) 高射砲及探照灯

空军情报委员会愿意知道敌方用以保护其工业设备，军事集中点，停泊所及其他军事战略要点之高射砲，其数目，其口径及其位置。关于用以保护同样目标的探照灯及其电池电力，亦欲探悉。

脱险工作

1、组织

希望能在各根据地游击区乃至敌佔区建立管理脱险工作之委员会，在敌佔区当然是地下的组织。各该当地居民必须加以通知，并予以奖赏，以便帮助着落去行人员之脱逃。最好能将此种委员会组织到每个乡村为止。

2、進程

A、当美空軍航空員或其他空軍人員被迫着陆，一旦寻获之后，应秉守秘密。并应避免日軍对於中国人民之报復行动。

B、航空員应从快就近送至八路軍新四軍控制之安全地区。

C、此种消息应從快通知延安，并包含下列各点：

①航空員之号碼。

②姓名及註册号碼（註册号碼係用一金属小牌，繫以長鍊，带在航空員頸項之上）。

③航空員死亡，被俘，或受伤。

④飞机尾端之号碼。

D、如有可能，应由航空人員决定着陆飞机之是否破毁，如系航空人員足以决定，而有被敌人夺去之可能，则应破毁之。

E、航空員安全救妥之后，須等待延安指示，以便規定其行动。

14

叶剑英转发美军观察组提出的情报纲要致各兵团参谋长的电报

1944年8月30日

20/01

1944.9.1、發軍區、晉綏分局、太岳、華中及各師各兵團參謀長：

（共柒頁）

情報綱要

目前我軍與美軍已開始建立情報合作关係；美軍觀察組到達延安向我們要求許多情况材料，以供盟國海空陸軍的在華作戰需要，我軍如能在情報工作上对美軍有重要之貢献，對於爭取美軍的援助物質及將來美我兩軍配合作戰，奪取大城市必有重大影響，但我軍現有情報的供給還很不够，茲將美軍觀察組所提出的各種情報綱要摘告你們，望即指定專人負責搜集研究，詳細辦法另由軍委電告。

葉劍英未陷

甲. 敵偽軍情報工作過去有很大成績，但現在形勢發展很覺不够，如保定、上海，南京地區究為何部敵軍尚無確實材料現應重新偵察，並應着重下列各項：

一、敵軍師旅團之番號及其所屬大隊以上主官之姓名、階級、部隊之代字代碼、住地及編制。

二、敵軍在湘豫作戰後，作戰序列的變化。

三、報告敵情時要注意前後的聯系，某些較確實的敵情

—P.1—

得後否定時，亦應電告延安。

四、過去我們對俘擄的訊問工作不够，今後應利用每一新的俘擄來了解情況，舊的俘擄亦應作為深入研究敵軍的重要對象。

五、繳獲敵軍的一切新舊文件，應詳為研究，摘要電告延安，並應設法多送延安總部研究。

六、今後對敵軍各特種部隊，亦應多加研究。

七、用以上的研究方法，深入對偽軍的研究工作。

乙、空軍情報：

一、轟炸目標情報：

㈠ 日軍作戰物資之工業設備，如工廠、礦山、動力廠及其所在之城市。

㈡ 港口設備以及船舶在港口河流之集中點。

㈢ 鉄道廣場鉄軌交錯點、修理所、車輛集中點（火車頭、貨車、客車）

㈣ 敵人飛機場及其經常停放之機數。

P.2

㈤ 兵站部隊集中點，司令部以上各種目標，應包括下列各點：A.目標之名稱；B目標之確切位置，附以經緯度；C與目標有關之河流湖沼或其他顯著之地物；D目標之重要性，如目標係一煤礦，應說明其每日生產之噸數、僱工數、煤的性質以及煤產之銷場等；E設備建築之形式，設備由何處炸入最足招敵燬傷。

二、轟炸結果：

㈠ 目標名稱。

㈡ 目標之確切位置。

㈢ 目標被轟炸燬之具体程度。

㈣ 轟炸造成之火頭究有多起，及其燃燒之時間。

㈤ 轟炸造成之傷亡。

三、氣象報告：

㈠ 氣象報告之地區。A山東半島越向東越好，如有可能最好能接近海面。B北岳區（在阜平或接近阜平）

P.3

C.蘇中區。D晉南區接近黃河，E魯西南區如接近臨沂。

㈢ 氣象報告要點：A氣象所代號（各氣象所預先約定以便代替所名稱）。B報告日期，C報告鐘點，D所見之氣象（以觀察時為準），例如①霧②微雨③小雨④大雨⑤狂風暴雨⑥小雪⑦大雪⑧清朗（天空十分之三以下有雲）⑨雲（天空十分之三以上為雲所遮蓋）。E雲彩須以天空幾成或百分之幾被遮蓋來計算。F雲之種類，G雲高離地多少米達，H雲彩移動之方向，L視線以千米達計算，J風向風力，例如平靜、微細、和緩、強烈。K氣壓表之氣壓，l溫度。　　氣象報告以每日上午七時、下午五時的氣象為標準，報告兩次。

四、空軍作戰情報，

㈠ 敵空軍根據地及飛機場，(子)空軍根據地及飛機場名稱位置經緯度，(丑)與空軍根據地及飛機場有關之顯

P.4

著的裝備與自然情况，(寅)目前特别需要天津石家莊、臨汾、新鄉、歸綏、徐州、太原、大同、張家口、開封、南苑、包頭、運城等敌空軍根据地及飛機場之情報。(卯)機場之面積大小及形狀，①飛機場及跑道之長度，②跑道之方向，③跑道之地質（沙土或草地）。(辰)空軍根据地及飛機場之裝備，①飛機庫的数目及其體積之大小，②修理所其形式及能修理之能力，③儲藏汽油及炸彈之倉庫及容量，④空軍兵营建築之数目及大小，⑤無线電裝備，⑥防空高射砲之数目及口徑，高射砲座壕之地点。⑦在飛機場中有否对空偵察器。

㈡ 敵空軍單位之情報，報導各單位之指揮官，姓名、代字，代碼，及其位置時間等。

㈢ 敵現有空軍力量，各機場之飛機数目（按單引擎機或雙引擎機等搜集）機場，飛機之動態（開到，開走每星期報告一次，如係重大則立即報告）。

㈣ 敵空軍作戰：(子)敵單雙引擎機，對於轟炸或其他作戰任務之調動，(丑)敵機日常偵察活動巡邏計划及其

P.5

航线。

(五) 敵對空警戒系統，对空警戒位置、組織，裝備（不論何地）警戒系統包括個別偵察員，聽音偵察組，無线隊偵察隊等人員，及其有關情報之搜集。

(六) 高射砲及探照燈，關於敵方用以保護其工業設備軍事集中點停碇泊所，及其他軍事戰略要點之高射砲數目口徑位置、探照燈、電池，電力等情况之探悉。

丙，海軍情報：

(一) 沿海各地日寇海軍船隻之調動。

(二) 船隻之種類，軍艦或商船。①發現之日期、到達之日期，開走之日期。②船身之長度及噸位。③從何埠來向何埠去，最終之目的地。④裝貨，卸貨所需之時間，⑤裝貨、卸貨之種類。

(三) 造船塢及修船塢：①使用人員之數目，②在一定期間內建造船隻及修理船隻之種類，③所修船隻之損傷情形

P.6

（四） 木船建造、①木船在何處建造，②摩托裝置或普通船隻。

（五） 燈塔情報：①沿海燈塔位置，②燈塔舊有（一九四一年的）或新建的。③燈塔之特性，係轉動燈台或係固定燈塔。④在一般氣候下燈塔所及距離及其方向。

（六） 近港之浮筒警標其位置是否與一九四一年以前相同如已改變或有新的指標。

P-7.

陈毅与美军观察组谈话的提纲

1944年8月

1944.

與美軍觀察組談話的提綱

(一)首先表示欢迎，說明新四軍和华中情况历来被封鎖，特別皖南事变後的真实状况，外间很难清楚知道，說明了解新四軍和华中的情形，对盟国共同的反法西斯事業是具有重要性的。

(二)叙述抗战以前新四軍的簡史，由紅軍游击隊改编為新四軍的經过，扼要說明三点：一、在内战末期坚持陣地渡过难关，二、抗战初期服從中共中央命令接受国府改编出發了八个游击根據地来進攻敌，若不是中共中央的命令任何外力是不能使我们離開那一带的；三、出动前与国民党協議允許以和平民主方式去解决那一带根據地的政治问题，国民党又允許出动後改善本軍装備補給等，事实上以後国民党违反諾言又向那一带地区進攻，斗争继续至现在，对本軍補充除一部份弹藥和不够用經費外並未实行諾言与国軍一体待遇，可以想像得到這种情形对新四軍全体的严重刺激，在中共中央說服之下，新四軍在抗战之初就带着艰苦坚持陣地，顾全大局相忍為国的革命精神出现在東战场。

(三)新四軍及其根據地建立簡史

一、一九三八年六月我江北支隊收复巢為桐廬舒县，我苏南部隊收复南京外围及镇江丹陽金壇等五县解放了二百萬人口創立了茅山地区的根據地。

/

二、一九三八年冬苏南部队继续东进解放了武镇江阴宜兴等地（太湖西岸）江北部队越淮南路进抵含山和县定远等地。

三、一九三八年冬徐州武汉开封沦陷后我军在其外围开始游击工作，这些地区城镇尽为敌军占领，农村中伪组织林立，土匪遍地，国民党的党政军均已撤退，我军经过血战收复过来，一直坚持到现在未丧失过，一九三八年我军以半年时间草创了华中各根据地的初稿。

四、一九三九年三月汪逆登台敌军四次扫荡敌后，敌后形势骤变，秋间忠救军副总指挥何行健率部五万人在苏南投敌，一九四〇年、四一年李长江杨仲华刘湘图王尚志金亦吾先后附敌，其部队总数计七万人，反对汪逆领导的弥漫全国的投降潮流和粉碎敌伪的联合扫荡成为这两年间的严重任务。

一九三九年是敌伪扫荡加紧，我军不能后退，只能用敌进我进的办法，于是苏南部队在夏间东进直抵上海附近之浦东太仓青浦常熟一带成立了有名的江抗军，解放了太湖沿岸各地农村，另一部渡江解放了扬中江都太兴等地，我江北部队越津浦路东进与苏南部队汇合于仪征天长六合等地，一九三九年新四军的夹江东下的战略与敌伪进行了长江交战，这是我军对汪逆投敌的答复。

是年我武汉外围的李纵队，豫东的彭纵队亦更扩大了沿平汉线陇海线津浦线的游击工作，解放了几十县的农村。

五、一九四〇年到一九四一年本军各部队已逐渐完成了交通联系，华中新四军地区已初步开始打通，这两年最大的困难是国民党军队在敌后向我的进攻与敌伪扫荡配合着，在这种夹击之下，我军不得不被迫对国民党军队进行自卫战，解释磨擦发生的几个原因，三次磨擦半塔，黄桥，我军均孤立被困，皖变是国民党预谋陷我军遵令被歼，皖变损失全军十分之一，创痛甚重但未动摇新四军在抗战中的实际地位。

六、一九四一年新军部成立着手四大工作，一、敌乘皖变之后加紧扫荡以完成此次皖变未竟之功，我军反扫荡的任务加重了。二、改编为七个师，划七大战略区，三、整训部队和开始根据地建设，这些工作一直继续到现在。

七、一九四二年秋敌寇沿浙赣路向江西进攻，浙东大部沦陷，当地共产党员与人民组织了浙东部队和抗战根据地。

以上各点说明一、新四军是在敌伪区与敌伪战斗中和反复扫荡中发展起来的，二、新四军具有红军骨干而与华中敌后人民结合，成为新四军强大的条件，初期是如此，坚持到现在亦复如此。

（四）敌我在华中斗争方略的概述

（甲）第一阶段，（一九三八年到一九三九年）

六

一、敌方情形：敌军事部署，军事上的残重扫荡，野蛮烧杀，无伪军伪政权的得力援助，敌军骄傲已极，到处如入无人之境，敌此时对新四军是轻视的，敌伪区土匪遍地，伪组织林立。

二、国民党在苏南全部退出，在皖东敌伪区边沿亦远离数十里或数百里。在苏北尚有韩李等部队

三、我军东进予敌伪以突然袭击，我军方针是打开敌后抗战局面，建立抗战信心，我军很小，但很精干，军事上屡战屡捷建立了声威，军纪严明到处得到人民欢迎（这里插入几个苏南抗敌故事）由〔有〕许多当地人民武装自动加入本军战斗序列。

(乙)第二阶段（一九四〇年到一九四二年）

一、敌方情形：敌方军事部署，以华中为和平反共的模范地区，一切保留国民党招牌加紧诱降，汪逆登台国民党军队先后附逆，对我举行敌伪联合的残重扫荡，敌军据点之强化。这里着重说明伪方对敌军之帮助甚大，和伪军投敌真因。

二、国民党在苏南的七万大军，投敌五万，余已溃灭退往浙西，冷欣军二万根据其大政方向我进攻，韩德勤十万大军在苏北分路向我皖东苏北各部进攻，国民党军队已开始其对内磨擦对抗战的等待反攻的观望战之略。

三、我军方面：“我军方针是粉碎敌伪联合扫荡的战略，以华中

4

敌后的抗战来遏阻投降潮流，二、清乡与反清乡，三、从反清乡反扫荡中建立初步根据地。

(四)第三个阶段（一九四二年到现在）

一、敌方部署：一、建立大东亚战争基地，中日满协同作战最高结合地带，二、推行对华新政策，三、扫荡种类分析。

二、□民党军队在敌后的最后溃灭，敌后抗战责任全由我方担负。

三、我军方针建立巩固根据地准备反攻。

四、敌我地区在长期斗争中已明显确立，彼此无大规模部署皆难楔入

五、第一第二阶段一般以军事斗争为主，现在则在军事政治经济文化各方面引起接触。

六、敌对华新政策的检讨。

(丁)华中斗争的一般方式及其特点：

一、我军在军事上

一、水网游击战　　七、陆交通破击

二、沿海游击战　　八、据点攻取

三、平原村落战　　九、围困战术

四、夜间战　　十、狙击战术

五、袭击与伏击　　十一、民兵战术

六、长江交通战

二、在政治经济上

一、建设民主政权

二、实施照顾各阶层利益的土地政策

三、自给自足发展生产的财经政策

四、武装人民

五、对敌伪的宣传政策

六、文化政策

以上各点每一项均与敌伪造成尖锐对立，在人民头脑中能清楚辨别敌我之不同，人民便於在敌我之间选择，国民党在敌后的政策，为一党专政的党化政策，压制人民的反共特务政策，思想统制政策，部队内的官兵对立军民对立的办法，这不仅不能动员人民参加抗敌，而且也不能动员其军队坚持敌后作战，使军民头脑中感觉敌伪办法与国民党办法有许多混淆不清之处难於辨认，这样在敌伪面前解除武装，到处被敌伪击败无法击败敌人。

其次就是敌寇侵略中国的军政方针已有好几次变化，没有正确坚决灵活的军政方针是难以应敌，七年来敌后抗战证明我党方针的正确和国民党方针之错误，我党的方针其目的在争取抗战胜利，争取和平、民主、自由的新中国的胜利，争取战后世界的民主和平的胜利，目的是正直伟大的，因此实施此方针的各种办法，最重要的是团结各阶层，依靠民众和党政军民自己自动手几点，这也是很正确的，敌后的根据地正是将来新中口的雏形，口民党与我党的抗战方针的争执，不是共产主义性质的争执，而是为何坚持抗战，以实现民主自由和平的新中口的争执，七年来的史实证明了这一重要之点。

（五）新四军和华中根据地现状

一、敌情（本年河南战役以后的情况）

一、敌十一军团部驻上海辖6D（上海苏州）70D（杭州）21D（南京）61D（芜湖）65D（徐州）山本B（镇江高邮）

二、敌十三军团驻武汉

40D（武汉）6D（信阳）58D（应城）13D（江陵）39D（宜昌）68D（岳阳）12iB（咸宁）34D（南昌）Si7B（南昌）

二、伪情

一、伪第一方面军任援道部计四个师（苏南和浙东）

二、伪警卫师计三个师南京蚌埠浦口淮南路

三、伪苏北行营项致庄部计十二个师（苏中苏北）

四、苏鲁豫皖绥靖军计四个纵队，一个独立旅（陇海线东段）

五、伪武汉行营杨揆一部计六个师，两个暂编师，一个独立旅。

三、华中敌军总计共十一军团计八万人，十三军团计十一万人，伪军总计廿万人。

四、口民党在华中敌后仅有李明扬陈泰运两部计二千余，依靠我军供给才能坚持（在苏中）其余均投敌。

五、新四軍編制和現有力量：

一、計七个師，一个游击縱隊，

二、全軍主力兵团121,804，地方兵团31,872，總計十五萬餘

此係一九四三年冬統計，今年春間統計主力增至十三万，

地方軍增至五万，計十八萬（內計壹師二萬五，二師二萬五，三師四萬，四師二萬，五師五萬，六師七千，七師八千，浙東六千）

六、民兵五十五萬

七、各根據地人口面積（附表）

八、七年千人扫蕩次數表（附表）

九、七年萬人扫蕩次數表（附表）

十、七年战績統計表（附表）

敌后各抗日根据地的面積人口民兵及我軍实力政权統計表

地區＼類別＼數目		我佔面積（平方華里）	人口		民兵	我軍实力				我建立之政权			我控制县城
			全區總人口	我統治人口		野戰軍		地方軍		行署	专署	縣	
						人員	枪枝	人員	枪枝				
華北	晋察冀	800,000	25,000,000	18,300,000	630,000	35203	21,924	29,145	15,201	3	17	109	3
	晋冀豫	294,000	7,000,000	4,600,000	200,000	50,028	29,998	25,347	11,112	2	12	80	6
	冀魯豫	315,000	18,000,000	13,600,000	200,000	17,280	11,408	11,946	6,510	2	14	118	6
	山東	600,000	29,000,000	13,600,000	500,000	42,147	26,318	27,877	16,112	6	17	96	1
	晋綏	330,000	3,220,000	1,500,000	50,000	26,090	15,611	5,731	3,100	1	5	36	6
	合計	2,339,000	82,220,000	51,500,000	1,580,000	170,748	104,389	100,046	50,035	13	66	438	22
華中		1,200,000	60,000,000	30,000,000	550,000	121,804	77,125	31,872	15,901	8	20	147	
華南		200,000	7,000,000	3,000,000		7,500	3,521			1			
總計		3,739,000	149,220,000	84,500,000	2,130,000	300,052	184,975	131,918	65,936				

註：陕甘寧邊區之各種統計未列入。

新四軍实力日前解放日報已公佈為十八萬（其中地方軍五萬）现我党实力則已增至五十萬。

(一)七年来敌對華中新四軍千人以上掃蕩次数兵力統計表

次数与兵力 \ 週年	第一周年 一九三七·七—一九三八·五	第二周年 一九三八·六—一九三九·五	第三周年 一九三九·六—一九四〇·五	第四周年 一九四〇·六—一九四一·五	第五周年 一九四一·六—一九四二·五	第六周年 一九四二·六—一九四三·五	第七周年 一九四三·六—一九四四·五	總計
掃蕩次数	—	9	17	32	34	33	51	176
掃蕩兵力	—	32,000	65,500	132,500	154,300	137,100	125,400	646,800

註：此統計包括萬人以上掃蕩在内

(二)七年来敌對我華中根据地萬人以上掃蕩統計

年代	時間		掃蕩地區	兵力
	開始月日	結束月日		
1940	9.6	9.14	江北區	11,000
	10.2	10.9	皖南區	10,000
	10.5		鄂東區	10,000
1941	7.18	8.2	苏北區	25,000
	7.1	11.30	苏南區	20,000
1942	11.12	12.12	淮北洪澤湖	10,000
	12.18	12.20	鄂東大小悟山	15,000
1943	2.17	3.14	苏北盐阜區	15,000
	4.上旬	6.15	苏中四分區	11,000
	9.20	9.25	苏中二分區	15,000
總計			10次	142,000

10

(三) 新四軍七年来戰績統計表

項別 / 数目 / 週年	大小戰斗	毙伤俘敌伪			繳获主要武器			我军伤亡		敌伪伤亡与我比较
		毙伤敌伪	俘虏敌伪	敌伪反正投誠	長短槍	輕机关槍	各种砲	負伤戰斗員指	陣亡戰斗員指	
第一周年至第四周年一九三八、五至一九四一年五月	四、九六七	一二四、三五二	五、三九三		四八、〇四八	一、六四四	六〇	三六、六三七	二二、四四八	二、一：一
第五周年一九四一、六至一九四二、五	二、四二七	二四、五一二	五、四五八	四、八二五	一三、八七〇	三〇一	八	一〇、八五六	六、七四五	一、四：一
第六周年一九四二、六至一九四三、五	四、八二二	三九、八七九	九、九二五	七、九二一	二八、七七四	三三〇	一二	八、四一二	七、六一七	二、五：一
第七周年一九四三、六至一九四四、五	五、三一八	五三、一〇七	一三、六四二	二、三二〇	三三、九六七	三七六	二〇	九、〇〇五	八、〇五八	三、一：一
總計	一七、五三四	二四一、七五〇	三四、四一五	二四、〇六六	一二四、四五九	二、六五一	一〇〇	六四、九一〇	四四、八六八	二、二：一

註：我軍陣亡指戰員總数中陣亡團以上幹部一四六名.

11

从上面几個統計表看，第一要說明從一九三八年到四一年的統計是殘缺不全的，比較正確的統計在皖南事变是全部遺失了，第二，新軍部成立後的統計一般只包括主力兵团与地方兵团的作戰次数，在边區縣區武裝和民兵的戰斗数字未統計在内，因此在這個統計上我軍的繳获和伤亡数字一般是正確的，對敌偽伤亡数目一般照我軍和居民在戰場上的目睹並与敌偽公佈数字印証所得来的綜合数字，因此只能是近似数字，我们力避誇大，第三，敌我作戰次数是在逐年增加，第四敌偽出動兵力和掃蕩時间的持久性几年来無特别之变化，這是与敌偽在華北一九四三年以前的傾向是有些不同的。第五在伤斃敌偽的数字上我们历来沒有分開統計，但一般經驗伤斃数字中敌軍佔多数，而俘获数字中偽軍則佔極大多数。繳获数字中伪方亦佔多数

十、事实指出新四軍在長江下游和長江中部所担負的任务是等於国民党三戰區、五戰區、九戰區、六戰區、魯蘇戰區六個戰區的總和，新四軍的十八萬兵力担負国民党軍隊百餘萬的同等任务，皖变以前国民政府对新四軍只有一部彈药接济，皖变後番号取消新四軍只能自力更生一切靠自己動手和与人民結合来解决。

十一、敌方對新四軍的評論一般，我只說最近的。

一、在本年三月上海每日新聞文友月刊日人岐光所著，共軍内幕之分析内称"日軍佔領的地方同時也是他们出沒的

场所，他们盘据廣大农村，造成对据点的包围，不断的扰乱於皇軍佔领區的後方進行交通破坏用以孤立和封鎖城市與佔领据点的皇軍一并所获而皇軍的補充接濟也受到妨碍与阻隔"又称"共軍作戰絶对把持主動地位与進攻姿態從不顧於我防禦情形而連連打击"又称"共軍以小股的游击吸引其他等处的皇軍部隊，而集中大力将某一路皇軍加以围剿殲，其唯一目的便是控制据点外廣大鄉村置於其統治之下"又説"共軍行動是這樣的迷離恍惚，在你找他的时候，什么也没有，而他找你的时候，却是又有這么多"又称"於是進入根据地的皇軍只好任憑玩弄了！"（請参閱七月二十二日延安解放报第一版摘文）

二、一九四四年一月敌駐上海之十一軍團部派往苏中我一師地區附近清鄉視察报告书内称：

"新四軍進入苏北历史雖短，但其影响民众不可忽視""苏北清鄉敌人最大的為新四軍敌自去年四月一日以来開始集中全力於掃蕩工作，但新四軍之反清鄉掃蕩工作亦有極強之基礎及组织，故一般方式之掃蕩殊难收肅清之效""新四軍之長处，不僅在其軍事力量与经濟力量而在其组织力量，統一民众导以一定方向以結成有组织之力量其方法殊可為吾人參考”“新四軍尚留存於本地區农村间，因此不得不認清问题，因其於本地區有地盤有組織，故能有今日之強大反抗力事甚明顯”

三、一九四三年十二月廿九日日方上海大陸新報社論内称“苏北新四軍繼我軍掃蕩後行動群众化，利用巧妙之戰術，繼續掙扎，於最近情报又可明瞭彼等如強所謂民众組织，操縱农民形成其所謂交番出没之伎俩，使掃蕩軍頗此失敗，此新四軍之新戰術殊堪注意，对付此种戰術單純武力殊不适用，唯有使用政治經濟之方法綜合之对策”“新四軍反清鄉工作之存在，使我清鄉地治安一時呈混乱，一部份对此现象不認真而失望以致对清鄉工作本尚有所批評实為一大錯誤，中日戰時体制之確立無不賴於清鄉工作之成败為其關鍵，希當局对清鄉之热忱有更大之理解”

九年来敌方對我軍的評論甚多不及繁徵博引，但指出最初日本軍是很輕視新四軍，從一九四一年以来敌人挨打後現在改變了，日本軍閥素来鼓吹日本民族高於一切，不承認别人有長处，現在在事实面前也只得低头了。

四、敌華中興亞院視察員廣瀨重太郎於本年二月十三日所著的視察江北农村記内称“他認為新四軍的民兵制、軍粮制民夫制是戰爭三宝，尤其辯認是否是民兵非常困难，

4.

使討伐軍疲於奔命难期elit成功，

我们對敌人的說好說坏素来不重视，但上面的評論可引用来对口内某些方面說新四軍"不游不击"說"新四軍在皖变後被消滅"說新四軍"破坏抗戰不打敌偽"等造謠，這却是一個有力的反駁。

十二、一般人民的評論：

一、初期對新四軍力量估計不足。

二、中期替新四軍担憂

三、現在則增強了抗戰信心，全体人民予新四軍以信賴，不僅在抗戰，甚至在戰後也把信託寄在新四軍身上，（引用几則故事歌謠等）

（六）華中戰斗举例

我只举本年上半年的几個戰斗

一、一月二日苏南句容殷家拆反掃蕩戰斗

二、一月十七日夜襲袁試陽城

三　南京附近的襲击

一、二月十五夜襲花亭擊击

二、二月廿一日划子口的襲击

四、三月四日車橋戰斗

五、五月三日陳家港戰斗

15

六、淮北歸仁集倉集的伏擊

七、一月廿九日鄂中粉碎七路掃蕩

八、四月十七日泗縣徐家戰斗

從這些戰斗可以看出新四軍戰斗的各种性格.

(七) 結束語

一、本軍的成就是從戰斗中克服各种困难的斗争中获得的.

一般困难如裝備低劣，彈藥缺乏，器材貧乏，得不着正面戰場的配合，日氏兇軍的進攻（二五七六浙江諸地的实例）

二、本軍現有的一些缺点，技術貧乏，集中訓練的時間較短，損伤甚大等.

三、正準備敵之回头掃蕩並為勝利的反攻準備着及我軍可能担負的任务.

四、欢迎美軍观察組到華中去.

16

包瑞德关于陆空救助小组主要任务给叶剑英的信

1944年8月

已閱到了席 葉 14/VIII

葉將軍：

陸空救護小組惠特墨中尉於八月八日已與閣下談及該組之主要任务，閣下曾要求將各項要求及建議寫出，以便有效進行此項任务，茲列之於后：

茲再說明此項工作重要性之理由，現時我方失事飛机經過貴处者爲数甚少，然在最近將來，可能达数千之数。击敗德國及我方在太平洋繼續勝利時，我方將開自南洋及中國大举轟炸日本。設遇不幸，我方飛机距貴軍区域較我方基地爲近，以每日千架飛机出動，及因敌方阻击損失百分之五計之，則每日損失五十架。每架人員十至十一人，虽非全部，但大部可能降落貴軍区域。極可能一處作战中有千餘航空人員落入貴軍手中，訓練此項人員耗費甚大，訓練時期即需二年以上。此項極有價值人員損失不僅对我軍爲重大之打击，代替亦頗困难或不可能。且我之非常重視飛行人員之士气。設若彼等知道設遇不幸，華北有安全之区，彼等作战勇气更高为更佳。因此，如贵方可能于最短期内送此项委行人员归队，以便彼等继续对日作战，对于战争胜利实极有帮助。

兹简要说明如下，以便我方之要求及建议明确清楚。

一、陆空小组与十八集团军之联络

八路军在华北有五块根据地，新四军在华中有八块根据地。本小组希望得知关于此类根据地之详情——军队、游击队及日军佔领之区域，一般地形，军事障碍，进行路线等等。建议每区指派一熟悉该区情况之人，与我方代表说明该区情况。希望此类人员定为永久之联络员，将来遇有有关该区之情况，即可与之直接讨论。并建议此类人员或全体参加陆空救护委员会，或至少部份应当参加委员会，经过与贵方代表联络，及其于彼等对各区之特殊知识，彼等将获得良好之报告，对委员会之工作帮助极大。

二、地图

2

我方航空人員極應確切了解貴方控制之下区域，游击区、敌佔区，因此要求以各根据地之詳图供給我方。鉴於華北战区之变化情况，经常之重新審訂亦甚重要。

三、救護工作之步驟

根据过去经驗，应製定一定之規則及程序以利救護工作。如果上述程序统一施行於各地，我方航空人員中降落於陌生之区域時，深知此項程序必能实现，則於救援工作实属便利。

甲、救援工作之保守秘密

保守秘密，对貴方與对我方更為重要，因均知日軍如發現佔領区人民协助救援我方飛行人員，必行燒殺貴方人民以行報復。因此我们提議不必多事招待飛行人員，其移动以愈快愈好，除參加援救工作者外，他人不必知道其行踪。

乙、飛机之破壞

据我方所知，日本尚未繳获一架B29（即空中堡壘）。

3

故所用之許多新器械日人尚無所知。应極力設法使此項美机不落入日軍手中。如美机落於較安全之区域可行救获時則应善加保護，靜候此间總司令部获知其情况及商定关於处理之方法。如美机落入敌方控制較易或日本易加襲击之区域，則必須加以焚燬。無論發生何種情况，机内之文件均必須立時焚燬。大多数情况下美軍軍官可能在降落区域或在其鄰近地区。彼对此机之处理，应有全权。

丙、驗明

可由美机尾部号碼驗明該机，美行員則由其頸部懸帶之鉄牌上之号碼驗明之。許多美國人名十分难拼，故除要求報告获救者之姓名階級外，必須報告其入伍号碼以便確实驗明。

丁、報告制度

应通知最近之司令部，由該部報告延安，关於着陸地奌及美机状况。並報告机上人員之姓名，号碼、情况——死

4

伤、被俘、安全——及住地。可能时应报告大约何时可抵延安。我方于每次袭敌之后，将通知延安总部关于失踪飞机数目，可能时及其大略之方位。此将有助于搜寻彼等。

戊、费用

于救援飞行人员之时，每次实际均需一定量之费用，包括膳食，服装及旅费等。飞行员大多无法支付此项费用。我们不欲八路军永久负担此项费用。如能及时供给必要之费用，我们将十分感激，同时我们亦坚持将所费数目定期说明，以便我方能偿付之。同时，如我方飞行人员，关于任何特殊开支之诺言，陆空救援小组将负责履行。

己、初步接洽

一切救援工作中最重要之时机为飞行员首次与地上人员之接触。如该人为善意者并能加帮助，我方飞行员可获救援。如当时适逢敌人或伪军，则飞行员将为敌所俘。我方指示飞行员着落后应迅速离开原地，暂行躲避。候天黑时彼等將設法误了别人進行接觸。每一飛行員均应自己判断接近之人是否善意友好。如非友好者，則飛行員可設法逃開隐藏，以便重新覓尋友方人員。应切記我方飛行員於降落貴区之地，完全处於不熟悉之環境中。彼等十分勇敢，但於离開飛机，進入生疏且語言不通之区域時，彼等易於十分不安與深為警懼。因此，必須製定統一的初步必行事項，根據我们过去之經驗，此項步驟在於每次救援時實行之。如果我方之航空人員先行知道貴方將如何处理他們，則彼等不会不安與驚，並極願順從預知之貴方之处理步驟。

1、給以中國衣服令其穿在制服之上；

2、飛行員將其手枪交給貴方，如貴方欲令其保持其手枪時，可即行告彼。

3、為之剃光头。因許多美國飛行員尚有金黄色之長髮。

4、迅速使其脱离着落地點並加藏匿。

5、我方指示飛行人員將其本人完全交諸貴方手中，服从

6

贵方一切指示，不必自行打算。

如贵方有其他步骤应行加入上列各项，我们极愿获知。我们之飞行人员了解其所能期望于贵方人员者愈清楚，则彼等必更能与贵方合作。我们知道贵方代表「手势」。此一手式是否普遍通行？我方应否教育一切飞行员知道其方式及含意？新四军有无类似之「手势」？

四、我方飞行员随身携带之物品

我方飞行员备有救急之应用物品，兹一併送上，作为本报告之一部份。计有：

甲、袖珍谈话手册　　乙、绸质地图

丙、　　丁、美国国旗

戊、

希望贵方对此加以指教，并欢迎关于加以改进、变更，或应行增加之他种救急物品之任何建议。

7

此外我方已备妥一種傳单，準备在貴区散發。傳单說明我方委机式樣，委行員及符号。現已备有数千份，可資使用。希望貴方能善加散發。如貴方認為何種类此之材料，尚有增加之必要，我們極願获知貴方之意見，並努力為貴方获致之。

五、如何辨認八路軍、新四軍、游击隊、偽軍、日軍。

我方委行員对華北任何居民均不熟悉。我們認為，如果能使彼等对該区居民之形貌、服装有一般之了解，則於彼等降落貴处時將証明对彼等有帮助。我們建議貴方指定艺術学校之艺术家绘製下列諸人之素描。即：甲、八路軍士兵，乙、新四軍士兵，丙、標準的游击隊員，丁、偽軍士兵。

我們將大批印製，分發委行員，以便彼等能加以研究，熟悉貴方作战区域之軍民。如此使彼等能辨明敌友。

8

第二十轟炸机隊穆士中尉及陸空救護組奧特曼中尉被指定與貴方代表共同進行一切此類活動之工作。

閣下之至友

包瑞德

9

中共六届七中全会主席团会议记录

1944年9月1日

康：[illegible]，可以[illegible]之工作，[illegible]一[illegible]，
二[illegible]之工作，三执行，四有[illegible]之工作，
朱、[illegible]，[illegible]，[illegible]，

[illegible]讨论：：

周：[illegible]几天[illegible]了，[illegible]之工作[illegible] ①执行 [illegible]执行 [illegible]快， ②宣传 [illegible] [illegible] ③[illegible] [illegible]之事， ④[illegible]执行 [illegible] ⑤卫生 [illegible] ⑥通讯 [illegible]用，[illegible]有[illegible] ⑦训练，[illegible] ⑧[illegible] service，[illegible] [illegible]，[illegible]，[illegible]一[illegible]，
[illegible] fisher [illegible] [illegible]，[illegible]二个[illegible] 一[illegible] 宣传 二[illegible]时[illegible]宣传，[illegible] [illegible] [illegible] 宣传[illegible] [illegible] [illegible] [illegible]，[illegible]二[illegible]，[illegible]，[illegible] [illegible]时[illegible]宣传，

14

有些信用[illegible]不能接，才搞，又出来。时候也[illegible]向基地，包括参谋长、经济部门，有关于情报的会议，他们的[illegible]写了些报告上去。他们以前，日本是日本我们的，他们有些话也对我们讲了，他们有几个问题向上级请示：①缺乏华中建立的机场，他们对华中多指华北，②要求给我们一起进行两面训练，因此我们有经验也是从几个可做的事，有数的事情：①情报：了解敌情的情况，提高情报的迅速，②空军：目标，气象，战役，只是我们空军作战的，③海军：北纬和东面的情况，特别是从东、华北去，④后勤服务：现在训练，进一步经验，⑤卫生：已经开始了去，⑥通讯：已经给他一批电台，并在[illegible]建立情报网，⑦训练：定期训练干部，⑧外交：现在他们要帮助他们训练。

现在还有一些问题，以后会[illegible]经验，组织机构，工作范围包括：①前方的工作：[illegible]、情报、训练、[illegible]情报，并可以指导他们，[illegible]战略情报[illegible]可以以些人，增加副参谋长，[illegible]一位副参谋长[illegible] ②成立参谋部门，增加人，另外还有一个外事组，将翻译组织起来，训练干部，[illegible]翻译[illegible]外文材料，担任教育，增设一名[illegible]外事组长。

对外宣传工作、①收集我们的意义，了解思想，选择，
②由通讯，编写快讯及小册子材料，以外来的翻译，
③外面材料的文摘，整理出版
对外情报组织 ①军事情报由字得知，有些材料可作什么来研究问题，而又敏
②把我们代定的情报
③将我东西出去，可得他东西出去分门搜集，整理材料，

葉：已经的情况，当前从上次情报以来方面，要问意见把好的思想设法成为情报方面的事先会来的宣布来以研究协、①帮助八路军的工作，可见很以前的联络，和你们的同军建设，我们来以为由于自己加了这方面的国的不久的，有些学校的人来。只可帮助你们的武器，美以是破帮助的，在文上级可以使这地，我们谈到南洋时，将学生会的二人去的情况告诉他，他很高兴。到南洋以来，主要靠印报，写的字传给我们，南洋作为组织，上下级友谊、同样，写为组织，精微内地的军事交印可看到你们的意义，提出意见：①射击来检查，②谈学时，以级指挥负责

现在指挥性质，是否有时间商量情况，高度集中统一的阶段、
同志们，你们看了我们的武器，就是这样子的，他们说你们的
你们的武器是从敌人来的，并不是有苏联的，
他的任务有两个方面，一是保卫他，一是指挥他，
有很多的先生也经常的来，看了以后，也觉得有用，
8 王东兴执同各组汇报，决定由第一局内康生报告
9 刘子厚为一局副局长 兼报告处24小时 共3人，
负全军政治部，要先收集材料，整理材料，包括
主席讲话、党内情况、社论等资料，讲话三个月，报
康生秘书局，
报告处 负责以下任务 报告①情况，②补遗，③检查，
②收发收到的综合报告 ③动向，事件，有关的
命令，④对下面的情况要及时报告中央，
秘书局 两周 林彪 伦敦 商量，
外事局， 决定由，
因此要保密 扩大突破，
毛：有什么事，与我商量，林彪同志商量解决

叶剑英关于延安美军观察组要沪杭一带敌情资料给张云逸等的电报

1944年9月6日

01

1944.9.6.　発張鍥頫.何.譚.　〈毛批〉

要沪杭一帶敵情材料

張鍥頫轉浙東何譚。

延安美軍観察組要求我軍偵察下列材料。

一、由上海到温州沿岸敌軍防禦設備，包括海岸砲台，野战工事，探照灯位置和設備海岸瞭望設備，海上佈雷情况（水雷）及陸上障碍物設置（包括反坦克壕溝）

二、特別要注意杭州（尤其是杭州湾）甯波，舟山各地敌情。

三上述情況美軍方面，要求能於本九月號以前能得到消息。

以後並能陸续得到，望即办，如各項不能全查明查明一部份亦好，

四浙東我根据地能否築飛机場望查告。

葉劍英忠午

毛泽东关于美军观察组考林、琼思赴前方之任务给晋西北、晋察冀的电报

1944年9月7日

8/15

1944.9.7. 发晋西北、晋察北、 （共2页）

美军观察组[illegible]考林、瓊思赴前方之任务

晋西北晋察北：

美军观察组上尉考林、中尉瓊思二人今将於最近分赴晋绥及晋察北，其任务如下：

一、瓊思中尉赴晋绥边区之任务为视察该区之地形及可能建筑飞机场之地点，预计由临县兴县地区直赴偏关视察，时间暂定四十天，十月底回延。

二、考林上尉预定由晋绥经平武以北赴晋察北，其任务为：甲、会见晋绥及晋察北两区的爆破及破坏工作人员，瞭解该两区爆破工作施实之范围，调查该两区爆破工作之可能性与爆破目标。

乙、访问我军前线的情报组织，了解其活动情况，决定何种情报最为有用，调查如何运用情报人员及其范围，考察建立情报网所需之线路，做出结论呈报其上级。 丙、收集一切必需之情报，以便能提出在晋绥及晋察北特种作战（如爆破、游击战争、情报）之可能性的报告。 丁、携带部分爆破器材，准备在晋绥

邊區表演（小範圍的，不直接去爆破敵人之鐵道碉堡以免引起敵人注意）以查明何種器材爆破最適合於我軍之用，預計於兩個月內返回延安。

三、動身時間及其他應注意事項以後再告。

毛澤東 九月八日。

（1944）

毛泽东、刘少奇对张云逸等9月8日电报的复电

1944年9月10日

478

7/15

發四軍　　申97号

一九四四年九月十日毛刘致張饒曾

美方空軍人員失事一律須回後方

張饒曾：

齊電悉美方對失事降落人員、一律須回後方、你處五人不能例外。機場築好後，大批美軍人員陸續飛來軍部及各師，我們應表歡迎，一則美我配合偵察敵情、有利現時轟炸與將來配合作戰；二則瞭解我情可爭取軍火援助，此點可能性很大；三則可現時打破國民黨反宣傳，將來國民黨舉行內戰新四軍首當其衝可爭取美方贊助。雖可能引起日寇掃蕩、但比較全局，利多害少。放手與美軍合作、處處表示誠懇歡迎，是我黨既定方針。

毛刘申蒸（九月十日）

附:

张云逸等关于美人来可能引起敌注意给毛泽东、刘少奇的电报

1944年9月8日

中中E29號 A急

44.9.

華中來電

美人來可能引起敵注意

毛劉：

修機場及美軍■事人員经常來往華中潛伏地區在目前條件下可能引起敵人注意和掃蕩將來航空比較困難此時我們害多利少可否建議由美軍方面暫委塞濄意上校代表留華中工作一時對他對我均便如何盼示机場之一半月可成功正派一美人去查

張饒曾

齐

台 8時 收　　中 8時 收

11時 譯

叶剑英让赖传珠转交包瑞德给美军航空员关于请新四军护送他们至国民党区域的电报

1944年9月28日

1944.9.27.　　劳军部　　（葉批）

美航空員護送之国党區域

頴：

"此电請轉交美航空員"飛機不能派來，特請新四軍護送汝等至国民党軍隊的區域，需遵守現所在地軍事当局的指揮，可能時即報告汝等行動，將汝等放棄的机動坊告我（经延安八路軍轉）包瑞德，延安美軍观察組負责人。

葉申儉

（钮振刚抄）

中共中央军委关于保障美军观察组人员安全给程子华等的电报

1944年10月8日

08

1944.10.8　發晋綏、晋冀察軍区　（共兩页）

A急。　保障美軍观察組人員安全

程唐、呂林：美軍观察組人員七人，帶小電台一架，由晋冀察軍區副参謀長耿飈同志率領，定於本月六日由延安出發，經晋綏赴晋冀察（任務完成後仍回延安），美軍人員姓名及其任務如下：

（一）彼德金、少校（領隊）步兵軍官，曾在昆明帮助訓練中國軍隊，此次赴前方，擬專门研究我軍組织與裝備，並收集敌軍情报。

（二）魯登先生（政治顧问），在中國多年的美國外交官，曾在青島昆明作过美國領事，能説流利的華語，此次赴前方，除表代第廿航空隊收集空軍情报外，並擬研察我根據地的各项政治建設。

（三）多倫上尉，空軍，收集與第廿航空隊有关之空軍情报。

（四）多姆克、上尉，通信軍官，曾任山西汾陽民益中學教員，能説華語，擬收集我軍及敌軍的通信联絡情况。

—1—

(五)西区海军上尉，收集海军情报。

(六)费特塞中尉，步兵军官，负责布置陆军空救护工作（即对被迫降落敌后美空军人员的救护）。

(七)葛尾士军士，无线电士。关于护送事项应注意：(甲)为保障安全计，对于这些美军人员的活动不可对外宣传，以免引起敌人注意。(乙)由晋绥去晋冀察的路线及护送等事项，应由吕林负责与程唐商定妥为布置。并应严守秘密。(丙)程唐应即密告二分区，准备迎接他们，并保证其安全。(丁)上述各项情报材料希吕林程唐立即开始准备，指定专人负责。在途中应尽量利用机会参观我军胜利的战斗，但须注意他们还要回来，勿为敌暴露，以扩大我军艰苦抗敌的影响，他们调查完毕将回华盛顿报告，美政府将据以决定对中共之政策，故望你重视此事。

军委尚庚

十月八日（华章）

（宋荣抄）

—2—

美空军中校萨伏依请叶剑英转致美军观察组关于请其通知国民党军队帮助返回基地的电报

1944年10月9日

中战西97號　22,254

1944.10.9.　四軍战台

美空軍中校藤伏衣來電

已先柳、葉、周、

葉參謀長：

請將下電轉延安美軍观察組：

「我們已安抵新四軍淮南津浦路西地區，但新四軍有中央軍关於護送我們歸隊之談判，尚無結果（新四軍已送兩信給五路軍，至今十天尚無回信），請你設法通知五路軍一七一師，迅速幫助我們平安返回基地。」

美空軍中校

藤伏衣酉佳

電台10月$\frac{3.30}{13}$收

中机10月$\frac{15.00}{14}$收譯抄（徐田）

4

赖传珠致叶剑英转萨伏依致美军观察组关于告知他们已至五路军的电报

1944 年 10 月 17 日

中战西143號

22237—已

1944.10.17. 四軍战台

薩伏依致美軍观察組電

葉参謀長：

下列美空軍中校薩伏依等五人联合致駐延美軍观察組電報，茲照轉原文如下：

我們今天〈十四日〉离新四軍津浦路西地区至五路軍，特致最後一電予你，請通知二十航空隊指揮員（賴）

賴篠〈十七日〉

已送楊朱葉閱。

電台10月17日收

中机10月20日收譯〈強民〉

徐国抄

杰克·塞维斯给毛泽东的信

1944年10月22日

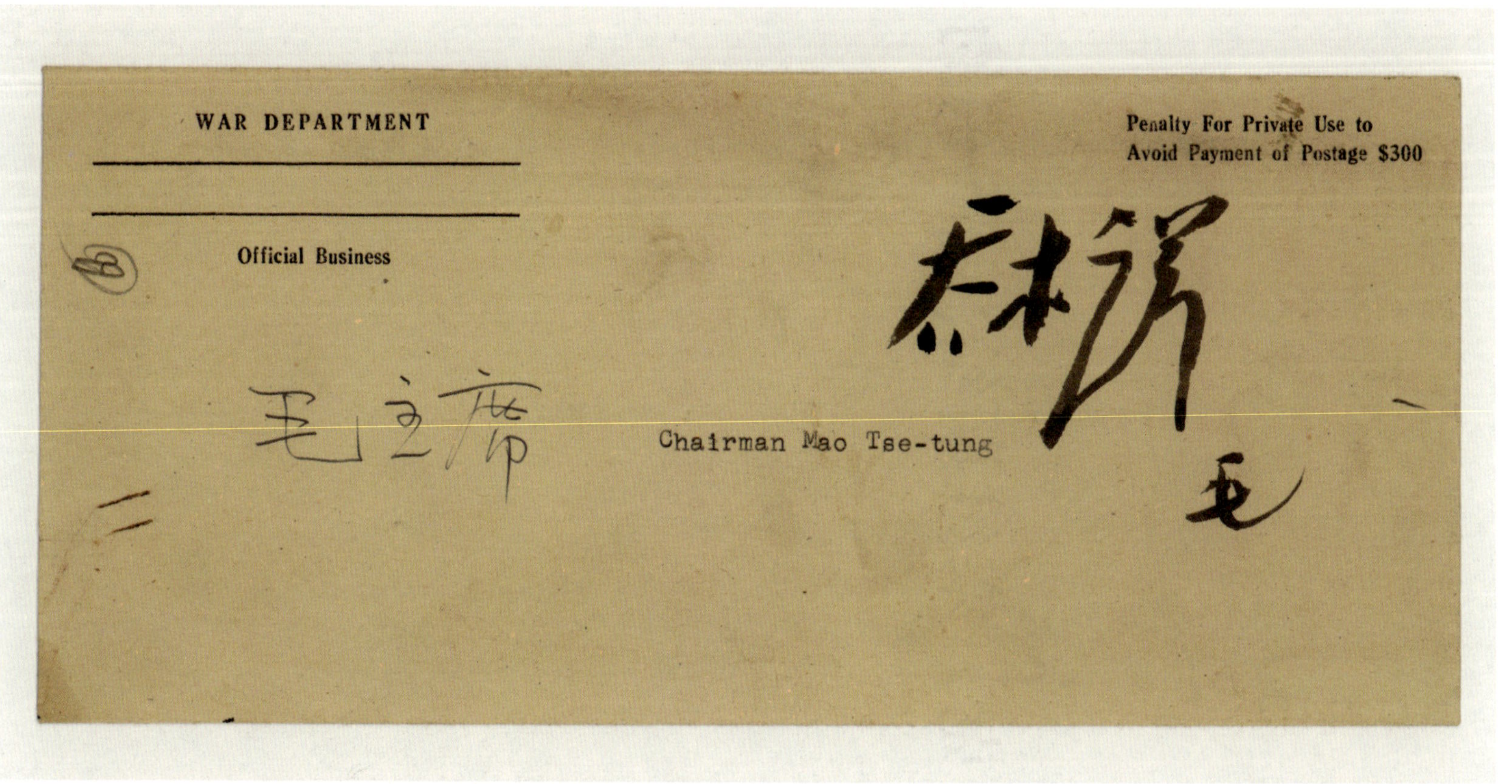
WAR DEPARTMENT
Official Business
Penalty For Private Use to
Avoid Payment of Postage $300
毛主席
Chairman Mao Tse-tung
毛

存

Oct. 22

Dear Chairman Mao:

I will be happy if your and your wife will think not too badly of me as you smoke these cigarettes which I find among my belongings as I pack.

As Chia-kang, who has seen some of my reports, can tell you, I have been telling my superiors that the people you lead are the hope of China, and of our American interests in this part of the world. I sincerely hope that I will meet with success in Washington, and that I can return to Yenan soon.

Very sincerely,

Jack Service.

我在收拾我的东西时找出这一些香烟（送给你们），如果你和你的妻子吸它们的时候不致太不高兴我，那就是我的幸福了。

如陈家康（他看过我的有些报告）所能告诉你的，我曾告诉我的上级：你所领导的人们是中国的希望，也会是美国在世界的这一块地方（仍指中国）的利益。我热诚希望我在华盛顿能得到成功，并望我能迅速回到延安。

很诚恳地你的，

杰克·塞维斯

2

中共中央晋察冀分局关于招待美军观察组之准备工作致中共中央的电报

1944 年 10 月 23 日

中D酉26號C急　　　　共两頁

785

1944.10.23.　晋察冀軍區來

招待美軍觀察組之準備工作

中央：

据中央関於國際統一戰綫的通知，及美軍觀察組來晋察冀的通知，我們現在進行下列準備工作：

（甲）由軍區聯絡處、公安管理處及城工部負責整理情報材料，及各種可以公開的材料，供給他們。

（乙）政治上由邊府負責，準備民主政治、生產運動、文化事業、司法、貿易、金融、財政等材料，並使他們研究軍區典型問題，統累税、灘地問題、水利建設、村劇團活動等。

（丙）招待問題亦在籌備中，原則是一切用

（一）

本地土産，力求豐富，但不過於鋪張。

分局

酉梗（十月廿三日）

電台十月 $\frac{1150}{27}$ 收　　中機十月 $\frac{1500}{28}$ 收

$\frac{1020}{29}$ 譯出　　十月廿九日心竟抄

（二）

新四军政治部关于上海法国戴高乐派远东领事请美驻延观察组转驻渝法大使馆电给总政治部的电报

1944年10月26日

戰報

中战函204号

1944.10.26. 四軍战台 共2頁

请美驻延观察组将此電轉駐渝法大使館

总政：

上海法國戴高樂派遠東领袖(GROSBOIS)和(GRANDET)囑托我们轉電駐渝法国大使，其内容的大意如下：

(一)駐在远東的法国四代表即安南总督杰侦?大使、北洋代办、上海总领事等四代表亦願意效命戴高樂政府，并願意在戴高樂政府领导下尽力保護法国在远東的经济的文化的权益。

(二)目前四代表对日的態度是尽量採取拖延和敷衍的办法，但今後應如何應付望指示。

已送印樹周、朱、葉、尚昆。

328

（三）上海的法国武装，连安南兵在内将有二千余人，将来于盟国反攻上海时，在维持上海秩序和援救盟邦在上海被俘的人员上，可能发生相当的作用，故今後在沪法军应如何自处亦望指示。

以上三点是其电稿的大意，不知是否可以请求美军驻延安观察组代为转述驻渝法大使馆，如有回电仍可由我们转述上海军政廿六日。

完

電台　廿八　收

中机　廿八　收

廿九　譯抄　王

董必武关于魏德迈要台维斯留渝工作给毛泽东的电报

1944年11月13日

8,009

7 8
21

戌中A35號

1944年十月.13　乙台來

魏要台留渝工作

毛主席：

(一)台維斯云來後魏德邁要對他還好還要留他在重慶工作。索爾特也要他。

(二)台維斯昝對周說羅斯福來華事甚確。

(三)包上校昨向魏報告工作魏極满意並云願以史將軍精神與我方合作且還要加強敵後解放區工作。

(四)桂柳失利白對蔣不增好兵只給叁個師部隊增援甚遲認為是蔣之大騙局近日未出席蔣召集之會議。董十三日

18.09/14日中机曉利收譯

少奇、恩来、朱、任、彭、叶、刘、康、尚昆、陈、刘

魏德迈关于感谢帮助美军观察组给朱德的信

1944 年 11 月 18 日

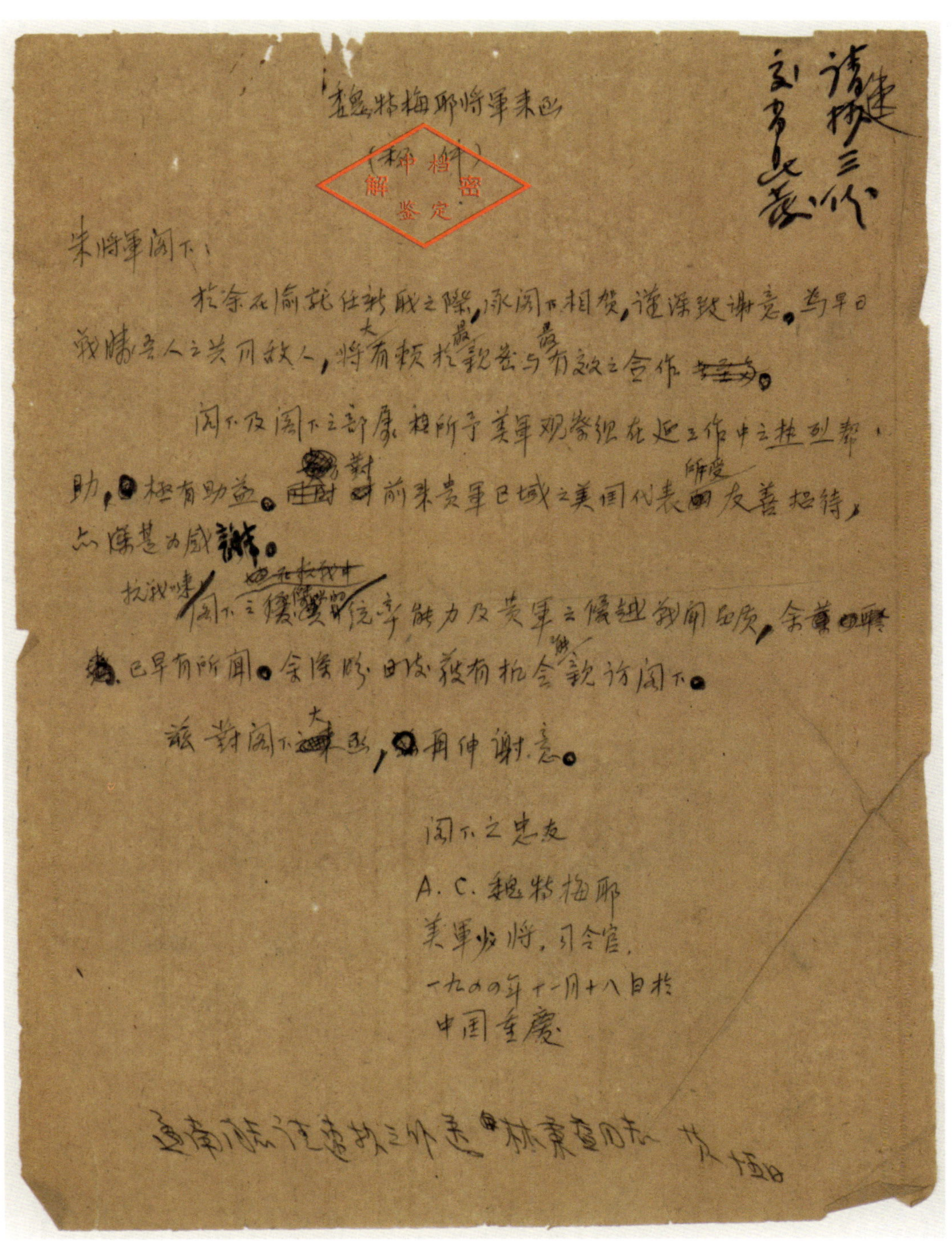

请速抄三份，交尚昆发

魏特梅耶将軍来函

（秘件）

朱将军阁下：

於余在渝就任新职之际，承阁下相贺，谨深致谢意。为早日战胜吾人之共同敌人，将大有赖於最诚恳与最有效之合作。

阁下及阁下之部属对所予美军观察组在延工作中之热烈帮助，极有助益。对前来贵军区域之美国代表所受友善招待，亦深甚为感谢。

阁下之领导抗战才能及贵军之优越战斗品质，余业已早有所闻。余深盼日后获有机会亲访阁下。

兹对阁下大函，再伸谢意。

阁下之忠友

A. C. 魏特梅耶

美军少将，司令官，

一九四四年十一月十八日於

中国重庆

送南汉宸同志阅后送敌工部外事组林秉章同志 朱 恒日

邓小平、滕代远关于希望美军观察组来太行参观展览会给毛泽东的电报

1944 年 11 月 19 日

21.31

10
03

送剑英闻阅，然后退周，他们是否能将观察组意见引往太行回延安？

毛泽东
十一月廿二日

中七戌53號A急

1944.11.19　**集總來**

太行展覽會於本月正式開幕

毛：

绝密

太行全區生產展覽會及勞働英雄殺敵英雄大會於本月廿日正式開幕（半月展覽）各種生產品及抗戰以來繳獲敵之勝利品展覽會極豐富比延安展覽會還好望美軍觀察組最好能乘歸時來太行。

鄧滕戌皓

（十一月十九日）

電台十一月十九日十六時收

机科十一月十九日十六時卅分收

…… ……十九日卄十分郎譯抄

6

周恩来关于包瑞德将于明后日飞延给李富春转杨尚昆、叶剑英的电报

1944年11月20日

21

8,411

中A戌38號 A急

存、 抄葉、楊

1944年十一月20 乙台來

包將于明後日飛延

富春轉尚昆、劍英：

包瑞德將于明後日飛延安，英國郝戈登同來，包將帶回我的報告，請注意。

周十一月二十日

十一月20 18.00 台收　十一月20 19.30 机收

十一月20 20.00 譯出　十一月20 20.10 孫覺 抄

周恩来致赫尔利的信

1944 年 12 月 8 日

周副主席致赫尔利信（此信係由包上校帶給）

赫爾利將軍閣下

在渝諸承關注，至為感謝。

抵延後，我即將在渝談判經过，詳報毛主席及我党中央。嗣經慎密討論，僉認為蔣主席及國民政府既拒絕我党五條最低限度提案，而政府所提三條，又明顯不同意联合政府联合統帥部的主張，使我们实無法找得两方提案的基本共同点。因此，我实無再去重慶談判之可能。同時我们為答復各方詢问，擬早日公佈五條提案，希望促起輿論注意，督促政府改变態度。特此奉告閣下。

閣下对中國团結之關怀和努力，毛主席特囑我轉致謝意。

關於貴我雙方軍事合作，目前確由於蔣主席之多方限制，不能採取迅速解决，但我们為击敗共同敵人計，始終願與閣下及魏德邁將軍继續磋商今後軍事合作之具体问題，并與包瑞德上校領導之美軍观察組保持密切联系。

請轉致我的謝意於魏德邁、麥克魯两將軍。

專此謹頌

軍祺

周恩来

一九四四年十二月八日

戴克海玛转赫尔利致毛泽东电

1944年12月12日

美軍观察組

（極机密）

一九四四年
十二月十二日

致毛澤東主席：

毛主席閣下：

下函係剛自重慶收到者：

「周恩來將軍十二月八日來函業經收到。包瑞德上校即將攜帶致周將軍之重要回信乘飛机回去。

我希望閣下等候收到此信，在這以前不作任何公佈條件之舉動。

赫爾利將軍（簽字）」

閣下之至友

W.A. 戴克海馬

美軍、少校

毛泽东关于是否发致王若飞电给周恩来的信

1944 年 12 月 12 日

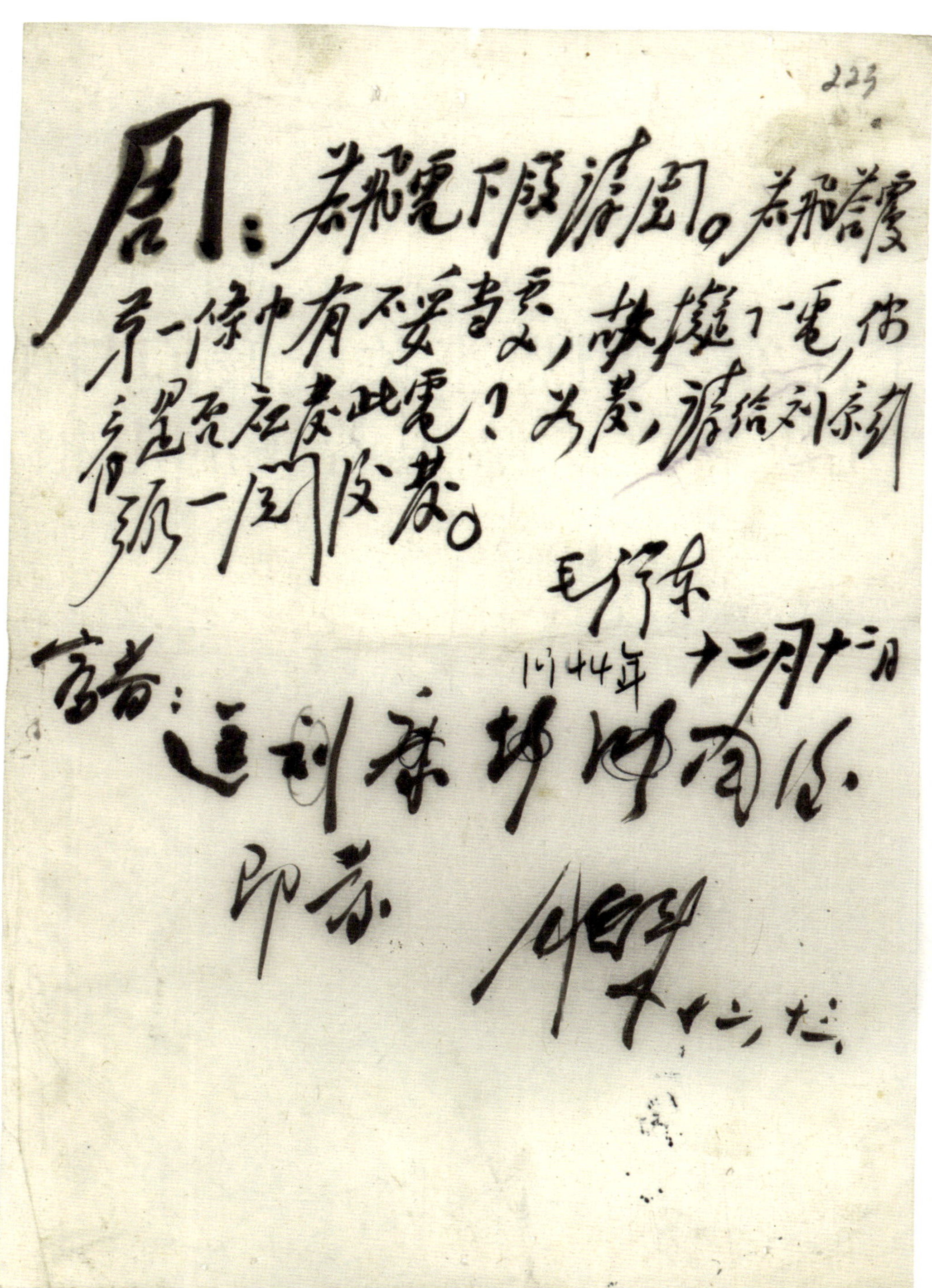

223

周：若飞電下段請阅。若飞答覆第一條中有不妥当處，故擬了一電，你看是否應发此電？如发，請给刘朱任弼一阅后发。

毛泽东

1944年 十二月十六日

主席：送刘朱任弼时阅后即发。

周

十六时

毛泽东、周恩来关于我们与美无决裂之意给王若飞的电报

1944年12月12日

发重庆

机交85号

若飞同志：（一）我们无与美方决裂之意，五条协定草案赫因不利不愿发表，我们即可不发表。周致赫信中提到准备发表五条，即是征求他同意的意思。至于赫在五条上签字及赫毛交换信件，我们自始即无发表之意。我们所想发表者仅是我们向蒋建议之五条，因蒋态度强硬无理拒绝，无法实现中国人民一致要求的联合政府，故想公开于人民，让人民起来向蒋要求实现之，此点待包瑞德回来再和他商酌。（二）牺牲联合政府，牺牲民主原则，去几个人到重庆做官，这种廉价出卖人民的勾当，我们决不干，这种原则立场我党历来如此，希望美国朋友不要硬拉我们如此做，我们所能赞成者仅仅这一点，其他一切都是好商量的。（三）中央在两个月内集中精力开七大，解放区联合委员会只能在七大以后再说。以上意思请告包瑞德武官谢伟斯。毛周亥文

1944.12月

无决裂之意

已发

2

附:

王若飞关于检讨包德瑞、赫尔利的报告给毛泽东等的电报

1944年12月11日

中A亥15號　　A急　8,1115　　82/25

急

1944年十二月11　　　飞台来

检討包赫的報告

存

毛周董：

〈壹〉十月包赫威整天開會檢討包赫的報告。

〈貳〉真晨包告達尼說赫尔利得我將廣播談判條件非常氣憤因為：〈甲〉未先徵求得他的同意破毀他與毛的談判；〈乙〉使他在國际上丢臉面；〈丙〉毛是不可信賴的，他以后不管了。

〈叁〉由包整理與毛周會談筆記報告華盛頓。

〈肆〉威及威的參謀長態度比較和平，威和包均勸赫不要生氣，要慢慢想办法。

〈伍〉包本人對達尼表示以下幾点意見：

（甲）赫未料到你们五條是最低限度和從未料到双方都絕對不讓步。

（乙）這次談判中幾件不幸的事：

一、是再回渝后，未與蔣立即面談五條而由宋轉。

二、是飛機故障期間，戰場變動，或者影响我们观念改变，致周在最后走時表示不回來。

（丙）包本人再三声明，說我们要求都是合理的，他當給華盛頓的二十幾項報告中，有十幾項是說我们好的，他不贊成美國再支蔣的反動政策。（完）王真

註

5.

此電已經周劉朱彭閱過 恩來

此電閱後由尚昆退毛主席 文

（上接中央亥15號）

（丁）但邑又勸告我們：

（子）應當知道華盛頓今天还是支持蔣的，許多美國人民，包括羅斯福赫尔利對你們也还未十分明白，這也是蔣手中敢於固執的王牌。

（丑）毛與赫有約在先，不該使他太難堪，不該把事情決裂得這樣快，恐於你們不利。

（寅）自九號起敵人從（撤）山撤退，恐有陰謀，讓蔣可向國內外人說，不要共產党合作，也能打退敵人。

（卯）當你們宣佈成立解放區联合委員會時，蔣會以你們為漢奸分裂行動而打擊你們。

（辰）包（宣佈）明白的提出他的懷疑，說毛現在（仍）樣罢共，恐有第三力量即蘇联在後支持延安，经

6

（五）

包解釋說完全没有三條主張，完全是中國廣大人民自己的要求。包說毛能負責說這次談判決裂沒有蘇聯影响，我就相信，但你的話我还不能相信。我过去曾因辯中共與蘇聯無直接関係而被中國政府要人笑為傻瓜。至於說中國廣大人士對民主的要求，人民何不向羅斯福去要求，自己怕殺頭不敢說，把責任完全推給別人。

（陸）達尼向包在延談判情形，包說決裂將對我們不利，是否美將不給我們援助，是否要撤回观察组？包答：今天美與中共的合作只有你們助美，而你們未有獲美的帮助，是不平等的。观察组未必撤回，但可能不要我回去了。

7.

（柒）若要我告達尼轉告包白二人三點：

（甲）談判不成功應該認識是蔣的反動頑固，而非我們之過。延安宣佈談判條件對蔣之盡力，一定會表示感謝，而不會損害他的信仰。

（乙）我們是站在中國人民的利益上來決定我們不能接受蔣的條件，而非受蘇聯影響。

（丙）我們并誠意的願與美國合作，并相信：美國是有力量有辦法可以促成這個實際合作的，只要美國願意做。（完）

王、真

十二月廿三日11.30收

十二月廿三日12.00譯收

十二月廿三日21.30 宋玉堂譯抄

8

王若飞关于包瑞德要通知毛泽东一切问题等包到后再决定给毛泽东等的电报

1944年12月14日

83/21

8.414

中A亥20号虎　　A急

1944年十二月1A　　乙台来

毛、周、董：

昨日氣候不好，飛機中途折回。包要急速通知毛，一切向題等包到後再決定。

王、亥、塞、

十二月14 收

十二月14 机收

十二月14 譯

十二月14 　抄

另須劉、康、彭、周、董、朱付

王若飞关于文电内容已告包瑞德给毛泽东等的电报

1944年12月16日

8,330 周 阅 21/11

中八亥22號

1944.12.15 乙台来

存

文電内容已告包

毛周董：

甲、文電内容已告包，包表示赫尔利前因誤會，毛已將協定全部發表，現在完全釈然了。

乙、包又去探赫從政府方面得来的表示，談判將由政府直接向中共商談。

丙、包对蔣現在表示願向中共談判，同時又是敵人從貴州撤退（先）突然回来，不敢对蔣誠意下判斷。

丁、王芸生告人說，蔣現在正準備提一新方案，同中共談判，從前之三條係最高的還可以跟裝王之消息從政學系裡面來。

若飛十五號

電台十二月 22.05/18 收

中杭十二月 22.15/17 收，22.20 譯出——林伏。

兩電以一三兩[illegible]送上[illegible]

〈註：此電係重發來的，原電附在

後面。——中杭〉。

10.

周恩来给赫尔利的复信

1944年12月16日

周恩来同志致史迪威信

史迪威将军阁下：

包瑞德上校带来阁下大札，周悉一切。包上校并转告阁下对于吾人殷切之关怀和好意，至为感谢。

吾人自与美军观察组及阁下接触以来，即一本合作精神，力谋有利于击败日本的共同事业之发展。此次我们坚持五条协定，原为动员和团结全中国人民抗日力量之最低限度要求，不意国民党当局竟加拒绝，致使谈判没有结果，我亦无从重往重庆。但此次此时对于 ①

（三）

何石甫。

美国有[illegible]。五条协定原文，阁下说不赞成立即发表，我们已决定暂不发表。不过，我们认为到适当之时，为公之国人，借促政府改变态度，仍有发表之必要。我们。一俟时机成熟，我们仍当事先通知阁下，阁下如有意见，亦可通知我们。至于阁下在过去谈判经过，且认签字及毛主席与阁下交换之信件，在未得阁下同意前，绝对不会发表，此可向阁下保证也。

（2）

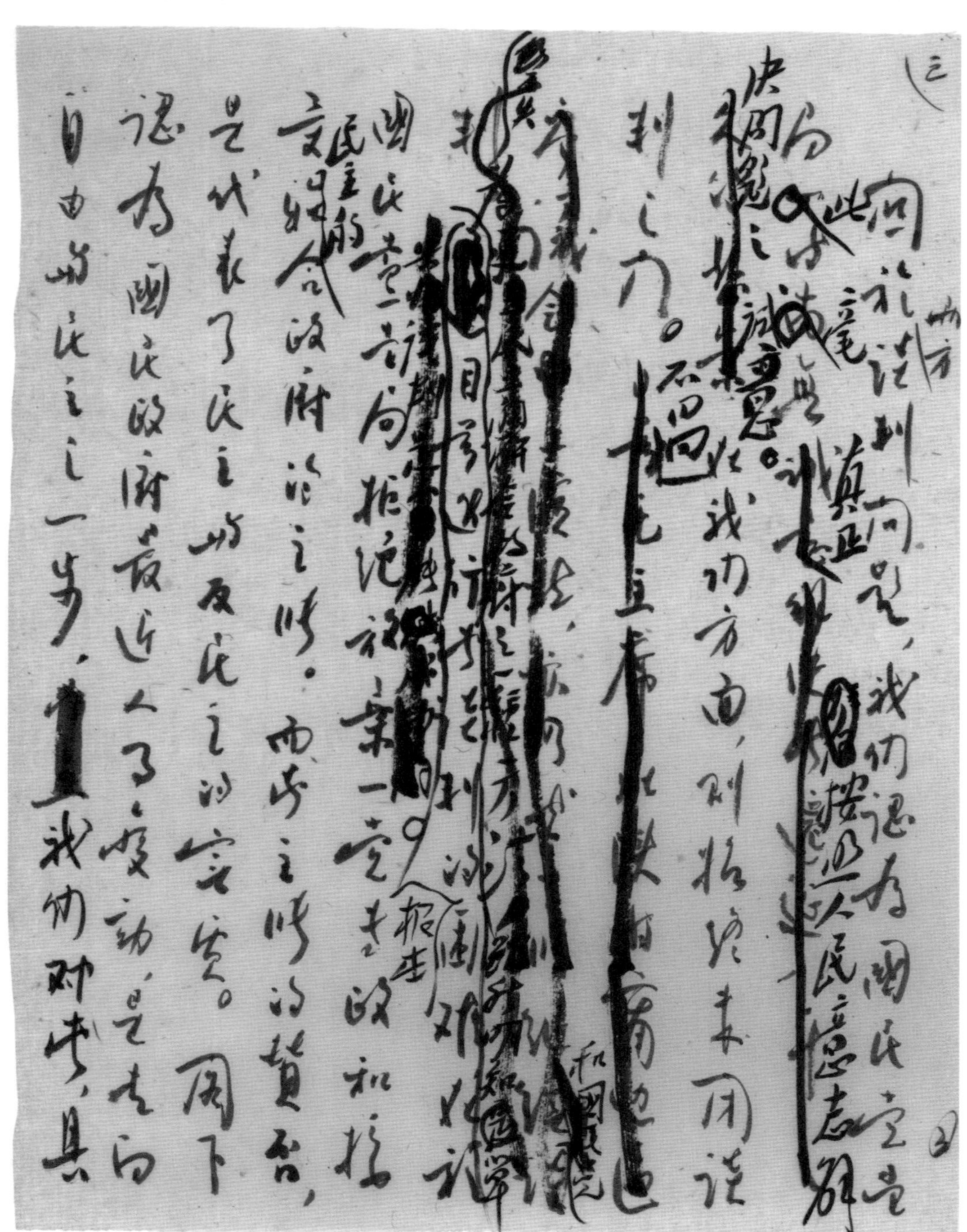

有不同见解。我们认为只有国民党放
弃一党专政，建立民主的联合政府，才
能使中国走向民主的一步，才能使人
民团结[illegible]，由[illegible]国民党[illegible]一党政治下
的[illegible]任何人要发动，都不[illegible]要
目前国民政府的制度和政策。这
也就是我们对国民党[illegible]批评的所
在。
我党中央及毛主席，深深感谢阁
下对我国政治全中国人民[illegible]由政[illegible]友达

中國的事業之所以具之之廣推進，使我
們擁全中國熱愛抗戰團結和民主的人
民之必同聲感謝。
我們深信，只要全中國人民及廣大的起來，
中國的團結和民主是可保證的，中
蘇兩大民族聯合起來，以打敗共同敵人
之陰謀，和平，必是有保證的。
專使，謹向 閣下及龍將軍遠至崔
可夫將軍致深厚的敬意。
毛澤東 謹啟
一九四〇，十二月廿六日

毛泽东关于请转达对罗斯福总统愿意和中国一切抗日力量合作表示感谢复赫尔利信

1944年12月16日

赫尔利将军阁下：

来信收到，甚为感谢！

十一月间，罗斯福总统因选举胜利时，我曾发电祝贺他，承他回给我的电报上说：希望东欧及日本侵略者，愿意和中国一切抗日力量作强有力的合作。请你转达给罗斯福总统，我对于他的这个意见，表示十分感谢，完全同意，并向他致谢！

请包瑞德上校带此信给你，我希望包上校能够早日回延工作。

其他要说的，均见于周恩来将军给你的信上，我就不多说了。

祝你健康！

毛泽东

一九四四年，十二月廿日

朱德、叶剑英与包瑞德、伯特的谈话记录

1944 年 12 月 16 日

毛主席：

一九四四年十二月十六日

朱总司令、叶参谋长与包瑞德、伯特二人的谈话记录

上午．参加人朱总司令、叶参谋长

包瑞德谈：

根据目前国共谈判看来，美国方面暂时不能直接给你们东西（武器方面）但是魏德迈将军说，相信美国有一天会同你们合作．因为毛主席同包瑞德讲过，即使美国不给我们一枪一弹，共产党仍是美国的好朋友，共产党依然同你们合作．现在关于政治问题，我也不能看的很清楚．因此，现在只谈初步军事合作的问题．问题在现在只是准备阶段．请朱总司令相信，这不是欺骗姿态．魏德迈将军不会派包瑞德来同你们欺骗的．今天的问题是：我们想派一个特种部队，到你们共产党区域活动，他的任务有四：

a．地上破坏（铁路、交通、工厂）；

b．进行各种爆破；

c．对日军的袭击；

d．佈置降落伞兵．

这种部队他的编制是：七十二个兵、四十二个军官、廿五个管理勤务的人员，这种编制，官与兵的比例，军官占很大的比例数．魏德迈将军说：这种特种部队需要八路军派部队与他们共同合作．这种被派去参同美国合作的部队．会得到美国的装备．这就是说，美国现在还不武装你们整个共产党．对于你们全部装备问题，将有一天会实现的．我们开始派一个单位，以后会继续增加，美国方面不希望这种特种部队到

八路军敌以后、区后域，引起日军对八路军的严重进攻，但如果这一特种部队的活动得到效果后，很自然的会引起日军严重的进攻的。这个时候，我们希望能帮助你们加强你们反击敌人的力量。这一特种部队到八路军区域后，关于整个问题最缺的问题——粮食，请你们帮助。为了这一特种部队的活动，B—24飞机会将来在该部队下活动，变成该部队的组成部份。飞机投掷炸弹、降落、装置的无线电，都由美国供给，开头是一个小队伍，以后就会增多个数，其需供给的更大，因此，除空中运输外，应从海上运输我们用船运送，你们同不同意，如这时机到来，你们八路军要什么武器，请开个单子，现将将军已经去电美国、把单面电报送来。先到印度、次到重庆、次到延安。估计明年三月开始可达敌后。

× × × × × ×

下午．偕将吴参谋长谈话〈采用问答式〉

叶：为了仔细考虑问题，我提出这样的意见：我觉得你们这一百多人的队伍，到敌后去，自然实行各种破坏，必然暴露你们，必然会引起对我们战略企图的暴露，这样就使真正战略反攻时机到来时，增加你们配合的困难，也增加你们海上登陆的困难。

伯：我们强调这个部队的单位，不一定作为一个单位的活动，是分散为三、四个人一组活动的。比如广西方面派了十个组去，每组三、四个人，仍有无线电，作为通迅敌人的情报。我想集中使用是不很好的，应分散为许多小组，我知道八路军经常进行一些破坏活动，但是我们特种部队到后，我相信他们会给你们八路军以特种行动的补充帮助，而且因为我

②

们游击部队和许多小组在你们的地区活动，使我们有理由的能给我们的八路军部队以装备.

叶：根据其他地区使用游击部队的经验，一个游击部队需要我们派出多少部队与你们配合？

伯：要看任务的大小，在欧洲战争前没有地上部队帮助，完全由伞兵执行破坏任务，至于在你们地区，则完全有你们的现成力量可以使用. 他们的活动是找寻敌人防御力不十分坚固的地方，而能不意进行破坏，在目前进行大目标破坏，是不必要的。如果是破坏一个小目标，我们去十余人，你们去十余人就够. 破坏敌人碉堡由你们派一个向导我们就可以搞的。

叶：你们是准备装备我们多少部队，来配合你们的行动？

伯：在我们中缅战区OSS（战略服务部）最低限度可供给你们25000人的武装，在一个礼拜，魏德迈将军问我（伯特）如果得到美国总统的批准，我们要运人、运武器到共产党地区，你的工作能做到什么程度？我（伯特）答：这样总统批准后，你们给运输工具，（飞机）我们一个月内可运两万支步枪与弹药. 支这种步枪的弹药已在我手上，一有命令即可运去。

叶：你们的子弹一根枪配多少？

伯：一根枪一个月配100发、共装给六个月的子弹，共12.000.000发. 我们所要装备一个游击队的问题，是以五千人为一个单位计算的，五千人的装备如下：

步槍3,000枝

手提1,000枝

火箭炮500门

重机槍500挺(?)

手槍2000枝(45號到38號的)

手槍2000枝(附有槍榴弹還有手榴弹、破坏器材〈包括燃料〉)

我想你还不知我这机关的性質同任务，我们的任务是专门担任正規軍不能担任的工作，情报工作不是主要的，主要的工作是破坏，这机关分為两個系统，一為水上的，一為陸上的。现在在延安的人員像康研究性質，也还做些反間諜的活动，也还帮助当地人民组织些破坏活动。我这机关直屬美國战略情报部（海陆軍）同統帥。在中國是魏德邁將軍負責。魏德邁將軍説過：在八路軍方面的OSS可以進行最大的工作。

葉：是否要得到蒋介石的同意？

伯：魏德邁將軍表示：美國軍隊的任务，那裡有日本人就要去那裡打。这是我们在華美軍人員與大使館人員都是一樣的見解，当然我们希望蒋介石能贊成；如果蒋介石拒絕，美國總統可以作了，这任务就落在我OSS身上，不是经过陆軍，也不是经过海軍。

葉：進行步驟如何？

伯：進行步驟的计划是，第一，先找一個根據地，譬如豫南東北橫東西。第二，就是進行新的破坏計划，这一計划是由魏德邁將軍

4

从整个战略方针着想，选择一些战略的要点作为我们破坏的目标，然后交给你们八路军参谋部来研究，由你们决定可以进行破坏的一切工作；第三是定出自己的空中运输线，并附属有无线电的联络；第四，要建设比较好的飞机场；第五要定出一个空军供给的计划来供给敌后各地活动的小组，最后，要建立一个无线电通讯网，因此要在延安训练无线电人材。

叶：说你这个特种部队对于有B——24号轰炸机，有无附属潜水艇归你们自己指挥？

伯：过去在欧洲作战，我这个系统附属有潜水艇，在英国海上运输，每次都要与海军交涉，海军派潜水艇，OSS派人到船上，并带东西去，对于你们，如果[illegible]，总统会派船给你们运输，不过现在的海洋面为敌控制，所以空中运输比较实际。

叶：提出两个步骤：在你们实行登陆作战以后，实行战略反攻，我们同你们进行战略上的公开的破坏，配合你们登陆，但在登陆以前，我们只宜做小规模的战术上的破坏，这个工作由我军来做，你们派人指导，不要你们派很大的部队出面；同时在登陆以前这个时间，我们要做登陆前的准备工作，训练一些爆破人材，要先选定我军根据地的航空路线；进行空中战斗性的援助；布置无线电网；布置机场；研究目标，要定破坏的计划。

伯：你这个意见，我很愿意与朱总司令将军面谈，我认为你提出这些意见是很合逻辑的。也许派较大的队伍，在你们的地区公开活动，倒还减少效果，不如派少数人到你们八路军的地区去，虽给日军知道，他也只能知道美国与八路军有进步合作，而不能知道我们的战略企图，这个事情

略

先要组织，要求得到蒋介石的允许，更要组织，我现在准备派遣几种人来：

a．派航空人员来商量航空线；

b．派空中技术员来；

c．派通讯人员来；

d．派训练人员来

你们游击学校有多少学生？

叶：人数不定，各个根据地的人都有一些

从云南到越后有无中间的根据地？

伯：我们准备将延安地区设成一个中间根据地，把药材从云南搬到延安．我们准备把第一步从云南搬到延安来

叶：当美国未决定前，现在要我们答应什么问题？

伯：你们八路军缺乏的情况，我们已有包瑞德、科偏、史特尔做了报告，要求详细的具体的问题，如房子、仓库的问题，只要你们派出技术人员与我接头就够．我们准备了数辆吉普、载重车到你们这里来，但是车路不好走，汽油困难，请你们派该管人员与他们商量．史特尔在延安可以研究无线电通讯网的计划．

叶：你们这一特种部队在其他地方试验过否，效果怎样？

伯：在贵州、广西方面组织过十几个组，每组三、四个人，得到了中国军官的赞扬，但这仅仅对敌的前进起了迟延的作用．还没有达到他的破坏目的，因为你破坏一个桥梁，步兵又从旁边走过去了．

白崇禧要我们增加人，又增加十六个人去了，在缅甸北部他们曾组织克钦（少数民族）的破坏活动，据最近的材料统计，他们已杀死日本二千余人，美国供给五十万磅的武器，我手下有一小组特务破坏的小组，头子叫做托尔斯泰（托尔斯泰之孙：著名文学作家的孙子，曾做过骑马术表演的演员、特务工作，去过法国，后到美国，被美国情报机关找到，后来到中国的重庆，是个很厉害的特务）我准备把这一小组先派到这里来，这个小组一共有六个人（他们都会说中国话）是个炸毁破坏专门。

叶：你这一次来延安，是同我们谈一谈，不做任何决定吗？

伯：魏德迈将军叫我来延安看看地方，见见人，以便一得到批准后，就可以立刻开始工作。

叶：你对这件事可能性的估计？

伯：根据我个人意见，美国方面能够得到允许，是不成问题的，前十天我已经作为已经批准的事件来准备、来进行工作的（换言之即已由美国搬东西来了）如果美国不批准这件事，是要美国在中国的一切特殊人员负[illegible]精神责任的。这件事是否得到蒋介石的同意，就公开做，如果不同意就秘密做。

叶：你们秘密做是否要与蒋介石打招呼？

伯：我曾经考虑过，对蒋介石很难保守秘密，我曾经想把东西直接由印度运到延安，但因需要汽油很多，东西就带得少，这一问题还不能得到满意的解决。将来准备对蒋介石这样说：绝对不是，这事是OSS做的，没有经过我们中国战区。在这里我特别考虑海上运输的问题。魏德迈将军说：一切打日本的力量都应得到美国的支持。

葉：你们的部门是独立的部门但是你们的行动是同整個軍事行动相配合的，因此開始反攻時我们開始战略破坏；在这以前我们实行战術上的破坏；以不暴露我们的任务為主。

人白：你的意見很实際，現在又進行訓練的工作，把器材运到接近目标的地区，同時研究目标。

葉：从時間上来考慮，大概需要多少時間？

人白：本着领导方面大家都在动员，是帮助你们，估計時間要經过三十天至六十天。

——————完了——————

8

程子华等关于美军观察组活动概况给叶剑英的电报

1944年12月21日

扬、张、刘、康、周、彭、陈、叶、任、博、刘、高、尚、总
彭、陈、刘、朱、叶、真

中D子6號C急　　晋察冀軍區來　　共七頁
1944.12.21.

美觀察組活動概況報告

葉：

美軍觀察組於十一月十一日達司令部至今已六週工作活動詳情已初步總結即送上，玆將此期間概況先電告如下：

（一）十一月十四日召開幹部歡迎晚會到會者千餘人，除致歡迎詞外，彼等均分別講話異常興奮。為使彼等全面了解，曾將職區目前軍事形勢，敵我斗爭態勢，作概括介紹，並將人民武裝發展，及斗爭經驗，扼要報告。另有邊區政府介紹數年來民主政治建設概況，觀察組全體聽誦，詳作筆記，均表滿意。另在本部作飛雷、槍榴弾、擲弾筒手榴弾、地雷等試驗，彼等驚訝欣賞非常。

（一）

（二）一週後即分別進行参觀及談話。畢德堅、路登曾参觀我軍需工業各工廠（硫酸廠在内）白求恩學校、國際和平醫院、及報社、陸軍中學，由事實証明我軍雖處敵後，而能自足自給，畢等嘗對國民党依靠外援，腐敗無能流露憤慨不止。我軍所見到處新穎，拍有照片多幅，並贈以我軍数年來戦斗照片，極欣喜。惠德賽、德穆克、杜倫訪問我新建立之聯絡處，搜集到軍事情報材料多種（轟炸目標詳圖、陸空救護站圖、沿海形勢圖、大本清之日本特務在中國敵軍行車時間表及一些繳獲文件等等）。尤對我繪圖製表甚為讚許，曾謂八路軍戦役情報依靠群众無飛機，此堅信戦略情報將有更大收穫，並謂美國不缺飛機、大砲，只感情報材料不足，尤在華北迫切與我情报合作。路登曾单独访问政府主任，各处長，参议会议長，对财政民政部门尤为注意，再告土地政策，税收政策及财政收支情形以为異常珍贵。曾言非数週精心研究不能一下了解。又赠以人民武装经验总结性之材料数种极为欣赏，谓河南、湖南、广西如曾开展人民武装斗争绝不致如此溃败。

〔三〕十二月份来乃分赴各地区实地考查。毕德坚亲赴平汉沿线曲阳、新乐一带，参观地道、地洞、化装、农民，深入群众，目睹严密构造，惊讶？不已。徒步铁路边，看见火车驰过，亲拍照片，車过，脚踏铁路，並亲見十余日軍從崗楼下来堵击他们，遥望新乐城不过五里，胜利归来，興奮百倍。恰我卅團之侦察连在正定公路上設伏，消灭敵人数十，僅十余逃脱，缴勝利品甚多，選為贈送，畢高興已極。另德穆克於十二月中旬赴冀察參觀，將至北平近郊攷查通訊、交通，約兩月後始能返。杜倫正整理轟炸目標材料，不日啓程赴冀中平原參觀。惠德賽於搜集若干材料後，已離此赴太行區參觀，將轉道回延。目前畢德堅已返軍區，約一週後將與路登、葛瑞斯動身共同回延。

（四）數週來觀察組在此工作，均甚積極熱情，政治情緒與日俱增。個別人如畢德堅，思想保守，對我了解不够，經實地攷查，深入下層，目睹工廠製造、鐵路沿線活動，精神大為振作。主動提出對我物資援助問題，並要求告以需要數字。我除表歡迎感謝外，只提軍火缺乏情形，未作任何要求。觀察組路登乃該組政治頭腦對我了解比較深刻。曾言：非僅願我抗戰中國結，且顧戰後與我繼續合作。惠德賽、德穆克、葛瑞斯，青年熱情，談話親切，常以共產党中國與國民党中國為對比。杜倫少談政治，但工作踏實，技術講述，非常誠懇。總之，彼等無一對蔣介石抱有希望者，而對國民党意見不一致。

〔五〕彼等對國共關係，異常關心。史迪威召回時，均極憤慨，痛罵蔣介石，情緒頗低落。及聞周副主席赴重慶談判，則甚歡喜。副主席攜談判條件返延，亦均樂觀。近聞赫爾利抵延，乃大歡騰。蓋國共關係好轉，美共關係密切時，彼等即鼓舞興奮。反之，華南戰爭惡化，節節敗退，即無限憤慨。嘗謂：救中國，非共產党之力量不可。縱對共產主義曾有非議，而對共產党之所作所為，欽佩至極。

〔六〕最近畢德堅與路登，親訪我會談，提出假設問題甚多。中心問題，因係如明年春初美軍於山東等地登陸時，晉察冀是否有力量，將各鐵路切斷，多長時間能修復。曾告以全面配合，動員及破壞敵人交通，以百團大戰為例，正太路即有月餘不能通車。目前，我軍又經四年之發展，其配合作用當必盛於百團大戰而無虞。然渠稱只需兩週之交通斷決即可。另問山東至晉察冀運輸交通如何。設美國軍火援助，將可能自海上以滑艇（每個等於五十架飛機運輸力），運至山東，不採緬甸路線。因山東地區形勢了解不夠，未作具體答覆，只告，相信是能打通運輸路線。經此談話後，彼等均感滿意。並感此談話非常重要。

〔七〕對彼等生活招待，一般均感很好。深

知敵後困難，皆無過高要求。美飛行員在此安全降落，一路慰勞招待，抵軍區又加物資補充修理。觀察組常以消耗我過多為歉。在此居住時，曾邀飛行員及觀察組對我幹部作技術常識講演，均皆熱情準備詳細報告。

（八）總觀對我印象皆極良好。我之艱苦奮斗，自力更生，軍民一致，官兵平等，所完成者多，所用者少，無不欽佩讚揚。尤其對長征老干部更為重視。然對我批評較少。經再三徵求後，所提主要是守時守信不够，出發前等候時間過長，了解工作進行遲緩，外國習慣了解不够，另認為在我八路軍內翻譯技術均差，英語不够流俐。然對我之虛心學習，重視翻譯，尚表滿意。

程唐耿 亥馬（十二月廿一日）

電台十二月1200/29收　　中機十二月1300/30收

四五年一月1850/5　　一月六日心寬抄

（七）

周恩来关于请转毛泽东致赫尔利电报给戴克海玛的信

1944年12月22日

戴克海瑪少校：

請將下列電報轉致赫爾利將軍：

“赫爾利將軍閣下：來電奉悉。在目前，吾人認為國民政府尚無根據我們提議的五條方針來進行談判的誠意，而周恩來將軍又因有某種會議需要準備，一時難以抽身，故我們提議請你先派包瑞德上校來延一談。敬候起居。毛澤東十二月廿二日。”

專此，謹致　敬意！

周恩來

十二月廿二

周恩来关于建立民主联合政府给赫尔利的信

1944年12月28日

（手稿，并附油印件、英文件）

周恩来同志致赫尔利信

赫尔利将军阁下：

包瑞德上校来延，获悉阁下对於毛主席十二月二十二日致阁下之信，因其文字错误，致发生误会，甚为遗憾。详情已托包上校面达，兹不赘述。

关於国民政府有无可能接受我们提议的建立民主的联合政府方针来进行谈判问题，我们不能再继续抽象的探讨，我们提出下列意见，请閣下特設有何方面，以觀其有奮決心實行民主和團結。我們認為國民政府果欲向國內外表示其為民主之決心，應先自動的實行：一、釋放全國政治犯，如葉挺、張學良、楊虎城、廖承志及大批被監禁的愛國志士；二、撤退包圍陝甘寧邊區及進攻華中新四軍、華南抗日縱隊的國民黨軍隊；三、取消限制人民自由的各种禁令，停止一切特务活动。诚许为安，则结束一党专政，建立（根据人民意志的民主纲领）联合政府的了解后，方得窥其端倪。阁下代表美大总统，数月来对于中国之抗战、民主与团结已尽其大努力，今于先生之提议，敝方能力促其成功。

当此年关，重申我的敬意

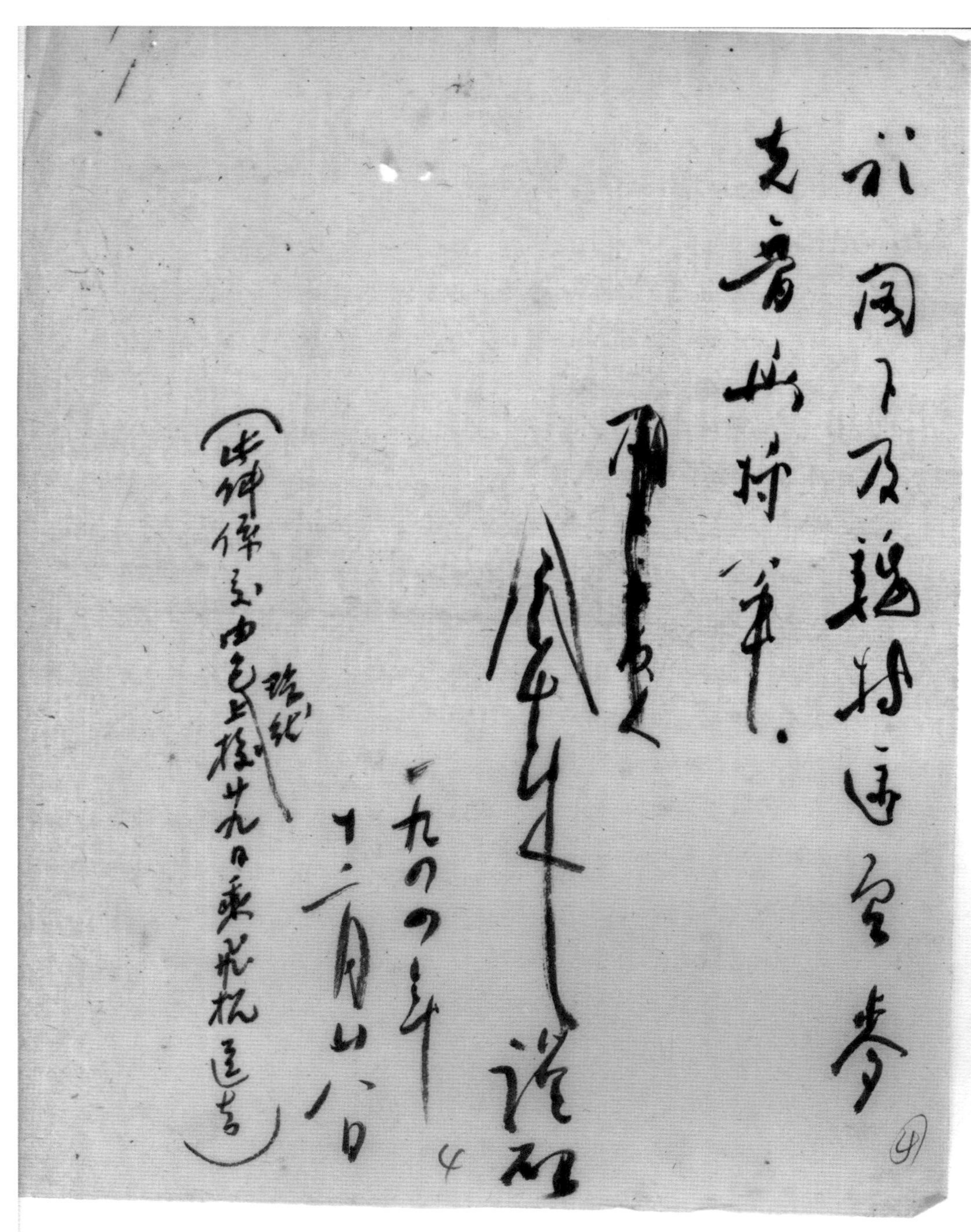

(40)

周恩來同志致赫尔利信

赫尔利将軍阁下：

包瑞德上校來延，獲悉阁下对於毛主席十二月二十二日致阁下之電，因電文弄錯，致發生誤會，甚為遺憾。詳情已經包上校面達，茲不贅述。

関於國民政府有無可能接受我们提議的建立民主的联合政府方針來進行談判问題，我们不願再継續抽象的探討，我们特提出下列意見，請阁下轉致有関方面，以覘其有否决心实行民主和团结。我们認為國民政府果欲向國内外表示其與民更始之决心，应先自動的实行：一，释放全國政治犯，如張学良、楊虎城、葉挺、廖承志及其他大批被監禁的愛國志士；二，撤退包圍陝甘寧边區及進攻華中新四軍華南抗日縱隊的國民党大軍；三，取消限制人民自由的各种禁令；四，停止一切特務活動。誠能如此，則取消一党專政建立根据人民意志的民主的联合政府的可能性，才得窺其端倪。阁下代表美大總統兩月來对於中國之抗战，民主與团结，已尽最大努力，今於吾人之提議，當願力促其成也。

專此奉告，並致我的敬意於阁下及魏特邁亜、麥克魯兩将軍。

周恩來 謹啟 一九四四年十二月廿八日

（此件係交由包瑞德上校廿九日乘飛机送去）

"英文稿"函"通"19

周副主席給赫尔利信

日期：1944年12月28日

①英文稿　1

②周副主席親筆稿　1

手稿文\布中文

Yenan, December 28, 1944

Major General Patrick J. Hurley,
Personal Representative of the
President of the United States,
Chungking, China.

My dear General Hurley:

On Colonel David D. Barrett's return to Yenan it was learned that you misunderstood the message from Chairman Mao Tse-tung dated December 22, 1944 because of mistakes in paraphrasing. We regret that this has happened. Colonel Barrett was asked to inform you of the details in person so that I will not repeat them here.

In regards to whether or not it is possible for the National Government to accept our proposal of establishing a democratic coalition government in order to carry on negotiations, we are not willing to continue again abstract discussions on this question. Instead, we would rather put forth the opinions mentioned below which we kindly ask you to transfer to the authorities concerned and thus to see whether they are determined to realize democracy and unity. We consider that if the National Government wishes to prove to China and abroad its determination to make a new start together with the people, it should first voluntarily carry out the following:

1. Release all political prisoners in the country such as Chang Hsueh-liang, Yang Hu-chen, Yeh Ting, Liao Ch'eng-chih and numerous other patriots still in prison.
2. Withdraw the large Kuomintang forces surrounding the Shensi-Kansu-Ninghsia Border Region and those attacking the New Fourth Army in Central China and the anti-Japanese Column in South China.
3. Abolish all the repressive regulations restricting freedom of the people.
4. Stop all special secret service activity.

If these can be truly carried out then beginning signs can be seen of the possibility of abolishing oneparty dictatorship and of establishing a democratic coalition government according to the wishes of the people. Since you as personal representative of the President of the United States, have, for the past two months, devoted great efforts to helping the Chinese war of resistance, democracy and unity, we feel sure that you will do your best to see this through.

With my warmest regards and respect to you and to General Wedemeyer and General McClure.

Yours respectfully,

Chow En-lai

程子华等关于美军观察组对我印象极好给叶剑英的电报

1944 年 12 月 30 日

666

中D字12號C急　　晉察冀華區來　　共四頁
1944·12·30·

美軍觀察組對我印象極好

楊、彭、葉、朱、劉、周、滕、彭、滕

葉：

（一）美軍觀察組，畢德堅、路登、葛瑞斯三人，已於本月廿九日由此動身回延。經盤道梁，晉綏，米脂，並希在米脂準備汽車。他們計劃一月廿四日前，到延。二月十四日前，回到華盛頓。

（二）出發前日，他們接包瑞德電，謂此間如能建立飛機場，他們可派C47運輸機來。原來他們初到時即接到此問題，我們曾告訴只延安有指示，在此建立飛機場，絕無問題。且曾選兩處詳細測量，但他們對飛機是否能來，甚抱懷疑，因未動工。目前地凍二尺厚，挖是過於困難，時機既過，只好有待明春。對此他們甚感美國決定問題猶豫，如早決定能來飛機，此時

（一）

飛機場早已完成。

（三）臨行前，他們正式告訴我們，回美國後不久他們即將重來。（也許在明年四、五月間）。畢德堅謂，將携一批軍官來帮助軍事。路登謂，將來此建立大使館辦事處，他說在華北建立使館或領事館都表困難，但，建立大使館辦事處有可能，並說他曾建議在華（河）北、山東及蘇北都建立辦事處，未得答覆。

（四）總觀他們此來對我印象極好。主要是所見一切不但與軍委所告相符，且超出他們意料。（另有總結報告）。我們所供給之材料及情報，他們都異常珍貴，（每種材料都已单寄軍委一份）。包瑞德曾來電鼓勵他們說：所電告之材料已超出他們希望。他們此期間葛瑞斯在路上時即由中士升為上士，惠德賽中尉升為上尉。另據我了解此次路登對我政治了解較深刻，畢德堅對我軍事了解也很多。路登曾表示此次來主要是交朋友，下次來再實際工作，並說他們應非常慎重，不然不但交不上朋友，且會失掉朋友。

(五)他們過去不了解我之民主政治，個别不同意我之共産主義，(如畢德堅)但在此參觀後他説：對你們的主義雖有不同意見，而你們所做的一切我非常同意，且贊美。路登説你們的民主政治雖還只是開始，而所走方向是正確的，雖非完全人民自己管理，而即是真正為了人民。

(六)對我缺点前後指出，時間觀念薄弱，不够科學。部隊行軍注意休息不够，翻譯不够熟練，美國習慣了解不够，長征歷史没有正式記載(路登兩次酒後提到没有寫長征的歷史，為我之缺點。估計他有任務了解我過去，乃以強調此点)。

(三)

（七）杜倫以？原說中語很少，最近酒醉後能說很流俐中語，出？我意料。因此我們感覺對只說英語的外國人，我們說中國話時，還要特別注意。再者外國人在外交上的體面要注意，有時與我無關的事，要帮助他維持體面，如聖誕節曾開晚會聯歡，葛瑞斯因興發奮要，言講話，畢德堅當場制止，葛會後追到畢房要毆打，畢為我勸。在次日他們都非常不失意思。我則假裝不知，並告聯歡時因興奮而多喝些酒？在中國也常有，同時分頭同他們單独談。聯歡時可盡情快樂，不必拘束。對上級長官意見，也應更加尊敬。談後他們對我非常感激。

程肩耿
亥陷（十二月卅日）

電台一月$\frac{1130}{9}$收　　中機一月$\frac{1400}{10}$收

$\frac{1900}{12}$譯出　　四五年一月十二日晚心寬抄

（四）

斯彻特梅耶关于感谢协助美国空军气象工作给朱德的电报

1945 年 1 月 5 日

五、印緬戰區空軍總部斯潵特梅耶致朱總司令電（1945、I、5）

印緬戰區空軍總部

一九四五年一月五日

AIB20I、22號

事由：　對美國空軍氣象工作之協助，

致　　中國戰區美軍總司令轉觀察組交十八集團軍總司令朱德將軍，

甲、　第十氣象區區監察官愛爾斯遲斯上校最近訪延歸來，曾向余報告，華北政府在氣象上之優異工作及對吾人共同戰爭之顯著貢獻。愛上校及其部下深蒙妥善照料，及各方之極願合作的態度，彼特表敬謝之意。

乙、　愛上校認為、貴政府及第十氣象隊人員共同開辦之氣象學校所訓練人員，使本空軍之氣象工作效率大為增加。余等對閣下在此項重要之共同努力中之協助，同表謝意。

丙、　余獲悉華北政府之救援部門，曾使遠離基地之許多我方失事航空人員獲救生還，深堪感激。余願代表美國空軍向閣下致謝，感謝閣下在吾人共同事業中之寶貴努力。

GE、斯潵特梅耶

美軍少將總司令

魏德迈关于感谢我对美军观察组之合作给朱德的信

1945年1月13日

中國戰區美軍總司令部

致陝西延安十八集团軍朱總司令　　　　一九四五年一月十三日
　　　　　　　　　　　　　　　　　　中国重慶

朱將軍閣下：

隨函轉上印緬戰場空軍總司令斯徹特梅耶少將来函一件，敬祈查收。

余亦願对閣下及貴方所予第十氣象隊及在延美軍观察組一切人員之優越合作，表示余之敬佩感谢之意

華北人民所予我方失事空軍人員之帮助，使彼等得重返基地，继續对共同敵人日本作战，对閣下及貴方人民此等可貴之帮助，特致謝意。

閣下之至友

A、C魏德梅耶
美軍少將總司令

中共中央军委关于对美国人费特赛之死的处理给邓小平等的电报

1945年2月13日

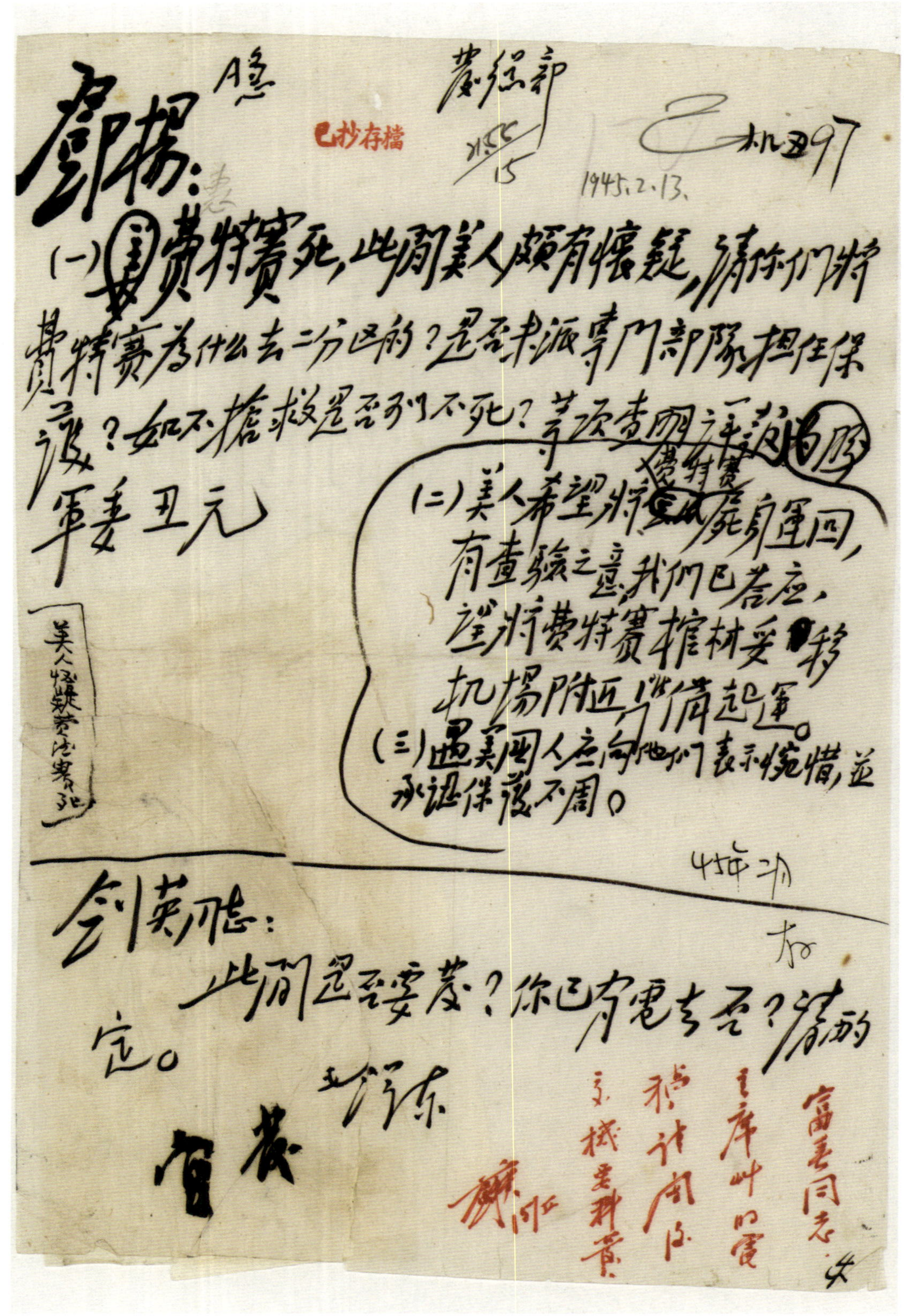

A急

发总部

已抄存档

机要297

1945.2.13.

邓杨：

（一）美贵特赛死，此间美人颇有怀疑，请你们将贵特赛为什么去二分区的？是否未派专门部队担任保护？如不抢救是否可以不死？等项查明详报为盼。

（二）美人希望将贵特赛尸身运回，有查验之意，我们已答应，望将贵特赛棺材妥移机场附近，准备起运。

（三）遇美国人应向他们表示惋惜，并承认保护不周。

军委 丑元

美人怀疑我方害死

45年2月

剑英同志：

此间是否要发？你已有电去否？请酌定。

毛泽东

富春同志：主席、叶已阅，稿请阅后交机要科发

美军观察组谢伟思给毛泽东的信

1945年3月12日

(中译文、英文)

美軍觀察組

延安，三月十二日，一九四五年。

毛主席閣下：

我很高興回到延安，这裡有这樣多的朋友，好像是回到了家。我希望能住上兩個到三個禮拜，並希望以後能每隔一個時期到延安來一次。

我知道你很忙。假使你能抽出一点時间，讓我拜會你，聽到你对時局的意见，这对我個人是一種快樂，对於美國國務部也是極為有利。

謝偉思上。

U.S. Army Observer Section
Yenan
March 12, 1945

Dear Chairman Mao,

I am very happy to be back in Yenan, where I have found so many friends and feel so much at home. I expect to stay for two or three weeks, and have the expectation of being able to return to Yenan at regular intervals in the future.

You are, I know, extremely busy. But it will afford me much personal pleasure, and will be of great interest to the State Department, if you can give me an opportunity to call upon you and to learn your views on current problems.

Very sincerely,

Jack Service

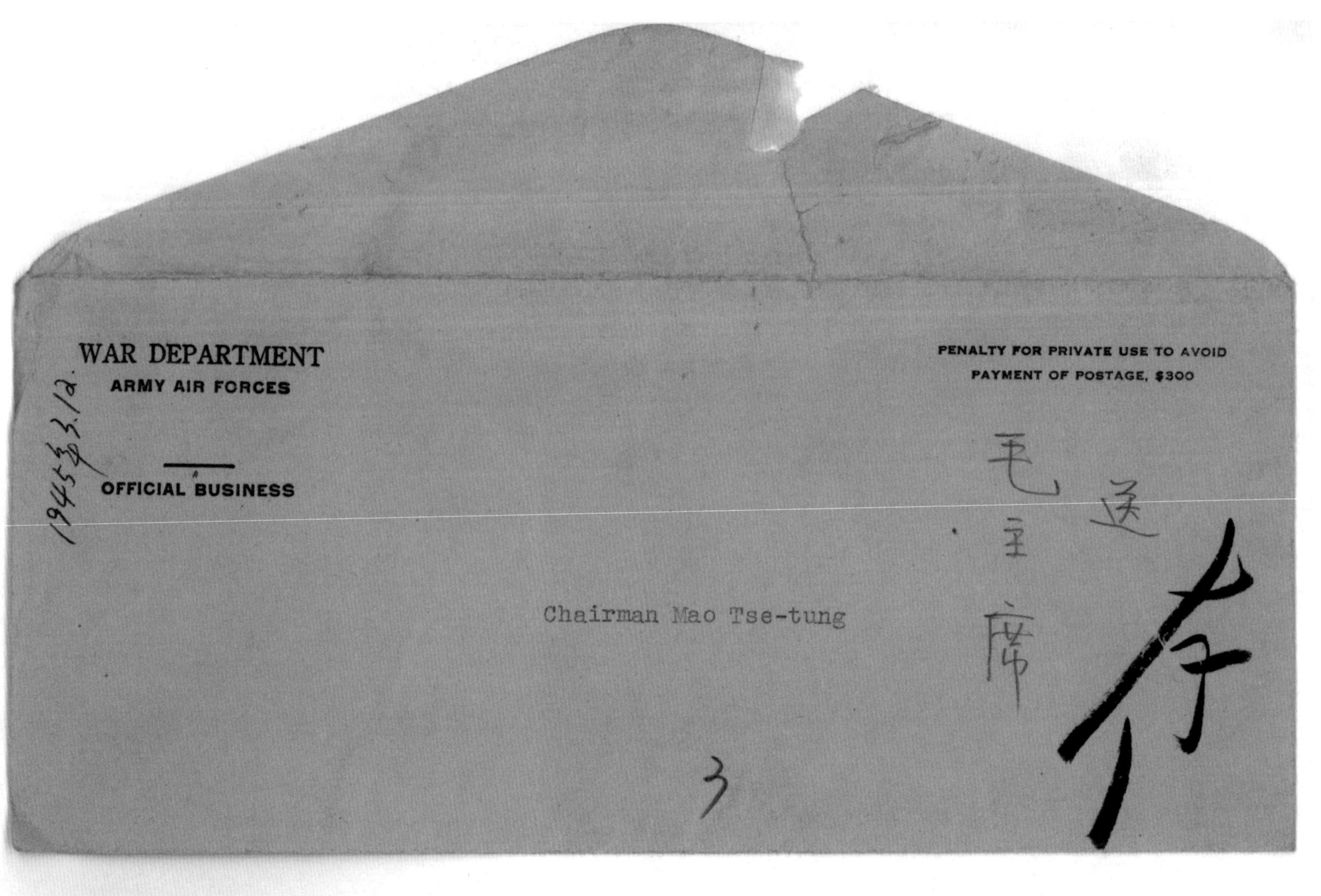
WAR DEPARTMENT
ARMY AIR FORCES
OFFICIAL BUSINESS
PENALTY FOR PRIVATE USE TO AVOID
PAYMENT OF POSTAGE, $300
毛主席
送
Chairman Mao Tse-tung

八路军驻重庆办事处关于谢伟思八日飞美等情况的电报

1945年4月10日

240

已 抄送林康 21.34 2/13

送周、朱、刘、彭阅

中A卯13號

1945.4. 渝乙台來

謝偉思八日返美

今日晚，謝偉思來向家康辞行；八日晨，已飛回華盛頓。據謝談：正式係馬歇尔直接來電，要他於十四日趕到美國，另有任務。此間美人方面都認為謝是被赫尔利赶掉的，但謝自已說，不大像。同時魏德邁亞，將於兩三日內返渝，条不似赫尔利政策完全勝利。

謝謂：赫氏二日聲明，係美國對國共雙方都壓之表現，裡面還有文章。假使美國政府，明知蘇联對遠東積極，仍居然按照赫尔利政策辦事，真不可理解。謝又謂：此次返國，似與美軍在華登陸有関。同時，國民党要求美軍登陸，隨帶國民党政府地方官吏，以便建立供给。美方已擱置不理。宋子文，约是在三藩羅会见赫尔利云。

從邵力子口氣，政府可允董帶三人，但怕提出我方堅持非六人不可。特别不願郭先生與新華日報記者走。仍在交涉中。

密收发電人分密日期——中机

四月16.10/10台收，21.30/10机收，11.15/11译新

《解放日报》关于毛泽东、朱德致电杜鲁门总统及函美军观察组悼唁罗斯福总统的报道

1945 年 4 月 14 日

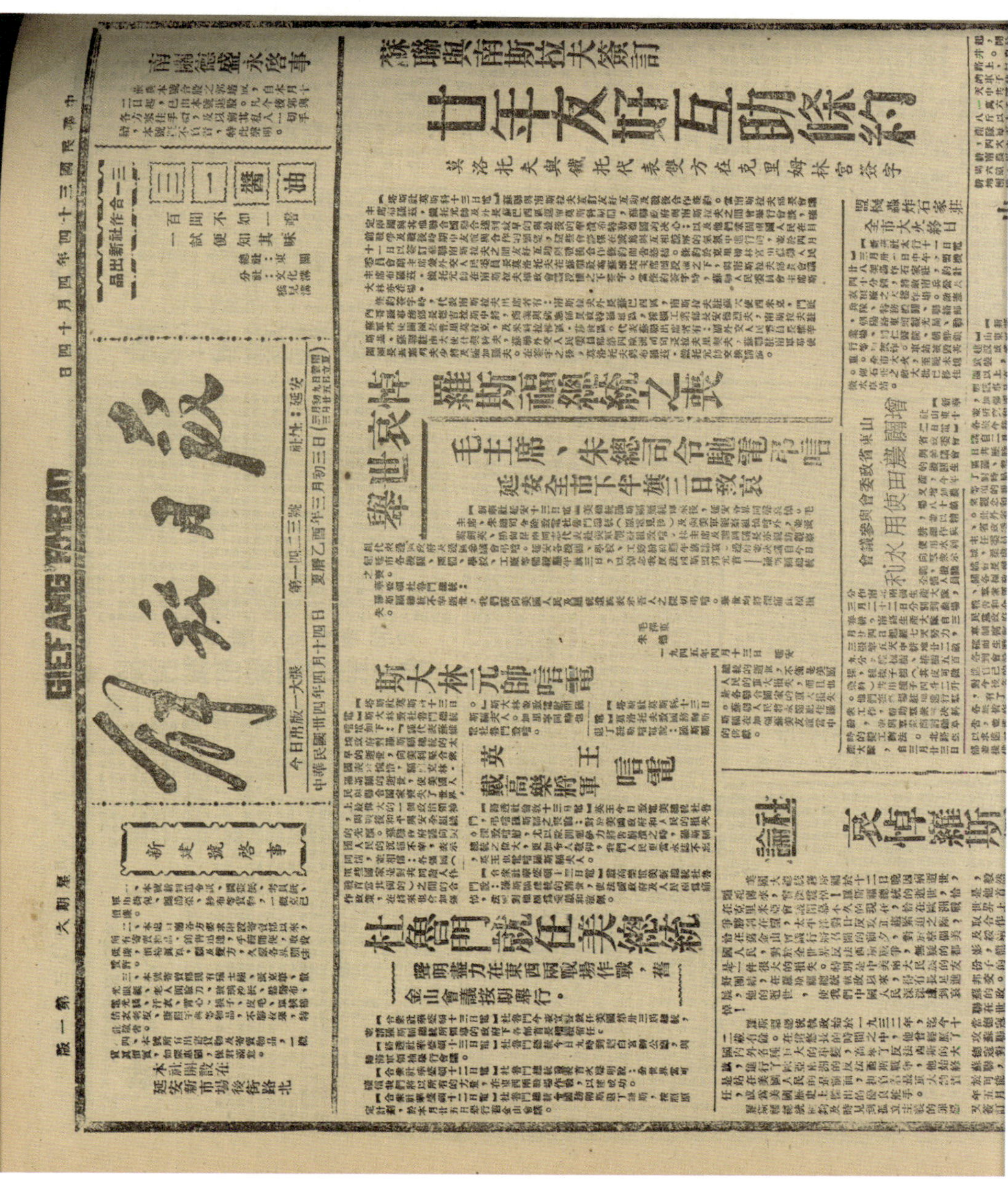

中華民國三十四年四月十四日

GIEFANG RIBAO

解放日報

今日出版一大張　第一四二三號　社址：延安

中華民國卅四年四月十四日　夏曆乙酉年三月初三日

三一合作社新出品

三一醬油

南關龍盤永啓事

蘇聯與南斯拉夫簽訂

廿年友好互助條約

莫洛托夫與鐵托代表雙方在克里姆林宮簽字

羅斯福總統之喪

悼羅斯福

毛主席、朱總司令致電唁

延安全市下半旗三日致哀

斯大林元帥唁電

英王、蔣委員長唁電

杜魯門就任美總統

社論

悼羅斯福

斯諾·蘇聯駐華大使什契科夫，蘇聯外交人民委員部第四歐洲司司長拉夫里契夫，蘇聯駐南軍事使團團長基塞列夫少將及薩加雅夫。在簽字之後，莫洛托夫與布羅茲·鐵托元帥交換講演。

悼哀世舉

羅斯福總統之喪

毛主席、朱總司令馳電弔唁

延安全市下半旗三日致哀

【新華社延安十三日電】美總統羅斯福噩耗傳來後，延安各界同聲哀悼。毛主席、朱總司令除致電杜魯門總統（原電見後）及與美軍觀察組慎唁外，並派葉劍英、楊尚昆兩同志代表赴美軍觀察組致唁，林主席及謝副議長亦親訪觀察組代表邊區政府及邊區參議會弔唁。延安各機關、學校、工廠紛紛懸半旗誌哀，邊府並決議自今日起延市各機關、團體、學校、工廠等繼續懸半旗三日，以悼念我反法西斯盟邦元首——羅斯福總統之喪。

華盛頓杜魯門總統：

羅斯福總統不幸逝世，我們謹向美國人民及總統遺族表示吾人之深切弔唁。舉世均將深痛此種損失。

毛澤東　朱德

一九四五年四月十三日　延安

斯大林元帥唁電

總統的逝世，不僅是美國人民的重大損失，而且也是各聯合國家的重大損失

山東省政委會與參議會

增闢農田使用水利

分佈南北兩側生產……三月二十二日分別到……春耕。南路生產大隊……月廿四日起經七天……三張犂五天中耕地……九分，犂槐樹、椿樹……棵，種橡子樹（其中……染料）共用種子四……。他們在……場駐地……

……行等……被炸。車站……重。傅石莊之敵大批……撤水車站。

叶剑英与美军观察组毕德金、斯文生及斯特尔的谈话记录

1945年6月2日

①

六月二日葉參謀長與美軍觀察組
畢德金中校，斯文生少校及斯特尔上尉

談話紀錄

畢德金：1.美軍通信部隊情報部门，为進行偵察收聽及猜譯日軍電碼，從貴陽到北方建立了一线的偵察電台。現擬在延安設立一台，經哈史少尉在觀察組試驗结果，收聽日方電碼非常清晰。如獲允許，要求在延安數英里内設立此台，該台需要有较開闊的環境，由美軍四人管理。

2.擬派三人去太行。一戰前序列人員。如給一位八路軍報务员时，將来擬由太行三人中分一人携同中國報务员去晋察冀工作。郎迪中尉对該处情报工作評價很高。如同意，擬派哈克中尉及二名軍士前往。擬於六月十日在在派机接取飛行员时带這批人去。

3.擬派一气象人员去晋綏駐下進行气球測量风云工作。

4.要求有關敵軍死伤统计，可否介绍观察组人员与司令部有关人员接头。

5.如果上级允许派L-5式單引擎飛机二架駐延，担任接取供應晋綏美軍人员之用，可否以延安机場為基地。

斯文生：1.魏德梅耶將軍已指示OSS（即美軍戰略服务部）負責在華北建美軍通讯網。我是中國戰区OSS之負責通讯工作軍官。如獲同意即可進行。

2.本计划所需之器材及人员一部已在此地，一部尚在途中。將以延安為基地，各根據地設中间台，各分区設下級台，前方之電台可由中美人员共同工作。我们供給必需之器材人员及训练设备，以保迅速之通讯。

2

3. 拟带来负责装置及训练之队人员及训练器材。

4. 人员，装备，及供给均由飞机载负至地跳伞或投掷下去。

参谋长：在谈及上述问题之前，首先申明：

1. 观察组来延一年，叶、斯二位难得共事，你们了解我不是坏人，我们愿意合作，你们对此会同意的。现在我们从友谊的来谈谈这个问题。

2. 一年可分为赫尔利声明以前及声明以后二个时期。前一时期，我方对美军是无条件合作，虽然此时美军总部并无合作的信件给我们。以后赫尔利声明，美方对我合作的希望回答是不愿与我合作，我们此时仍然希望合作。全世界上找不到这样无条件合作的例子的。美军人员有时要求我们开列所需物品，我们从未开口要任何物品。叶、斯二位亲历此事，我们未受过一枪一炮。邓纳文将军来华，我们为了解决伤军，曾提出过一个预算。此外再无其他要求。然而赫尔利却造谣说我们要美军供给武器，这是无耻的诬蔑。赫尔利在延，同意我方五条意见，签过字的，在赫尔利上述声明之后，我们仍未将他同意五条之事公布，我们闭起嘴巴，没有驳斥他，希望仍能实现合作。我希望二位了解这些事实，延安的态度是合作的态度，一年过程，已充分证明。我们是愿意与美国政府军队人民合作的。

我们希望合作希望了一年，答复是不合作。在这一年内，没有任何一个美国官方有资格人士寄过一封信或谈过合作。你们二位奔走往返，很努力促想促成合作。迄今为止，没有一件事证明你们要求合作。没有一个负责军官来此谈过你们在中国的战略，以及与八路军新四军在华北华中华南合作的计划。一年努力，没有结果，你们态度是不合作的态度。

3. 今天你们提出华北通讯计划，魏德迈总部指示通过批准进行。但是既无介绍信或公函给我方提出此事。按照中国办公事的习惯，这是不能接受处理的，希望你们原谅。虽然没有介绍或公函，我们仍然答应将你们提议向毛主席总司令报告，考虑。

斯文生：我是战区OSS通讯军官，受麦克处派通讯调事，对必要之人员器材，有权调动。前方需要，由中美两方共同办。一切情报你们不愿重庆知道的，决不送他们。通讯网之设立，对双方均有利，加速你们的~~运动~~游击行动，飞机可以共同使用。愈快进行，愈早打败日本，到东京去吃茶去。

参谋长：受政府政策限制，我了解你们不能更多进行。坦白的说，这个提议对我们是一大负担，惠特塞上尉在前方牺牲，为了救出他我们调动三个团去解救他，牺牲近百。美国朋友常想要到敌后，对我们以后调动部队负保护，在我今天敌后环境下，部队常以游击活动，不能集中作战，武器不好，子弹不足，因此对我是很重的责任。鉴于惠特塞之死，一般说来，我们不欢迎美国朋友到敌后环境中去工作。我们赞成我们派人去代办，不赞成你们自己去做。

斯文生：我们不需保护，可以自己保护自己。他们都是经过战争的经过训练的，全副武装。经过跳伞训练，不靠当地生活。给养均由飞机送去。这个计划是世界上第一大的通讯网。为了迅速作战，愈早需要建立。

~~斯特尔：（美）我以个人资格谈谈，有些是不应该说的。斯旧到魏德迈将军正式指示，来建立通讯网。这个合作是我们所要和八路军所爱是共同的。现在已准备好，只被允许，不论大小，只能开始。现在是开始的时了。斯文生代表进行此事。斯文生提出通讯网作为一种基础，参谋长提出何用途为何。我们首是情报工作之用。国际翻译，情报适合需要，人员经过训练，有经验。建设起来，事情会更快进展。将来新的发展，再将来再进行。只对斯文生很愤今天~~

斯特尔：美军在中国，延安的一些情况不告诉重庆，重庆的一些情况，不告诉延安，我们主要是对日作战。我们相互需要友谊的信赖。为了工作，我们与各种人合作，也与戴笠合作。但我们不是在戴笠指挥下，我们在魏德迈将军及美国联合参谋部指挥之下工作。此间情况不愿~~到~~转入戴及蒋手中去，决不~~泄~~漏出去。参谋长说的事情要一步一步提出，我亦同感。但是一些事情已可开始之时，就应该开始。

＊接P4 斯发言

参谋长：通讯网问题作为一个局部的，可以考虑。空军地上协助，情报，气象，通讯，我们对此同意，均须从~~整~~整个计划为了你们军事行动去考虑。美军在我区总的计划为何，要进行什么活动，要我们做什么事，如果我们不知道这些情况，我们无法考虑及处理此类问题。~~若果~~我们知道你有多少部队，多少枪，做什么，则可以做计划处理。

4

否则我们很困难加以考虑。请原谅，是不是赫尔利讲了那种话后，我们就不打日本了？我们仍然要打日本的。但现在情况很混乱。需要了解了整个计划之后，我们才能研究这些问题。

斯文生：通讯网是共同军事行动之基础，进行迅速作战，靠队伍交通是不行的。迟早都要开始的。

参谋长：通讯附属于战略方针和行动，如果我们同意这个计划，我们必须知道整个计划部队分布，才能确定电台位置，现在我头脑内是没有确定好其位置，因为没有根据拟出计划。我们有[illegible]求魏德迈将军讨论整个计划。我可以保证一切东西不会让日本知道，在国民党地区常常走漏消息。你们所提议及我们的困难，均需照顾，需要相当考虑对方情形，研究，考虑及商谈。请美国朋友设身处地站到八路军地位上想想。请你们指教。

斯文生：我对政治，政策，和陆军，我管不到。我是负责设立通讯网的。

斯特尔：现在我只能用个人来谈，有些话是我不应说的。斯文生本来得到魏德迈将军指示来此建立通讯网。这件工作没有进展，其中我们所受之阻碍与你们所受之阻碍是一样的。今天得到允许，就无论大小，应当开始。我们已等了好久，没有开始，现在得到允许，就该快点开始。我的事。斯提出以通讯网作为基础，参谋长却未提出何种用途。用途我想知道是情报工作，这可以带有翻译，我们作战与你们不同，需要之情报也不同。你们供给的不能适合我方需要。我们人员有经验，并是良材。通讯网设立之后，事情会更快进展。其他部分合作，也会快些到来。美方通讯，联络，情报人员可以很快就来。这保护问题，请不必当作一个负担，他们是受过训练的老兵，他们自己保护自己。（据说命令已在準备之中。）惠特塞之牺牲，没有一个有思想的美国人会怪罪八路军。救援美机牺牲了人，我们很感激。叶将军对于机密是否有顾虑？不必。一切情报在经过我看过，凡是关系八路军安全的，即使很间接的，我都小心不会转给国民党。一切情报经由前方送延。在延安我们不谈国民党的情况，在重庆我们不谈延安的情况，我们专为是打日本。需要友谊信任。【*此下接第三页斯特尔发言】

参谋长：你们在西安帮助戴笠训练3000人，派赴河南，山东，河北，华中，

5.

扰乱我区秩序。即使放开政治问题不谈，只谈O.S.S.，你们帮助了戴笠，增加了反对我们的危险。像这样的戴笠人员，我们不能与之合作。这是我们的痛苦。斯先生及梅乐斯谈通讯问题，在你自己是正确的，在我方不能如此单独看问题。我要把你们的意见向上级提出，然后再答复你们。同意不同意？我们近百万军队，合作抗日，可以缩短战争，减少你们美国人命牺牲。没有帮助外国，我们一千年也打下去，也要打胜，十年二十年三十年，我们一定打下去。现在问题已经提出，我们需要研究，在没有达到解决之前，你们须等待。请把我们的感觉和困难报告给你们的上级。双方都需考虑，求得一步步接近。在深刻考虑之后，为了把情况改善，求能结果，需要从整个局面考虑问题。以前考虑这一切问题，都是在美方愿合作的前提之下来考虑的，不是孤立的。通讯调计划是在那种情况下考虑的。海军登陆、空袭、通讯、情报。不管计划改了，改了多少，或不改，现在需要从整个计划从头谈起。需要从头一步开始。你们不从头一部开始，要从中间开始。不能不要头，要从第一步开始。需要经过梅乐斯，迪凯，或任何负责人员公开表示合作，谈论整个计划，然后才能谈各个部分问题，否则不能施行。这是第一，第二，第三，三个步子。我们坚持这个意见。

魏德迈给延安观察组组长的命令

1945年7月28日

题目：延安观察组　　　　　　一九四五年七月廿八日

给：延安观察组长

1.中国陕西延安观察组成立后，即刻有效。

2.延安观察组组長直接对中国战区總司令负責在延安工作的一切美国人員概歸他指揮，他應指令延安观察組一切美国人員遵守下列规則：——

(a)除非經过和得到延安观察組組長按照總司令部所定下的政策而給予的同意，不能对共產党或任何共產党人員答應什麼。

(b)不能与中国人，或除了執行职務的美国軍隊或大使館人物之外的人討論政治或政治性質的題目。

(c)在華美軍政策的條規應嚴格遵行。

(d)延安观察組派出之美国人員如遇共產党軍隊与除了日軍及日人控制下的偽軍之外的任何軍隊發生衝突時，一切美国人員必須撤退出該發生事变的区域，立即将事实報告，由观察组組長报告總司令部。

(e)不得以美国軍火彈药和供應品给予任何共產党人員，除非得到中国战区美軍总司令之批准。

3.下列各机关得派代表作為延安观察组之一部份或附属於延安观察组：

(a)OSS(战略活动局)

(b)AGAS(航空救护组)

(c)第十氣象队

(d)JICA(联合情报收集處)

(e)任何由总司令部所派出的其他机关。

4.上列各机关可以進行下列活动：

(a)中国战区美軍总司令部得派人員至延安观察组以便取得情況之充分报告。

(b)中国战区战略活动局之活动限於情报收集一切报告送達战区总司令部惟必副本给予观察组々長。

(c)航空救护组負責在共產党区域之一切脱險的和撤退的事情

(d)第十氣象队負責收集氣象材料並报告中国战区一定机关

(e)联合情报收集處負責傳達延安观察组々長的需要的政治的(或)軍事的情报惟須依照本司令部所已确定的政策。

5.延安观察组组長負责调整由延安基地派往共產党统治区域的一切机关人员之活动，避免重複监督其执行上列一切指示。

下列各项必须特别注意其情报必须立即電達中国战区总司令部：

(a)敌軍之地点、力量和調动(大小、調动方向、部隊性質)

(b)敌人設防之地点及其性質

(c)一切交通之情况、要点、及運输量，包括鐵路公路及内河。

(d)敌人工業之地点、性質和產量。

(e)海洋航運之情报，包括港口設備。

(f)收集敌人文件和軍事组织之事实包括其实在武装設備

(g)共產党軍事组织的性質和力量包括他們的实在武装設備。

6.延安观察组一切設備為一切派至观察组的机关代表所得享用。

魏德邁耶中将

命令

3.

魏德迈关于建议美军派人视察国共军队以防两军冲突致毛泽东的信

1945年7月30日

毛澤東先生閣下：

傾聞

閣下對鄙人擬遣派雅頓上校為本人代表並主持延安視察組之消息極為高興，鄙人謹以此致謝，鄙人相信在

閣下與雅頓上校之間彼此公私關係將來必俱融洽無間也。

現鄙人已接到公報得知十八集团軍總司令朱德將軍及副總司令彭德怀將軍，关于最近十八集团軍與政府軍武裝衝突之事，曾由無線電向委員長有所申請，特別是依據陝甘边区貴方部隊之報告，在过去一星期內，該方面反共活动有增無已。該報告續称，劇烈的战爭已進行三日，現在尚無停战之象徵，該報告建議在日敌当前之今日，中国及中国人民之命運，依賴国民党與共產党之团结。

竊自鄙人到達以來，對於貴国政治事務力求避免干預，想為

閣下所熟知，鄙人之惟一目的，為協助中国人民使能自助而擊敗共同之敌人—日本。

即对于今日国共两党之政治的爭執，鄙人亦不擬捲入漩渦，但鄙人既為美国駐華軍總司令，又為蔣委員長之參謀長，故对于運用在中国战区内活动之一切盟方力量一点，不能不極端重

1.

視鄙人感覺保證一切可能運用之人力物力，繼續用於對日战争，实爲鄙人之职責。因此之故，上述朱德將軍與彭德怀將軍之報告，使吾人不能不立刻採取行动，保証中国軍力之用於对日战争。因此鄙人曾向

委員長提出下列建議：

a. 由鄙人遣派至少美国軍官二人，士兵五人，攜帶無線電裝備，駐在與貴軍毗連或接近之中央政府各師内。該項美国人員就中央政府各師对被派遣之工作情形，向鄙人隨時提出報告。

b. 由鄙人遣派至少美国軍官二人，士兵五人，攜帶無線電裝備，駐在與中央政府軍隊毗連或接近之貴軍各師内。該項人員就貴軍各師对被派遣之工作情形，經由雅頓上校，向鄙人隨時報告。

c. 凡由鄙人遣派美国官兵駐紮之各中央師，由委員長訓令各該師之長，关于各該師部隊下至連部（包括連部在内）之位置移动及差遣，應由各該師每日以詳情告知該項美国官兵，並予該項美国官兵以机会，使能親眼視察該項位置、移动及差遣。

d. 凡由鄙人遣派駐紮之貴軍各师，由閣下訓令各師之長，关于各該師部隊下至連部（包括連部在内）之位置移动及差遣，應由各該師之長每日以詳情告知該項美

国官兵並予該項美国官兵以机会，使能親眼視察該項位置移動及差遣。

七.鄙人接到駐在中央師的美国官兵報告后，立即撮要書面報告委員長。

8.雅頓上校接到駐在貴軍各师的美国官兵报告后，立即撮要用書面报告。

閣下。

9.鄙人將上項办法所獲得之材料报告美国政府。

关于中央政府及貴处双方軍隊之活动有許多的互相誤解和錯誤报導，鄙人感覺採取上項实事求是之办法关于中央軍及貴軍部隊使用情形，鄙人能獲得一种真实的客观的無所偏袒的报告，鄙人亦可以事实的材料呈报美国政府。

回憶鄙人客冬初抵中国之時，周恩來先生曾在重慶数度过訪鄙人，鄙人因得聆悉彼之共產党人的观点，而对日抗战到底即其观点之一也，鄙人深信

閣下與

委員長俱與鄙人有此同感，即久苦战禍負困萬分之貴国人民，期望和平，实至殷切，倘此次墼敗日本之后，而又继續战爭不已

之。

似来乱因苦共破坏，有加無已，則不幸之事，誠無有过于此者。倘
閣下共雅頓上校討論上項建議，並及早以
委員長討論閣下意見見復，鄙人实不勝感謝。鄙人前已言及上
述計划已共
委員長討論，他对于此項計划十分贊同。倘能獲
閣下之贊同，鄙人願立即遣派美国代表携带通訊工具，前来延
安並即将該項工具分配至貴处各部，同時分配給中央政府部
隊。

美軍総司令陸軍少将

魏德邁謹啓

一九四五年七月卅日

右函送陳

延安中国共產党中央委員会主席

——→毛澤東先生

4.

叶顿关于魏德迈讲错一件事给毛泽东的信

1945 年 8 月 5 日

延安观察組總部

中國共產党中央执行委員会主席毛澤東先生：

延安．中國．

我的敬爱的毛先生：

魏德邁耶将軍刚由無線電通知我說：自我離開以後，他發現了在他寫給你的关於若干時以前你的軍隊所逮捕的四位美國人和一位中國人一事的那封信中，他講錯了一件事实。

完全由於误会，魏德邁耶将軍說那被補的中國人是翻譯员．戰略活動局（OSS）派這几個人的主要目的是去與貴軍接头，以便確定当軍事活动達到其地區時他們将抱什么態度和将有什麼行動．該中國人之所以被俘去，是因為他自称對該地的本地人很熟悉，要用他來当接头人。

魏德邁耶将軍說他並不確知此人是屬於戴笠的．可是他对於误会之發生，極為抱歉，並要向你保証他並不是故意曲解事实或把不確的事情告訴你的。

葉頓上校謹啟

一九四五年八月五日．

28

叶顿参谋团为办理被日本俘虏之美方人员给叶剑英的电报

1945年8月17日

十二、美葉頓上校爲辦理被日本俘擄之美方人員給葉參謀長的電

美軍觀察組　　　　17.8.1945.

空軍地上援助組

中國延安

十八集團軍

參謀長

葉劍英將軍

葉將軍閣下：

隨着日本的正式投降，美國政府將切望加速辦理前被日本俘擄或拘留之盟國人員返國，因此，我們應提供下列計劃，請十八集團軍參謀部考慮：

A.派遣醫藥、管理人員，每隊不超出六個人到現在已知或將來發現之在滿洲、朝鮮、海南島以及解放區　貴軍控制下的城市：北平、濰縣、天津、上海、香港與廣州之俘虜營與拘留營。

B.該隊目的將專門爲照顧俘虜及被拘留者，向中國戰區美軍總部報告他們的情況，并加速佈置遣送他們各回國事宜。所用的人員大多數將是美軍人員，他們的工作將完全是慈善的，與軍事的或政治的活動無關。

C.一切隊員均將持有證書，說明他們的任務，乃慈善性質。如　貴方希望時，凡空運他們赴目的地或運送供給品給他們，該飛機可以除一般美國徽標外再加以特殊標記，無綫電通訊將由　貴方電台與貴方人員任營，由我方盡可能補充材料及予以帮助。

電報將限於與俘虜及拘留人員的安全與撤退有關事項。我們要求獲悉　貴方對上列活動之意見，以便儘早進行。

閣下之至友

依凡·D·葉頓參謀團，

上校組長

23

周恩来关于美拟撤退在延观察组给中央的请示电

1946年3月11日

第458號

4.89.1

8.8
126

中共寅2039冊之一
1946.3.11大台來

已抄、急、

美撤退在延觀察組

中央並告葉饒羅：

(一)馬歇尔轉來魏德邁通知為執行美陸軍部復員計劃，擬即撤退延安美軍觀察組，除帶走一部份裝備外，其余送給我们，並向我们意見。

(二)我即答已說他们在延再留一時期和美在華陸軍總部同時撤消。

請葉在平作同樣表示，中央及葉有何意見請告。

周恩來 寅真子

1010/11 譯 1300/11 校 1800/11 王洋 印抄

中共中央关于同意美军观察组再留延一时期给周恩来的复电

1946年3月12日

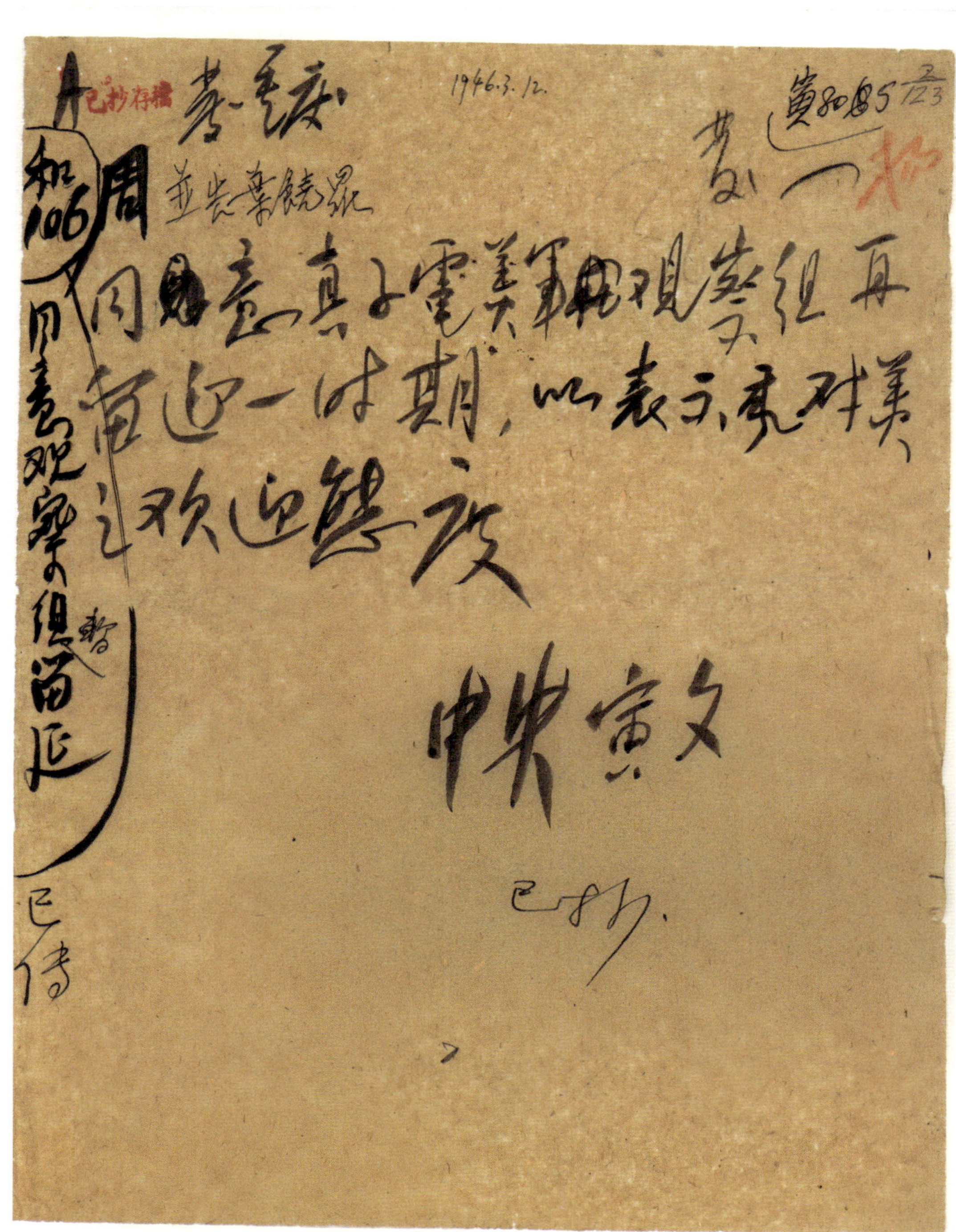

已抄存档

叶参座

1946.3.12.

并告叶饶罗

周

同意真子电美军观察组再留延一时期，以表示我对美之欢迎态度

中央寅文

和106

同意观察组暂留延

已抄

已传

周恩来关于希望美军观察组留延安一时期给美国卡尔菲上校的信

1946年3月13日

Telephone: 3039

OFFICE OF CHINESE COMMUNIST DELEGATION

263, Ghung San Road,
Chungking, China.

Another question

March 13, 1946

Colonel J. Hart Caughey
U.S. Embassy
Chungking

Dear Colonel Caughey,

I am in receipt of the memorandum dated March 9th, 1946, concerning General Wedemeyer's proposal of removing the Yenan Observer Group.

In reply to it I am instructed by Chairman Mao and General Chu to express their wish that the U.S. Army Yenan Observer Group be maintained till the withdrawal of the U.S. Army Headquarters, C.T., from China. It is desired so because this established channel of direct contact can further the better understanding of both sides and serve good purpose.

Faithfully yours,

Chou En-lai

翻译件：

另外一个问题

1946.3.13.

陆军上校 J. Hart caughey
美国大使馆
重庆

亲爱的陆军上校 caughey（卡尔菲）

我荣幸地接到1946.3.9.关于 Wedemyer's 将军提议取销延安观察组的备忘录。

我根据毛主席、朱总司令的指示，希望美军驻延观察组一直维持到美军司令部从中国撤退以前。我们这样要求是为了建立我们之间的直接联系，能够更进一步更好地了解和合作。

良好地祝愿
周恩来

2

中共中央关于美军观察组九日撤退给周恩来的电报

1946年4月7日

外481
1946.4.7
3/422

欢察组九日撤退

4891.5

已抄存档

周：

（一）拟叶顿上校通知欢察组定于本月九日撤消，全部人员将飞沪，器材正移交中。（二）叶顿意见关于双方联络不致中断，我方可由你向吉伦将军提议派一军官（不低于上校阶级）驻延担任联络。（三）此项意见或早提或匪提请你考虑并电中央即覆。

是否以提出

（林者已移）

已拟

第79号

照发。剑

送毛、朱、刘、周阅存。剑